Eltern müssen NEIN sagen
Richtig Grenzen setzen

Asha Phillips

Eltern müssen NEIN sagen
Richtig Grenzen setzen

Die Deutsche Bibliothek – CIP-Einheitsaufnahme
Phillips, Asha:
Eltern müssen NEIN sagen : richtig Grenzen setzen / Asha Phillips.
[Aus dem Engl. von Sabine Lorenz und Felix Seewöster]. – Köln : vgs, 2001
Einheitssacht.: Saying no – why it's important for you and your child <dt.>
ISBN 3-8025-1454-8

© Text of the original English Version: Saying No –
Why It's Important for You and Your Child
© Asha Phillips, 1999
Titel der englischen Originalausgabe: Saying No –
Why It's Important for You and Your Child
First published in 1999 by Faber and Faber Limited
3 Queen Square, London WCIN 3AU
All rights reserved

© der deutschsprachigen Ausgabe: Egmont vgs verlagsgesellschaft mbH,
Köln 2001
Alle Rechte vorbehalten
Redaktion: Michael Büsgen
Lektorat: Astrid Roth, Marcus Reckewitz
Produktion: Annette Hillig
Umschlaggestaltung: Alexander Ziegler, Köln
© Umschlagfoto: MAURITIUS Die Bildagentur GmbH
Satz: Greiner und Reichel, Köln
Druck: Friedrich Pustet, Regensburg
Printed in Germany
ISBN 3-8025-1454-8

Besuchen Sie unsere Homepage im Internet:
www.vgs.de

Inhalt

Einführung 11

Säuglinge 17

Bedürfnisse deuten 21

Gelungene und misslungene Interaktion 26

Eigenständige Wesen 31

Sofortige Zuwendung 33
    Schlaf 33
    Ernährung 37
    Beschäftigung und Ablenkung 43

Trennung 49
    Schlafenszeit 49
    Abstillen 54

Warum fällt ein Nein so schwer? 57
    Weinen 57
    Gefühle entwirren 61
    Geister im Kinderzimmer 62
    Verlust 65

Jenseits von Mutter und Kind 67
  Väter und andere 67
  Pflegemütter und Babysitter 69

Zusammenfassung 72

Von zwei bis fünf 75

Die Welt der Phantasie 77

Grenzen setzen 80
  Das Problem der Konsequenz 84
  Sanktionen 91

Wenn man niemals Nein sagt 92

Die Vorzüge von Grenzen 103
  Sich sicher fühlen 103
  Stark werden 105

Gegen die Grenzen ankämpfen 106
  Wutausbrüche 106
  Eltern als Ungeheuer 108
  Zorn 109
  Aggressionen 112
  Hass und Liebe 114

Alltägliche Grenzen 116
  Trennung 117
  Schlaf 119
  Ernährung 122
  Warten 124
  Destruktives Verhalten 125
  Umgangsformen 126

Unser Platz in der Familie 128
    Raum reservieren für Geschwister 129
    Wenn ein Nein besonders schwer fällt 131
    Hilfe und Unterstützung 134

Zusammenfassung 135

Grundschuljahre 137

Eine ganz neue Welt 139

Regeln in der Schule und zu Hause 142
    Behandle mich nicht immer wie ein Baby 144
    Ist das ein und dasselbe Kind? 145
    Vernunft und Logik 150

Konflikte 152
    Rivalität unter Geschwistern 153
    Zeitgefühl 157
    Erwartungen 160
    Wachsende Unabhängigkeit 174
    Anders sein 178

Auf Konflikte reagieren 180
    Zuhören 182
    In der Gegenwart bleiben 186
    Schuld 187
    Spiegeleffekte 193

Sanktionen 195

Zusammenfassung 197

Jugendliche 199

Eine Zeit der Verwandlung 201
    In meinem Körper lebt ein Fremder 202
    Das Zuhause: eine sichere Ausgangsbasis 204

Vernünftige Grenzen 206
    Konsequent bleiben 211
    Die Rolle der Eltern 214

Eine eigene Identität 220
    Eltern haben immer Unrecht! 226
    Von unseren Kindern lernen 228
    Wahre Liebe 230
    Sexualität 233

Unterschiede akzeptieren 237
    Um jeden Preis dazugehören wollen 245
    Irrwege 247
    Erfüllung unserer Träume 248

Eine zweite Chance 251

Zusammenfassung 254

Nachwort: Paare 255

Ja sagen als Geschenk 258

Spiegelkabinett 259
    Geister 261

Gemeinsamkeiten erleben und Individuum bleiben 263

Danksagung 265

Auswahlbibliographie 267

Register 269

Für Meine Kinder

Wo der Fluss deines Lebens fließt
An den Ufern deiner grünen Stunden
Hab ich still verharrt wie ein Baum
Der aufmerksam seine Frühlingsblüten beobachtet.

Was auch immer sonst wie Lügen scheinen mag
Dies Wunder wurde mir zuteil
Dabei zu sein, wie in neuen Wassern
Sich spiegelten die Sonnenaufgänge
Und Monde trieben fort im Geheimnis junger Augen.

FRENY BHOWNAGARY

Einführung

Ein Repertoire von Verhaltensweisen ist vielleicht nützlicher als eine Überzeugung. Vor allem, wenn man sich bewusst macht, dass es viele verschiedene Möglichkeiten gibt, das eigene Leben sinnvoll zu gestalten.

ADAM PHILLIPS, *On Kissing, Tickling and Being Bored*

Es scheint auf der Hand zu liegen, dass man manchmal Nein sagen muss. Dennoch herrscht offensichtlich allgemein die Überzeugung vor, dass wir Ja sagen sollten, wann immer dies möglich ist. Ein ungeschriebenes Gesetz besagt, dass ein gütiger, liebevoller, höflicher und mitfühlender Mensch nicht Nein sagt. Diese Auffassung zieht sich durch alle Bereiche des privaten und öffentlichen Lebens. Bei meiner Arbeit als Kinder-Psychotherapeutin habe ich häufig mit Familien zu tun, die große Schwierigkeiten damit haben, Nein zu sagen. Dies spielt eine entscheidende Rolle bei der Entstehung ihrer Probleme. Ich bin mir aber auch bewusst, wie tief verwurzelt dieser Widerstand gegen das Neinsagen auch bei mir selbst und bei vielen meiner Freunde ist.

Ich bin der Meinung, dass es nicht sinnvoll ist, so oft wie möglich Ja zu sagen. Indem wir davor zurückschrecken, in den richtigen Momenten Nein zu sagen, berauben wir uns und die Menschen, die uns nahe stehen, vieler positiver Möglichkeiten, wir verzichten damit sozusagen auf das Dehnen unserer »emotionalen Muskeln«. Nein zu sagen bedeutet nicht, jemanden abzuweisen oder zu unterdrücken; im Gegenteil, es kann den Glauben an die Stärke und an die Fähigkeiten des anderen zum Ausdruck bringen. Es ist die notwendige Ergänzung zum Jasagen, beide Verhaltensweisen sind von entscheidender Bedeutung für die Beziehung zwischen Menschen. Dieses Buch befasst sich mit der Bedeu-

Einführung   13

tung des Neinsagens im familiären Umfeld, und es legt dar, warum das Neinsagen so wichtig ist.

Wie man die Rolle von Eltern und Kindern definiert, war schon immer abhängig von den jeweils geltenden, sich im Laufe der Geschichte wandelnden philosophischen Ansichten darüber, was den Menschen formt. Man sah Kinder als wilde, zu zivilisierende Wesen wie in William Goldings *Herr der Fliegen* oder hat ihren Geist als *tabula rasa*, als leere Schiefertafel begriffen, die es zu beschreiben gilt. Der französische Philosoph Jean-Jacques Rousseau übertrug das im 18. Jahrhundert aufkommende Bild vom »edlen Wilden« auf sein Menschenbild und ging davon aus, dass das Kind von Natur aus gut ist und nur der Ermunterung und der geistigen wie physischen Nahrung bedarf, um seine Fähigkeiten zu entwickeln. Diese Position wurde in den 1960er-Jahren wieder aufgegriffen und fand ihren Höhepunkt in dem wie ein Mantra vorgetragenen Beatles-Song »All you need is love«.

Die zu verschiedenen Zeiten und in unterschiedlichen Kulturen herrschenden Menschenbilder formen notwendigerweise auch die jeweils geltende Auffassung, wie Kindererziehung auszusehen hat. Bei den diversen Erziehungsstilen ist auf der einen Seite die eher autoritäre, am Erwachsenen orientierte Erziehung auszumachen, die davon ausgeht, dass die Eltern das Verhalten ihrer Kinder weitgehend bestimmen sollten. Dazu gehört zum Beispiel der feste, am Vier-Stunden-Takt orientierte Schlaf- und Essrhythmus. Auf der anderen Seite steht eine heute weit verbreitete, vorrangig an den Bedürfnissen des Kindes ausgerichtete Erziehungskonzeption. In den 1960er-Jahren setzte sich ein liberaler Stil im Umgang mit Kindern durch, der beispielsweise beinhaltete, dass Säuglinge nur dann gestillt wurden, wenn sie Hunger hatten. Am konsequentesten wurde der antiautoritäre Ansatz sicherlich in der von A. S. Neill gegründeten Schule im englischen Summerhill umgesetzt. Deutlich ist, dass sich die Art und Weise, wie wir Kinder sehen und mit ihnen umgehen, im Laufe der Zeit immer wieder verändert hat. So wie es in der Musik oder Mode derzeit keinen einheitlichen Stil gibt, lässt sich auch nicht von *dem* Erziehungsstil der Jahrtausendwende sprechen.

Dies eröffnet einerseits einen Raum für Kreativität und Experimente, verunsichert andererseits aber auch viele Eltern.

Ich glaube, dass die Lösung vieler Probleme im Bereich des uns Vertrauten und Naheliegenden zu suchen ist. Eine meiner Lieblingsgeschichten stammt von den Sufis, die Anekdoten um eine Figur namens Mullah Nasrudin erzählen, um philosophische Probleme zu verdeutlichen. Sie erzählen sie natürlich auch, um sich daran zu erfreuen. Die Geschichte lautet folgendermaßen:

Ein Mann sah Nasrudin vor seinem Haus auf dem Boden nach etwas suchen.
»Was hast du verloren, Mullah?« fragte er ihn. »Meinen Schlüssel«, antwortete der Mullah. Nun gingen beide auf die Knie und suchten nach dem Schlüssel. Nach einer Weile fragte der Mann: »Wo genau hast du ihn verloren?«
»In meinem Haus.«
»Warum suchst du dann hier?«
»Weil es hier heller als im Haus ist.«

Wie Mullah Nasrudin suchen auch wir dort, wo mehr Licht ist. Und so drehen wir uns im Kreis, wälzen immer wieder die gleichen Argumente und vertrauten Gedanken, ohne zu einem Schluss zu kommen. Ich möchte mit diesem Buch meinen Lesern helfen, in ihr Haus zurückzukehren und dort nach dem Schlüssel zu suchen, wo sie ihn tatsächlich finden können.

Dieses Buch liefert keine Regeln oder Rezepte dafür, *wie* man Nein sagt. Vielmehr soll es den Leser in die Lage versetzen, im Zusammenhang mit der Fähigkeit des Neinsagens über sich selbst und seine Familie nachzudenken. Wir eröffnen uns größere Entscheidungsspielräume für unser Leben, wenn wir unser Verhalten und die Wirkung, die es auf andere hat, hinterfragen und verstehen lernen. Es lässt sich nicht vermeiden, dass ein Buch dieser Art eher unsere Kämpfe und Fehler beleuchtet, entscheidend jedoch sind für mich Prozesse, das heißt Entwicklung und Veränderung. Vor diesem Hintergrund wird deutlich, dass

Einführung 15

es keine Patentlösungen für unsere Probleme geben kann. Es kommt vielmehr darauf an, die eigenen Möglichkeiten zu entdecken. Als Psychotherapeutin bin ich davon überzeugt, dass Menschen nicht nur wachsen können, sondern in gewisser Weise auch unverwüstlich sind. Angesichts der vielfältigen Probleme, die sich innerhalb von Familien ergeben können, fragen sich Eltern und Lehrer möglicherweise, ob sie mit den Fehlern, die sie selbst unweigerlich begehen, nicht das Leben der in ihre Obhut gegebenen Kinder ruinieren. Doch man sollte sich immer vergegenwärtigen, dass Menschen offen sind für Veränderungen und kein Problem ewig bestehen muss.

Die einzelnen Kapitel dieses Buches behandeln verschiedene Altersstufen, die allerdings nicht als eindeutig voneinander abzugrenzende Stadien begriffen werden. Vielmehr konzentriere ich mich in jedem Kapitel auf die in der entsprechenden Entwicklungsstufe wichtigsten Fragen und Probleme. Das Buch ist so aufgebaut, dass man die Lektüre durchaus auf einzelne Kapitel beschränken kann. Ich empfehle jedoch, in jedem Falle auch das erste Kapitel zu lesen, da hier die Grundlagen für viele der in den späteren Kapiteln ausgeführten Gedanken gelegt werden.

Säuglinge

»Woher komme ich, wo hast du mich aufgelesen?« fragte das Kind seine Mutter.
Halb lachend, halb weinend gab sie zurück: »Du warst mein verborgener Herzenswunsch, mein Liebling«, und drückte dabei das Kind an sich.

RABINDRANATH TAGORE, *The Crescent Moon*

Jedes Kind möchte wissen: »Woher komme ich?« Mit den biologischen Antworten auf diese Frage sind wir alle bestens vertraut, doch zugleich ist uns auch bewusst, dass ein Kind schon vor seiner Geburt in unserem Leben gegenwärtig ist. Damit meine ich, dass wir uns alle ein eigenes Kind vorstellen, mit dem wir Wünsche und Hoffnungen, aber auch Ängste verbinden. Wir fragen uns, was für Eltern wir wohl sein werden und wie wir keinesfalls als Eltern sein wollen. All diese Vorstellungen und Phantasien gehen der Geburt des Säuglings, ja selbst der Empfängnis voraus. Das Neugeborene tritt in das Leben eines Paares (auch wenn die Mutter es allein großzieht, ist der Vater in ihm gegenwärtig), einer Familie und zugleich in die mentale Welt seiner Eltern, die von Figuren aus der Vergangenheit und Gegenwart bevölkert ist, von Hoffnungen, Erwartungen, Befürchtungen und unzähligen anderen Gefühlen. Dieser ganz besonderen Konstellation, dieser Beziehung zwischen Eltern und Säugling widmet sich dieses erste Kapitel.

Lange Zeit glaubte man, Säuglinge seien noch keine »richtigen« Menschen, sondern unfertige kleine Wesen, die nichts weiter tun als essen, schlafen und spielen. Neuere Forschungen belegen jedoch, dass Neugeborene bereits hoch entwickelt sind. Sie verfügen über zahlreiche Fähigkeiten, sie können sehen, riechen, hören und schmecken und sind in der Lage, Unterschiede wahrzunehmen und auf dieser Grundlage Vorlieben herauszubilden. Wir wissen heute, dass sie bereits im Kreiß-

Säuglinge   19

saal menschliche Gesichter abstrakten Formen vorziehen. Sie können ein Gesicht mit ihrem Blick fixieren und dessen Mimik sogar bis zu einem bestimmten Grad nachahmen. Sieben Tage nach der Geburt erkennen sie den Geruch der Muttermilch und suchen nach ihr. Sie ziehen menschliche, vor allem hohe, weibliche Stimmen nichtmenschlichen Lauten vor und mögen Süßes – bereits nach zweimaligem Saugen können sie erkennen, wie süß eine Flüssigkeit ist. Mit all diesen Fähigkeiten sichert sich der Säugling die Aufmerksamkeit und emotionale Zuwendung seiner Eltern. Viele Eltern werden die Reaktionen ihres Kindes als selbstverständlichen Bestandteil der Beziehung zwischen sich selbst und dem Säugling begreifen. Wenn ihnen aber immer wieder gesagt wird, dass ihr Kind nur lächelt, weil es Blähungen hat, besteht die Gefahr, dass sie ihrer eigenen Intuition beginnen zu misstrauen. Auf der Grundlage wissenschaftlicher Beobachtungen können wir heute eindeutig beweisen, dass Säuglinge tatsächlich bereits kurz nach der Geburt Kontakt aufnehmen, ihre Reaktionen also nicht nur in der Phantasie der stolzen Eltern existieren.

Darüber hinaus zeigen die Forschungen, dass Säuglinge extrem sensibel auf das Verhalten und die Stimmungen ihrer nächsten Bezugspersonen reagieren. So kommt es zum Beispiel vor, dass ein Baby zu weinen beginnt, wenn die Person, die es auf dem Arm hält, über etwas Trauriges spricht.

Diese Sensibilität und aktive Aufnahmebereitschaft bringt es allerdings auch mit sich, dass sich der Säugling häufig von Reizen regelrecht überflutet fühlt. Geräusche, Farben, Menschen, die ihm direkt in die Augen schauen, seine Hand halten oder ihn ansprechen, wirken zuweilen erdrückend auf den Säugling, der dann zu weinen beginnt oder sich zurückzieht (dies ist vor allem bei Frühchen zu beobachten). Wir alle kennen solche hochsensiblen Babys, die sich, wenn man sich ihnen freundlich nähert, wie Igel in sich selbst zurückziehen, die Augen zusammenkneifen, den Kopf wegdrehen und zu wimmern beginnen. Es sind dies die typischen Reaktionen eines reizüberfluteten Kindes, dem man ein wenig Ruhe gönnen sollte.

Säuglinge sind komplexe Persönlichkeiten, die auf ihr Gegenüber extrem empfindlich reagieren. Dem Kinderarzt und Psychoanalytiker D. W. Winnicott zufolge kann »ein Säugling nicht isoliert, sondern nur innerhalb einer Beziehung leben«. Zahlreiche Forschungsarbeiten zeigen, dass es für die Entwicklung des Säuglings keine große Rolle spielt, welche Voraussetzungen Eltern und Kind in die Beziehung einbringen, sondern dass es vor allem auf die Interaktion zwischen ihnen ankommt – auf ein wechselseitiges Aufeinandereinwirken.

Bedürfnisse deuten

Voraussetzung für die Entwicklung eines Menschen ist das Gefühl, dass er geliebt und verstanden wird. Sich auf den Entwicklungsstand des Kindes einzustellen, ist von ebenso grundlegender Bedeutung wie die Kommunikation mit dem Säugling. Der Säugling teilt sich durch Weinen, Strampeln, Lächeln, Gurren und andere nonverbale Äußerungen mit, und wir interpretieren diese Mitteilungen als Ausdruck bestimmter Bedürfnisse: Das Baby verlangt nach körperlicher Nähe, es möchte beispielsweise gestillt werden oder die Windeln gewechselt bekommen, spielen und so weiter. Der Säugling ist noch nicht in der Lage, seine Bedürfnisse konkret mitzuteilen, und häufig weiß er wahrscheinlich selbst nicht einmal, was er will – er teilt uns lediglich mit, wie er sich fühlt. Indem wir auf seine Mitteilungsversuche eingehen und in angemessener Weise reagieren, vermitteln wir ihm ein Gefühl von Sicherheit und Geborgenheit. Sicherlich haben Sie schon einmal gesehen, dass ein Baby – ähnlich wie ein Astronaut in der Schwerelosigkeit – mit den Armen und Beinen in der Luft rudert. Dies sind die typischen Bewegungen eines Säuglings, der sich nicht geborgen, im buchstäblichen Sinne »nicht gehalten« fühlt. Instinktiv reagieren die meisten Eltern auf diese hilflose Geste, indem sie ihr Kind aufnehmen und im Arm halten.

Auch wenn wir uns dessen nicht unbedingt bewusst sind, geben wir einem Baby, wenn wir es auf dem Arm halten, auch mentale Geborgenheit. Wir übersetzen seine Signale und verleihen ihnen Bedeutung. Wilfrid Bion, ein bekannter Psychoanalytiker in der Nachfolge Kleins, führt in seinen Schriften aus, wie wichtig es ist, dass Eltern ihr Kind auch emotional »umfassen«. Er betont, welch wichtige Rolle der Mutter zukommt, wenn auf das Baby überwältigende Gefühle einstürmen. Die Aufgabe der Mutter ist es, diese Gefühle in sich selbst aufzunehmen, sie gleichsam zu verdauen und in mundgerechten Stücken an das Kind zurückzugeben – sie übersetzt das Unerträgliche in etwas Handhabbares. Stellen wir uns zum Beispiel vor, das Baby schreit, weil es Bauchschmerzen hat. Die Mutter wird versuchen, es zu beruhigen, indem sie mit ihm spricht und ihm erklärt, dass es nur ein wenig Luft im Bauch hat, sie hält es, klopft seinen Rücken und hilft ihm, ein Bäuerchen zu machen. Das Kind, das sich dem totalen Zusammenbruch nahe gefühlt haben mag, wird sich geborgen und umfangen fühlen und schließlich ruhig und zufrieden sein.

Wiederholt sich diese Erfahrung immer wieder, spürt der Säugling nicht nur die Sicherheit, dass er gehört und ihm geholfen wird, sondern lernt auch, wie man mit Kummer umgehen kann. Sein Umgang mit Gefühlen wird geschult. Das Baby lernt, die eigenen Erfahrungen zu erkennen und ihnen Gestalt zu geben. Es tritt in den Prozess der Kommunikation und des gegenseitigen Verstehens ein.

Nicht immer gelingt uns der richtige Umgang mit dem Baby. Versuch und Irrtum, Sensibilität und aufmerksames Beobachten sind die Richtschnur unseres Verhaltens. Ich stelle Ihnen im Folgenden alltägliche Situationen vor, wie sie sich beim Stillen von Babys ergeben und die von Teilnehmern eines Kurses, der die Beobachtung von Kindern zum Gegenstand hatte, aufgezeichnet wurden. Aufgabe der Studenten in einem solchen Kurs ist es, über einen Zeitraum von ein bis zwei Jahren einer Familie mit einem Neugeborenen wöchentlich einmal einen Besuch abzustatten. Jeder Besuch dauert eine Stunde, der Beobachter macht sich keine Notizen, sondern taucht ganz in die Atmosphäre ein, um dann später so detailliert wie möglich die gemachten Beobachtungen auf Tonband zu sprechen. Es geht nicht darum, spezifische Daten zu

22   Eltern müssen NEIN sagen

sammeln oder das Gesehene zu analysieren und zu beurteilen, sondern nur um genaue Beobachtung. Dieser empirische Ansatz ähnelt dem eines Verhaltensforschers, der das Zusammenleben von Tieren studiert. Im Seminar versuchen die Studenten dann gemeinsam, die dokumentierten Erlebnisse zu verstehen. Ziel des Kurses ist es also, auf der Grundlage von Erfahrungen die Entwicklungsstadien des Säuglings kennen zu lernen. Solche Seminare sind ein wesentlicher Bestandteil der Ausbildung zum Psychoanalytiker, erweisen sich aber auch in anderen therapeutischen oder auf die Arbeit mit Kindern spezialisierten Berufen wie Krankenschwester, Hebamme, Lehrer, Sozialarbeiter oder praktischer Arzt als hilfreich.

Tim, sechs Wochen alt, wachte langsam auf, öffnete und schloss die Augen mehrmals und gab dabei leise, klagende Geräusche von sich. Seine Mutter saß neben ihm und sah ihn an. Die hohe Stimme eines Kindes nachahmend sagte sie: »Jetzt kommst du aus der Traumwelt zurück, nicht wahr? Was hast du wohl geträumt? Hast du das hupende Auto gehört? Was hast du in dieser anderen Welt erlebt? Etwas, das du Mama erzählen willst?« Tim gab ein lauteres Geräusch von sich und fixierte die Augen seiner Mutter. Sie nahm ihn aus seinem Bett und hielt ihn im Arm. Er hörte auf zu weinen und begann zu strampeln. Sie sagte: »Du hast Hunger, nicht wahr? Möchtest du ein bisschen Milch trinken?« Sie knöpfte sich die Bluse auf und legte ihn an die Brust. Tim zögerte einen Moment, bevor er gierig nach der Brustwarze suchte. Während er saugte, fixierte er weiterhin die Augen seiner Mutter, die ihn ansah und sanft mit ihm sprach. »Du bist hungrig, ja? Wie schmeckt dir die Milch? Sie ist süß, aber du kennst ja noch keinen anderen Geschmack. Ich glaube, sie schmeckt nicht immer gleich, nicht wahr?« Tim hörte auf zu saugen, sah sie an und trank dann weiter.

In diesem Fall versetzt sich die Mutter an die Stelle ihres Kindes. Sie versucht sich seine Bedürfnisse vorzustellen, um sie entsprechend befriedigen zu können. Indem sie mit ihm spricht und es ansieht, stellt sie eine Verbindung her und verleiht seinen Kommunikationsversuchen Sprache, das heißt Form und Bedeutung. Sein leises Jammern, mit dem es nach dem Aufwachen den Kontakt zu ihr aufgenommen hat, wird von ihr wahrgenommen. Dem Kind wird damit die Erfahrung vermittelt, dass es gehört wird. Dann übersetzt sie sein Klagen, indem sie es als Hunger interpretiert, und stillt ihr Kind. Zugleich ist sie sich darüber im Klaren, dass es noch nicht ganz wach ist, und geht daher sehr behutsam mit ihm um. Durch Form und Inhalt des Gesagten vermittelt sie eine Atmosphäre der Ruhe, sie »umfasst« es.

Im nächsten Beispiel wird der Säugling tatsächlich körperlich umfasst.

Hannah, ebenfalls sechs Wochen alt, liegt im Arm ihrer Mutter. Sie ist aufgeregt, weil sie weiß, was jetzt kommt. Die Brust ihrer Mutter aktiv und bewusst suchend, dreht sie den Kopf und den ganzen Körper. Die Mutter wendet sich mir zu und sagt: »Sie sehen, sie weiß, worum es geht.« Die Mutter stützt den Kopf des Kindes mit ihrem Arm, während sie ihm die Brust bietet, so dass Hannah die Brustwarze sofort findet. Doch bevor sie zu saugen beginnt, zappelt sie noch ein wenig mit Armen und Beinen, als wollte sie sich zurechtlegen. Während sie trinkt, kommt auch ihr Körper zur Ruhe, ihre Hände liegen auf der Brust der Mutter. Abgesehen vom Nuckeln an der Brust, das das Baby immer wieder kurz unterbricht, sind Mutter und Kind jetzt ganz still. Mir fällt auf, dass die Mutter das Baby eng an ihrem Körper hält, sie umfasst es mit beiden Armen. Ihre Körper scheinen miteinander zu verschmelzen, sie sind ganz ineinander versunken. Etwa zwanzig Minuten lang ist es vollkommen ruhig im Zimmer. Hannah ist beim Trinken eingeschlafen. Ich kann nicht sagen, ob sich schließlich das Kind von der Brustwarze oder die Brustwarze vom Kind löst.

Hier hält die Mutter ihr Kind beim Stillen dicht am Körper. Die Vorfreude auf das Stillen, die in Hannahs Aufregung zum Ausdruck kommt, wird von der Mutter erkannt, und sie bietet dem Baby die Brust an. Die Ruhe der Mutter und das Gefühl der Freude, das sie mit dem Stillen verbindet, übertragen sich auf das Kind, und beide werden ruhig.

Deutlich wird, mit welcher Selbstverständlichkeit ein Moment der Vereinigung entsteht, ein Zustand des Einsseins. Diese körperliche Nähe prägt den frühen Kontakt zwischen Mutter und Kind und ist beim Stillen, wenn der Säugling die Brust der Mutter sozusagen in sich aufnimmt, besonders sichtbar. Auch beim Füttern mit der Flasche und später mit dem Löffel ist die körperliche Verbindung noch präsent, wenn auch weniger augenfällig – Flasche und Löffel sind gleichsam Verlängerungen der mütterlichen Identität.

Manchmal führt das Stillen aber auch zu einer Stresssituation. Ursache ist möglicherweise eine schwierige Geburt, vielleicht aber fühlt sich die Mutter auch allein gelassen und isoliert oder sieht sich mit der neuen, sie und ihre Familie verändernden Situation überfordert.

Lucys Mutter erzählt: »Das Wochenende war furchtbar. Wir waren zu Besuch bei meinen Eltern. Lucy kam überhaupt nicht zur Ruhe und wollte sich nicht stillen lassen. Als ich am Montag in der Klinik war, wurde festgestellt, dass sie seit ihrer Geburt erst ein Pfund zugenommen hatte. Das alles ist so deprimierend und ungerecht. Das Stillen von Lucys älterer Schwester hat mir solchen Spaß gemacht. Selbst in der Nacht. Dieses Gefühl, nur ich und das Baby, ganz allein auf der Welt, dieses Ineinanderaufgehen. Mit Lucy habe ich dieses Gefühl einfach nicht.«

Während sie spricht, schreit Lucy (sieben Wochen alt). Ihre Mutter holt ein Kissen und eine Zeitschrift. Sie legt Lucy auf das Kissen. Lucys Schreien wird lauter. Ihre Mutter konnte sich nicht mehr erinnern, welche Brust dran war. Sie brauchte mehrere Sekunden, um sich zu entscheiden, und ich fürchtete, sie würde das Kind zu lange warten lassen. Als sie Lucy die Brust anbot, begann das Baby stetig zu saugen, dabei spielte es mit den Fingern an der Brust und bewegte leicht die Füße. Dann krampfte Lucy mit den Beinen, hörte auf zu saugen und begann zu weinen. Kurz darauf nahm sie wieder die Brustwarze und saugte weiter, während sie weinte und unruhig zappelte. Ihre Mutter nahm sie von der Brust und sagte: »Mach ein Bäuerchen.« Auf ihrem Schoß sitzend schrie Lucy mit wütend verzerrtem Gesicht. Ihre Mutter rieb ihr den Rücken, um sie zum Aufstoßen zu bewegen, doch

Säuglinge   25

ohne Erfolg. Lucy schrie weiter. Ihre Mutter legte sie wieder an die Brust und Lucy begann erneut für etwa eine halbe Minute zu trinken. Sie stieß auf und begann wieder zu schreien, dabei krampfte sich ihr Körper zusammen. Einmal mehr setzte die Mutter sie auf. Lucys Gesicht lief dunkelrot an, während sie laut schrie. Dieses Muster wiederholte sich während des gesamten Stillens.

In diesem Fall ist die Mutter bereits vor der Interaktion mit ihrem Kind nervös. Sie beschreibt, wie enttäuschend für sie das Stillen ist. Um sich abzulenken, legt sie sich eine Zeitschrift zurecht. Die Kommunikation ist durch Unsicherheit gekennzeichnet, durch Probleme, sich aufeinander einzustimmen. Der amerikanische Psychiater Daniel Stern nennt in seinem Buch *The First Relationship* derartige Situationen »falsche Tanzschritte«. Die Erfahrung ist für beide Seiten unbefriedigend. Sie hinterlässt zwei getrennte Wesen, und die Mutter hat das Gefühl zu versagen.

Gelungene und misslungene Interaktion

In jeder Familie gibt es Fälle von gelungener und misslungener Interaktion, Zeiten des Einklangs und des Aus-dem-Takt-Seins. Ein derartiges Auf und Ab ist völlig normal. Als Eltern hoffen wir, dass die positiven Momente überwiegen und dem Kind und uns helfen, über die Enttäuschungen der negativen Augenblicke hinwegzukommen.

Indem sie die Mitteilungen ihres Babys interpretieren, helfen die Eltern ihm, seinen Platz in der Welt zu finden. Kinder brauchen die verlässliche Erfahrung, dass die Eltern auf ihre Bedürfnisse eingehen und sich auf sie einstellen. Ohne diese solide Basis ist das Kind unfähig, Enttäuschungen oder das Warten auf Bedürfnisbefriedigung auszuhalten.

Um zu erforschen, wie Kinder auf die Kommunikationsaufnahme von Erwachsenen reagieren, wurden Versuche durchgeführt, bei denen man die Interaktion zwischen Mutter und Kind bewusst störte. Entsprechende Studien haben gezeigt, dass die Interaktion zwischen Säugling und Eltern durch alternierende Phasen von Aufmerksamkeit und Pausen strukturiert ist. Dieses Muster ermöglicht es beiden Seiten, aktiv zu werden und Einfluss auf das Tempo zu nehmen. Dabei bestimmt die Aktion einer Seite die Antwort der jeweils anderen. In ersten Versuchen auf diesem Gebiet konfrontierte man drei Wochen alte Babys mit einem nickenden, stummen Gesicht. Die Säuglinge schrien, solange sie das Gesicht sahen. In weiteren, über einen längeren Zeitraum vorgenommenen Studien experimentierte man mit »ausdruckslosen Gesichtern«. Die Versuchsanordnung sah vor, dass sich Mutter und Kind in einem Raum aufhielten und dabei gefilmt wurden. Der Säugling wurde in einen Kindersitz gelegt und die Mutter aufgefordert, sich normal mit ihm zu beschäftigen, ohne ihn allerdings hochzunehmen. Dann verließ sie das Zimmer für eine kurze Zeit, um bei ihrer Rückkehr dem Kind 45 Sekunden lang mit ausdruckslosem Gesicht gegenüberzutreten. Die Reaktionen beider Probanden wurden genau beobachtet und auf Video aufgezeichnet. Die Ergebnisse zeigten, dass ein emotionsloses, starres Gesicht einen Säugling deutlich beunruhigt und ängstigt: Er registriert sofort die Veränderung im Gesicht der Mutter und versucht, eine Reaktion zu provozieren. Gelingt dies nicht, wendet er sich normalerweise kurzzeitig ab, um dann erneut eine Kontaktaufnahme mit der Mutter zu versuchen. Nach mehreren erfolglosen Versuchen gibt das Baby auf, zieht sich in sich zurück und versucht, sich selbst zu trösten. Darüber hinaus zeigen die Videoaufnahmen, dass die Reaktionen des Babys auch die Mutter irritieren. Sie wird ihrerseits nervös und wendet sich schließlich ab.

Die englische Forscherin Lynne Murray ging von einer anderen Versuchsanordnung aus, um die Interaktion von Mutter und Kind zu analysieren. Dabei wurden zunächst Videoaufnahmen von einer normalen Interaktion gemacht. Etwa 30 Sekunden später wurde dem Säugling das Band vorgespielt, das seine Mutter in der vorangegangenen Situation zeigte. Der Säugling sah zwar seine ihm zugewandte Mutter, da es sich aber um eine Aufzeichnung handelte, stimmten ihre Reaktionen nicht mit seinem momentanen Verhalten überein. Schon bald wirkte das

Baby verwirrt und frustriert. Lynne Murray schloss daraus, dass es »natürliche und unnatürliche Störungen« in der Interaktion gibt, die gegensätzliche Wirkungen haben. Während eine gewöhnliche Unterbrechung des Kontakts, zum Beispiel das Gespräch mit einem anderen Menschen, das Kind beruhigt, führt ein »unverständliches« Verhalten der Mutter, wie zum Beispiel ein ausdrucksloser Gesichtsausdruck oder eine unangemessene Reaktionen (sie lächelt fröhlich, während das Kind wütend protestiert), beim Kind zu Verwirrung und Kummer. Auch die Mütter zeigten diese Reaktionen, als ihnen die Videos von ihren Kindern vorgeführt wurden.

Derartige Experimente erscheinen auf den ersten Blick relativ grausam, doch man sollte berücksichtigen, dass es sich immer nur um einmalige, wenige Minuten andauernde Momente im Leben der Säuglinge handelt. Zugleich wird jedoch auch mehr als deutlich, was geschieht, wenn diese Erfahrung nicht einmalig bleibt, sondern eine Konstante in der Beziehung zwischen Eltern und Kind darstellt. Auf der Grundlage der von Lynne Murray erarbeiteten Ergebnisse wurden schließlich Familien untersucht, in denen die Mutter unter einer postnatalen Depression litt. So erhielt man nicht nur Hinweise, die bereits in einem frühen Stadium auf eine gestörte Interaktion hinweisen, sondern konnte auch Interventions- und Hilfsstrategien entwickeln.

Experimente dieser Art machen deutlich, dass der Interaktion zwischen Eltern und Kind von Anfang an eine entscheidende Bedeutung zukommt. Voraussetzung für die Entwicklung des Säuglings ist, dass man auf ihn reagiert, ihn sieht und hört. Die Forschungen zeigen allerdings auch, dass ein mittleres Maß an Reaktion auf den Säugling optimal für seine gesunde Entwicklung ist, das heißt, die Beziehung zwischen Eltern und Kind leidet nicht, wenn ein Elternteil eine Äußerung des Babys einmal missversteht. Wir müssen als Eltern also nicht immer »richtig liegen«. Diese Erkenntnis stützt meine These, dass das Aufarbeiten von misslungener Interaktion die Entwicklung eher fördert als behindert und dadurch den Bedürfnissen des Babys in einem höheren Maße entsprochen wird als durch eine konstant harmonische Inter-

28   Eltern müssen NEIN sagen

aktion. Um noch einmal Winnicott zu zitieren: Säuglinge brauchen »durchschnittliche Mütter«. Zu der Fähigkeit, Nein zu sagen, muss sich ein Gespür für die Bedürfnisse des Babys gesellen. Entscheidend ist zu erkennen, an welchem Punkt es angebracht ist, eine Grenze zu ziehen und Nein zu sagen.

Ich erinnere mich an den kleinen Jim, den ich während seiner ersten beiden Lebensjahre beobachtete. Seine Mutter brachte ihm ein hohes Maß an Aufmerksamkeit und Einfühlungsvermögen entgegen. Sie schien immer zu wissen, was er wollte, und erfüllte seine Bedürfnisse häufig, noch bevor er sie äußerte. Damals dachte ich, sie sei die ideale Mutter. Als Jim elf Monate alt war und noch nicht laufen konnte, genoss er es sichtlich, sich von seiner Mutter an den Händen halten zu lassen und mit ihrer Hilfe die Treppe rauf und runter zu »gehen«. Immer wieder verlangte er, dass sie zusammen mit ihm und dabei stets über ihn gebeugt ein ums andere Mal die Treppe hinaufstieg. Sie schien unfähig, diesem Spiel eine Grenze zu setzen. Sie war schließlich erschöpft, er wurde ungnädig und begann sie zu tyrannisieren. Und ich musste meine Ansicht revidieren und erkennen, dass es die ideale Mutter nicht gibt.

Was wie eine perfekte Konstellation aussah – eine Mutter, die ihrem Kind jede Form von Irritation ersparte –, erwies sich als untauglich. Mit der Zeit wurde mir klar, dass Jims Frustrationstoleranz extrem niedrig war und er kaum in der Lage war, mit Schwierigkeiten fertig zu werden. Das ständige Nachgeben seiner Mutter hatte zur Folge, dass er selbst keine Stärke entwickelte, weder physisch – er setzte nicht seine eigene Muskelkraft ein, um die Treppen hinaufzusteigen – noch emotional. Zugleich schien er zu glauben, er liefe ganz aus eigener Kraft. Ihm wurde also sowohl die Erfahrung der Entwicklung eigener Fähigkeiten als auch die Erkenntnis vorenthalten, dass er die Hilfe seiner Mutter brauchte. Folglich war er auch nicht in der Lage, sie um Unterstützung zu bitten. Stattdessen stellte er lautstark Forderungen, denen die Mutter immer wieder nachkam. Er muss geglaubt haben, dass ihn allein seine Willenskraft die Treppe hinaufbrachte. Da er die Rolle, die seine Mutter dabei spielte, nicht erkannte, konnte er auch kein Gefühl der Dankbarkeit entwickeln.

Hätte die Mutter Nein gesagt, wäre Jim von ihr nicht nur vermittelt worden, wozu er allein fähig ist und wozu nicht, sondern auch, was für sie gut ist und was nicht. Indem sie ihm keine Grenzen setzte, machte sie ihn zu einem kleinen Despoten. Sein tyrannisches Verhalten bestimmte bald ihre gesamte Beziehung, so dass ihr Zusammensein häufig von Misstönen geprägt war: Die Mutter fühlte sich schikaniert und hilflos, während sich Jim übellaunig zeigte und fordernd auftrat.

Dieser Fall illustriert, dass ein und dasselbe Verhalten nicht für alle Entwicklungsphasen des Kindes angemessen ist. Säuglinge und Kleinkinder lernen extrem schnell. Wir müssen uns ihren wechselnden Bedürfnissen anpassen. In den ersten Lebensmonaten profitierte Jim von der Aufmerksamkeit, die seine Mutter ihm entgegenbrachte. Sie gab ihm Selbstvertrauen und vermittelte ihm das Gefühl, angenommen und geliebt zu werden. Später jedoch behinderte sie ihn in der Ausbildung von Unabhängigkeit und förderte sein Gefühl, allmächtig zu sein. Mutter und Kind schienen nicht in der Lage zu sein, jenes Zwischenstadium zu tolerieren, in dem das Kind noch nicht alleine zurechtkommt, sondern seine Selbständigkeit erst erprobt und allmählich ausweitet. In diesem Fall gab es nur die Kategorien Erfolg und Misserfolg, der notwendige Prozess des Lernens wurde ausgeklammert.

Voraussetzung für das Lernen ist, das »Nichtwissen« zu erkennen. Wenn man glaubt, bereits alles zu wissen, bleibt man dem Neuen gegenüber verschlossen. Um stärker zu werden, muss man erkennen, dass man nicht alles sofort erledigen kann. Um von anderen etwas annehmen zu können, muss man davon überzeugt sein, dass sie etwas zu bieten haben. Zu wissen, dass man nicht unabhängig ist, stellt die Voraussetzung dafür dar, um Hilfe zu bitten und diese dann auch sinnvoll zu nutzen. Die Grundlagen dafür werden in der Kindheit gelegt. Viele Kinder und Jugendliche leben in dem Bewusstsein scheinbarer Unabhängigkeit und Pseudo-Reife, was dazu führt, dass es ihnen schwer fällt, von Erwachsenen zu lernen oder davon zu profitieren, dass sich jemand um sie kümmert.

Eigenständige Wesen

Nein zu sagen vermittelt dem anderen, dass man ein eigenständiges Wesen ist. Die Phase, in der ein Mensch Eigenständigkeit lernt, ist von großer Bedeutung. In den ersten Lebenswochen ist der Säugling kaum in der Lage, allein zu sein. Im Unterschied zu anderen Säugetieren, bleiben Kinder über einen vergleichsweise langen Zeitraum von der Fürsorge und Pflege der Eltern abhängig. Reagieren nun Eltern immer und sofort auf alle Signale, die ihr Kind aussendet, wird der Säugling kaum lernen, dass seine Eltern eigenständige, von ihm unabhängige Wesen sind. Das Kind wird unruhig, es schreit, und ehe es sich versieht, nimmt es auch schon das lächelnde Gesicht seines Vaters oder seiner Mutter wahr, das sich über sein Bettchen beugt – wenn sich dieses Muster immer wiederholt, wird das Baby nicht lernen, dass seine Eltern ein eigenes Leben führen. »Exakte Anpassung«, schreibt Winnicott, »gleicht einem Zaubertrick, und das perfekt funktionierende Objekt ist bald nicht mehr als eine Halluzination.« Besteht dagegen eine Lücke zwischen Bedürfnisäußerung und Bedürfnisbefriedigung, lernt der Säugling, indem er wartet, die Person, die auf ihn reagiert, als real zu begreifen.

Perfekte Eltern gibt es nicht. Wollte man versuchen, jedes Bedürfnis des Säuglings zu befriedigen und ihm jeden Schmerz zu ersparen, würde man ein unglückliches und nicht angepasstes Kind großziehen, das auf das Leben in der Gemeinschaft nicht vorbereitet wäre. Die Welt eines derart verwöhnten, unumschränkt herrschenden Kindes würde sich bald als unwirklich und einsam erweisen. Man denke nur an die Geschichte des Prinzen Siddharta, dessen Eltern ihm den Anblick des Hässlichen und des Unglücks ersparen wollten und ihn deshalb nicht aus den Mauern ihres herrlichen Palastes ließen. Doch auch ihre Macht und ihre Reichtümer konnten ihn nicht auf ewig beschützen. Als er schließlich in die Welt hinauszog, entdeckte er das Leid der anderen und wurde zu Buddha. Auch etliche andere Mythen und Märchen haben dieses Motiv zum Thema: dass nämlich alle Reichtümer der Welt nichts sind im Vergleich zu der Beziehung zu anderen Menschen, auch wenn damit Leid und Schmerz verbunden ist. Denn echte Beziehungen bringen nicht nur Trost, Harmonie und Liebe mit sich, sondern auch Enttäuschungen, Kampf und Hass.

Reagiert man auf die Kommunikationsversuche des Säuglings, vermittelt man ihm das Gefühl zu existieren. Ein kurzer Moment des Wartens zwischen seiner Forderung und unserer Reaktion macht ihm deutlich, dass er Teil eines größeren Zusammenhangs ist. Selbstverständlich kommt es darauf an, wie lange man das Kind warten lässt. Wie aus den oben angeführten Studien deutlich wurde, können das Fehlen oder die Unangemessenheit einer Reaktion beim Säugling massive Angst auslösen. Von welchen Zeiträumen aber reden wir hier?

Häufig braucht ein Säugling nur ein leises Geräusch von sich zu geben, und schon ist jemand da, um ihn aufzunehmen und sich um ihn zu kümmern – seine Windeln zu wechseln, ihn zu füttern, ihm ein Spielzeug anzubieten. Wenn wir perfekte Eltern zu sein versuchen, die ihrem Kind jede Enttäuschung ersparen, deuten wir seine Signale zuweilen zu früh, noch bevor es überhaupt Gelegenheit hatte, sich über seine eigenen Bedürfnisse klar zu werden. Wir schreiben bereits dem aufkommenden Bedürfnis Bedeutung zu und nehmen damit dem Kind die Möglichkeit, dieses Bedürfnis erst richtig zu entwickeln. Indem wir das Kind beschützen wollen, berauben wir es der Möglichkeit, eigene Erfahrungen zu machen. Dadurch konditionieren wir es auf Bedürfnisbefriedigungen, die unseren eigenen Vorstellungen entsprechen. Ursache dafür ist häufig unsere eigene Unfähigkeit, einen Moment des Wartens zu ertragen, der dem Kind und uns Gelegenheit gäbe, angemessene Möglichkeiten der Bedürfnisbefriedigung zu erkunden. Wir sind unfähig, Nein zu sagen – sowohl zu den Signalen des Kindes als auch zu unserer Deutung dieser Signale.

Sofortige Zuwendung

Einen zeitlichen Abstand zwischen einem Wimmern und unserer Reaktion darauf herzustellen, ist entscheidend für die Entwicklung des Kindes. Betrachten wir einmal Situationen, in denen es wichtig ist, Nein sagen zu können.

Schlaf

James war eine schwere Geburt. Seine Mutter Ellen ist in den ersten zwei bis drei Wochen nach der Entbindung erschöpft und häufig depressiv. James ist ein aufgewecktes Kind, das lebhaft auf seine Eltern reagiert. Er ist über lange Zeiträume hinweg wach, kuschelt sich an seine Mutter und sieht sie mit großen, bewundernden Augen an – ein durchweg süßes Baby. Er hasst es allerdings, in seine Wiege gelegt zu werden, und jammert, sobald seine Mutter den Körperkontakt zu ihm löst. Er schläft wenig, und folglich ist auch Ellen die meiste Zeit wach. Je müder beide werden, desto reizbarer werden sie. War die körperliche Nähe zu ihrem Sohn für Ellen anfänglich angenehm, so beginnen ihre Empfindungen nun zu kippen, ist sie inzwischen doch außerstande, sich von ihm zu trennen. Schließlich trägt sie das Kind in einem Tuch den ganzen Tag mit sich herum, ob sie kocht, sauber macht oder sonst etwas erledigt. Sie hat das Gefühl, dass sie nicht einmal allein auf die Toilette gehen kann. James scheint an ihr zu kleben, fast wie ein Parasit, der sie aussaugt, anstatt eine Beziehung zu ihr aufzubauen. Sie hat den Eindruck, als ob sie als Individuum in dieser Konstellation überhaupt nicht zählt, und empfindet ihren Sohn zuweilen als regelrecht lästig.

Das geschilderte Szenario ist gar nicht so selten. In solchen Situationen sagen Mütter häufig, ihr Kind sei verwöhnt, es »wisse« ganz genau, wie es sie »rumkriege«. Tritt dieses Gefühl des Ausgenutztwerdens immer wieder auf, kann daraus ein Beziehungsmuster werden, in dem keiner der Beteiligten eine Befriedigung seiner Bedürfnisse erfährt. Häufig sieht man dann die Mütter ihr weinendes Baby durchs Zimmer tragen,

Säuglinge 33

während sie es immer wieder fragen, was mit ihm los ist. Was will es? Warum ist es nicht glücklich?

Im Fall von Ellen und James spielte der Vater, Nick, eine entscheidende Rolle. Als er nach Hause kam, übernahm er James und erkannte, dass das Kind weinte, weil es erschöpft war. Mit Nicks Hilfe gelang es Ellen, James in die Wiege zu legen und auch auszuhalten, dass er wütend dagegen protestierte. Nachdem er eine Weile geweint hatte, schlief er schließlich fest ein.

Die wichtige Lektion, die diese Episode lehrt, besteht darin, dass jemand von außen kommen musste, um Ellen deutlich zu machen, warum ihr Sohn weinte. Sie war zu sehr in der Situation gefangen, um eine Trennlinie zwischen sich und James zu ziehen. Die Unterstützung durch den Vater, die Großmutter, eine Tante oder gute Freunde kann in solchen Situationen gar nicht hoch genug geschätzt werden.

Bisher haben wir diesen Fall ausschließlich aus der Perspektive der Erwachsenen betrachtet. Versuchen wir uns einmal vorzustellen, wie James sich gefühlt haben mag. Der Körperkontakt mit seiner Mutter ist ihm vertraut, er kennt ihren Geruch und weiß, wie sich ihre Kleidung anfühlt. Er hat festgestellt, dass sich sein Körper perfekt in ihre Arme schmiegt, dass sie sich seinen Bewegungen anpassen. Sie reagiert auf seine Laute und auf seine Mimik. Was ist dagegen die starre Wiege mit ihren steifen, nach Waschmittel riechenden Laken! Selbst wenn er sich an die Seite der Wiege schiebt, fühlt er sich dort nicht annähernd so geborgen wie in den Armen seiner Mutter. Er fühlt sich ohne sie verloren, die Wiege ist kein Ersatz. Indem sie ihn mit sich herumträgt oder ihn aufnimmt, sobald er nur einen Laut von sich gibt, verstärkt Ellen sein Gefühl, dass er sie braucht und die Wiege einfach schrecklich ist.

Legt sie ihn dagegen in seine Wiege und spricht ihm dabei beruhigend zu, zeigt sie ihm, dass er hier sicher schlafen kann. Sie sagt Nein zu seinem Wunsch, in ihren Armen zu bleiben, und macht ihm deutlich, dass es jetzt Zeit zu schlafen ist und seine Wiege der beste Ort dafür ist. Wenn sie ihn quengeln und weinen lässt, nimmt sie seine Klage zwar wahr, hält zugleich aber daran fest, dass er das bekommt, was er jetzt braucht, nämlich Ruhe, die er in ihren Armen nicht im gleichen Maß findet. Wenn die Mutter diese Verfahrensweise konsequent durchhält, wird sie ihm die Erfahrung vermitteln, dass es ihm auch in der Wiege gut geht, und so sein Gefühl für sich selbst stärken. Überdies gibt sie ihm Zeit, seinen eigenen Handlungsspielraum zu erweitern. Und tatsächlich entdeckte James nach einer Weile, dass er sich gegen ein kleines Handtuch kuscheln konnte, dass Ellen zusammengerollt an eine Seite der Wiege gelegt hatte.

Einige Babys lutschen an den Fingern oder finden eine besondere Schlafstellung, in der sie sich geborgen fühlen. Andere ziehen einen weichen oder süß riechenden Gegenstand vor, wieder andere lassen sich von Klängen trösten oder reagieren über die Augen, indem sie einen Lichtpunkt, eine Pflanze oder ein Stoffmuster in ihrem Bettchen fixieren. Manche Säuglinge entdecken selbst, was sie tröstet. Andere nehmen das Angebot der Eltern an, zum Beispiel eine bestimmte Melodie. Es ist durchaus sinnvoll, ein Einschlafritual zu entwickeln, das aus Schmusen, Musik, einem Tätscheln des Rückens und einem leise gesprochenen Abschiedsgruß bestehen kann und für das Baby wiedererkennbar ist. Nach einer Weile wird es sich an Anfang, Ende und Schlusssequenz dieses Rituals gewöhnt haben. Es ist dem Säugling vertraut und er verlässt sich darauf. Außerdem lernt das Kind, dass seine Mutter oder sein Vater da sein werden, wenn es wieder aufwacht. All dies sind Fixpunkte, die dem Kind helfen, zur Ruhe zu kommen. Und nicht nur, um einzuschlafen, sondern immer dann, wenn es sich eine Weile lang mit sich selbst beschäftigen soll – in einer Babywippe, auf einer Spielmatte oder wo auch immer.

Damit vollzieht der Säugling einen wichtigen emotionalen Entwicklungsschritt: Er erlangt die Fähigkeit, sich nach innen zu richten und eigene Ressourcen zu entwickeln, anstatt sich ausschließlich auf die Versorgung durch die Außenwelt zu verlassen. Auch hier gilt: Diese Fähigkeit kann nur ausgebildet werden, wenn dem Kind Liebe und Verständnis entgegengebracht werden – der »emotionale Kraftstoff«, mit dem es ein kleines Stück Weges allein vorwärts kommt.

Durch permanente sofortige Zuwendung verhindert man, dass das Baby einen Sinn für sich selbst entwickelt, der es mit Zufriedenheit erfüllt.

Der neun Wochen alte Michael bewegte sich im Schlaf. Er runzelte leicht die Stirn und begann dann zu lächeln. Durch die Verlagerung seines Körpers schaukelte die Wiege, in der er lag, sanft von einer Seite zur anderen. Eine halbe Stunde lang beobachtete ich ihn fasziniert. Sein Gesichtsausdruck veränderte sich ständig, scheinbar mühelos und ohne Anzeichen von Schmerz oder Kummer. Mit einer Hand fuhr er sich über das Gesicht und den Mund. Er spitzte die Lippen und formte kleine Spuckebläschen. Von Zeit zu Zeit flatterten seine Augenlider, als ob er versuchte, sie zu öffnen. Doch noch wurde er nicht ganz wach, sondern schlief immer wieder ein. Er bewegte die Beine, das Strampeln wurde schließlich kräftiger, und mit einem Mal öffnete er die Augen. Er gab ein leises Jammern von sich, begann aber nicht zu weinen. Dann sah er zu dem Himmel auf, der über seine Krippe gespannt war und beobachtete, wie sich der Stoff durch die Schaukelbewegung der Wiege bewegte. Er wedelte mit seinen Ärmchen durch die Luft, während seine Augen das Hin und Her des Stoffhimmels verfolgten. Aufgeregt begann er mit den Beinen zu strampeln, so dass die Wiege etwas heftiger schaukelte. Er hatte beide Hände unter der Decke hervorgezogen und strampelte nun begeistert mit Armen und Beinen. Seine Augen waren weit geöffnet, fasziniert beobachtete er die Bewegung der Stoffbahnen über sich, und sein Mund formte ein Staunen verkündendes »Oh«. Immer wieder gab er verzückte kleine Laute von sich. Er schien wirklich glücklich und zufrieden.

Wäre Michael bei den ersten Anzeichen des Wachwerdens sofort aus seiner Wiege genommen worden, hätte man ihm damit die Chance genommen, seine Hände zu erkunden, die Spuckebläschen zu schmecken, die Bewegung des Stoffhimmels zu beobachten, die Auswirkung seiner eigenen Bewegungen auf das Schaukeln der Wiege festzustellen – also sich selbst zu erfahren und seine Umwelt in seinem eigenen, ihm angemessenen Tempo wahrzunehmen. Diese Gelegenheit verschaffte ihm nicht nur einen Moment des Vergnügens, sondern auch die emotionale Erfahrung, wie es ist, wenn man aufwacht und allein ist. Er hatte die Möglichkeit, seine Umgebung zu erkunden und für sich daraus etwas zu lernen. Er begann, fortan seine eigenen Ressourcen zu entdecken, statt sich ausschließlich darauf zu verlassen, dass andere sein Interesse wecken. Gelegenheiten dieser Art ergeben sich nicht nur beim Aufwachen, sondern immer dann, wenn ein Säugling allein ist. Dieser kurze Moment trägt den Keim von Unabhängigkeit und Selbstvertrauen in sich.

Ernährung

Häufig greifen wir zu Maßnahmen, die den Säugling zwar schnell beruhigen, aber nicht in jedem Falle gut für ihn sind. Nicht selten reagieren Eltern auf jeden Kummer ihres Kindes mit dem Anbieten von Nahrung, obwohl eine andere Art der Zuwendung – mit dem Baby sprechen, ihm etwas vorsingen, es in den Arm nehmen oder einfach nur anschauen – genauso trösten würde. Wenn der erste Reflex der Eltern immer nur im Füttern besteht, beginnt das Baby mit der Zeit zu glauben, dass allein Nahrung seinen Kummer zu stillen vermag. Die folgenden Beispiele sollen deutlich machen, was ich damit meine.

Die zwölf Wochen alte Julie liegt auf dem Rücken und beschäftigt sich seit gut zehn Minuten mit einem über ihrem Kopf hängenden Mobile. Ihre Mutter Paula betritt den Raum und redet mit ihr. Sie streichelt ihre Wange, dann lässt sie Julie wieder allein, um sich ihrer Hausarbeit zu widmen. Ein oder zwei Minuten ist Julie damit beschäftigt, zu strampeln und zu glucksen und hinter ihrer Mutter herzublicken. Ich war überrascht, weil ich erwartet hatte, dass sie energisch gegen das Alleingelassenwerden protestieren würde. Allmählich wurde aus dem Glucksen ein unzufriedenes Quengeln, aber noch weinte sie nicht. Und dann dauerte es nicht mehr lange, bis sich ihr Mund verzog und sie das Zahnfleisch entblößte. Ihr Jammern wandelte sich in einen leisen Schrei. Das Gesicht wurde rot, während sie die Augen zusammenkniff und die Fäuste ballte. Paula betrat den Raum und sagte: »Ar-

me Julie! Bist du hungrig?« Sie steckte ihren Finger in Julies Mund. Julie saugte aber nicht daran, wie sie es in den vorangegangenen Wochen getan hatte. »Du bist hungrig«, sagte Paula. »Warte, gleich ist es soweit.« Sie nahm Julie auf, und das Kind wurde sofort ruhig.

Paula versuchte sich zu erinnern, welche Brust dran war, während Julie sie ansah. Sie legte sie an die rechte Brust und Julie begann zu saugen. »Braves Mädchen, braves Mädchen«, lobte ihre Mutter. Julie trank etwa acht Minuten lang mit kleinen Pausen ruhig weiter. Nach einer Weile nahm Paula sie von der Brust und fragte: »Hast du genug?« Julie schaute sie verwirrt an, offensichtlich fühlte sie sich unwohl. Ich musste unwillkürlich an die römischen Kaiser denken, die sich überfraßen, um sich dann zu übergeben.

Paula verließ abermals das Zimmer, weil das Telefon klingelte. Julie sah ihr unglücklich nach. Sie verzog den Mund und fing an zu schreien. Ihre Mutter kam zurück und sagte: »Bist du immer noch hungrig? Entschuldige.« Sie legte Julie an die andere Brust, und diesmal begann das Baby hungrig zu trinken.

Das Kind fand sehr schnell seinen eigenen Rhythmus aus Saugen und Pausieren. Das Stillen dauerte etwa eine Viertelstunde. Dann sagte ihre Mutter: »Ich muss dich einen kleinen Moment verlassen, Schatz.« Sie ging ins Nebenzimmer, um sich telefonisch mit einer Freundin zum Mittagessen zu verabreden. Sie redeten darüber, was sie essen wollten. Als Julie zu quengeln begann, beendete Paula das Gespräch mit dem Hinweis, dass sie Julie zu Ende stillen müsse. Julie trank noch ein wenig. Nach ein paar Minuten entzog die Mutter ihr die Brust. Julie wirkte jetzt sehr müde und schloss die Augen. Sie schlief ein und sah rund, satt und zufrieden aus. Paula erledigte noch einen Anruf, um sich mit einer anderen Freundin für einen der nächsten Tage zum Mittagessen zu verabreden. Wieder wurde besprochen, was man essen könnte. Dann bereitete sich Paula ihr Mittagessen zu. Als sie ins Zimmer zurückkam, wirkte sie regelrecht energiegeladen. Sie betrachtete bewundernd das schlafende Kind, streichelte dessen Bäuchlein und sagte: »Gutes Mädchen.« Julie regte sich kaum, ihre Lippen formten sich gelegentlich zu einem Saugmund, als ob sie an das Stillen dächte.

Das Beispiel macht deutlich, dass die Mutter Julies Weinen sofort als Hungeräußerung interpretiert. Dabei sind tatsächlich eine ganze Reihe von anderen Deutungsmöglichkeiten denkbar: Vielleicht wünscht sich Julie einfach ein wenig Gesellschaft oder beginnt sich mit dem Mobile zu langweilen und will etwas anderes sehen; möglicherweise fühlt sie sich auch unbehaglich, weil sie zu lange auf dem Rücken gelegen hat und nicht in der Lage ist, sich selbst auf den Bauch zu drehen. Julie beginnt zunächst ruhig zu trinken und wirkt bereits bei der ersten Unterbrechung vollkommen satt, so als ob sie eigentlich gar keinen Hunger gehabt hätte. Sie wird dann mit einigen Unterbrechungen weiter gestillt und scheint dabei immer begieriger zu trinken. Daraus ließe sich einerseits schließen, dass sie doch hungrig war. Möglicherweise hat sie aber auch gelernt, sich den Vorstellungen ihrer Mutter von Wohlergehen anzupassen, dass man sich nämlich nur nach einer Mahlzeit glücklich fühlt. Sie hat auch begriffen, dass ihre Mutter sie für das Trinken immer wieder lobt, schließlich streichelt sie ihr danach liebevoll das wohlgefüllte Bäuchlein.

Aus dem Verhalten der Mutter geht hervor, dass sie selbst hungrig ist, den telefonischen Kontakt zu ihren Freundinnen sucht und verschiedene Mahlzeiten plant. Wir alle, Kinder wie Erwachsene, essen nicht nur, um satt zu werden, sondern auch, um uns wohl zu fühlen. In dem zitierten Fallbeispiel wird deutlich, dass Julies Mutter ihr Verständnis davon, wie man sich ein Wohlgefühl verschafft, auf ihre Tochter überträgt. Dies ist eine durchaus verbreitete Reaktion, aber nicht die einzig denkbare. Paula hätte mit dem Stillen auch warten können, um herauszufinden, ob Julie durch ihr Verhalten zum Ausdruck bringt, was sie wirklich braucht.

In den folgenden Wochen etablierte sich allmählich das Muster, dass Julie bei jedem noch so verhaltenen Weinen gefüttert wurde. Der Hauptkontakt zu ihrer Mutter fand durch das Stillen statt. Andere Formen der Interaktion – Julie einfach im Arm zu halten, mit ihr zu sprechen oder ihr ein Spielzeug zu zeigen – fehlten fast vollständig. In dieser Phase wirkte Paula unsicher, bisweilen auch niedergeschlagen, außerdem hatte sie ein deutlich ausgeprägtes Bedürfnis zu essen und in Gesellschaft zu sein. Als sie begann, sich in der für sie neuen Mutterrolle zurechtzufinden, wirkte sie nicht nur entspannter, sondern war auch zu anderen Aktivitäten und Interaktionen in der Lage. Sie und Julie schienen dies beide zu genießen. Als Julie fünfeinhalb Monate alt war, sagte Paula liebevoll zu ihr: »Es gibt doch noch andere interessante Dinge als nur zu essen, nicht wahr?«

Eine derartige Fokussierung auf das Essen oder Stillen rührt häufig daher, dass die Mutter fürchtet, sie könne ihrem Kind sonst nichts bieten. Schließlich kommt die Milch aus ihrem Körper und tut dem Baby sichtbar gut. Viele Mütter behaupten, ihr Kind interessiere sich nicht für sie, sondern nur für ihre Milch. Das Stillen ist dann in den Augen der Mutter der einzige Beitrag, den sie für sein Wohlergehen leisten kann.

Auch Mütter, die sich dafür entschieden haben, ihrem Kind die Flasche zu geben, glauben, damit das Beste für ihr Baby zu tun. Häufig steht hinter dieser Entscheidung die unbewusste Überzeugung, dass ihre Milch nicht gut genug sei. Das häufige Fläschchengeben stellt dann eine Überkompensierung dieses Unzulänglichkeitsgefühls dar.

Nach zwei Fehlgeburten ist Annas Kinderwunsch endlich in Erfüllung gegangen. Carls Geburt war allerdings außerordentlich schwer. Sie hat starke Zweifel an ihrer Fähigkeit, für Carl zu sorgen, ihn am Leben zu halten. In der ersten Zeit geht sie nur zögernd mit ihm um und glaubt, sie verstünde seine Signale nicht richtig.

Anna nimmt den schreienden Carl (drei Wochen alt) aus seinem Bett, legt ihn sich auf die Schulter und klopft ihm den Rücken. Carl versucht, an der Haut seiner Mutter zu nuckeln. Anna setzt ihn sich auf den Schoß und legt ihn dann wieder auf die Schulter, wo das Baby beginnt, am Kragen ihrer Bluse zu saugen. Anna sagt: »Ich weiß nicht, was er will, was habe ich noch nicht versucht? Ach ja, ich habe ihn noch nicht auf den Bauch gelegt!« Sie legt sich Carl bäuchlings auf den Schoß und streichelt seinen Rücken. Carl versucht, den Kopf zu heben und weint. Schließlich versucht Anna es mit Stillen. Sie legt ihn an die Brust und Carl beginnt sofort zu saugen. Sein Körper entspannt sich und schmiegt sich in Annas Arme.

Anders als Paula denkt Anna nicht sofort daran, dass ihr Kind gestillt werden möchte. Stattdessen zieht sie eine Reihe anderer Möglichkeiten in Erwägung, bevor sie darauf kommt, dass Carl Hunger haben könnte oder einfach nur nuckeln will. In den folgenden Wochen nimmt Carl zu. Ihn zu stillen ist unproblematisch. Trotzdem ist Anna der Überzeugung, nicht genug Milch zu haben, und beginnt daher, ihm die Flasche zu geben. Carl nimmt weiterhin zu, bis er das für sein Alter empfohlene Höchstgewicht erreicht hat. Es etabliert sich ein Muster, nach dem Carl immer mehr trinken will, als Anna für richtig hält – Anna zufolge trinkt er eigentlich ständig.

Carl (inzwischen elf Wochen alt) schreit und stopft sich eine Faust in den Mund. Anna sagt: »Du kannst doch nicht schon wieder Hunger haben, ich habe dir erst vor einer Stunde die Flasche gegeben!« Anna gibt Carl die Flasche, in der noch ein kleiner Rest ist. Als Carl den Nuckel im Mund hat, sieht er zugleich verblüfft, aufgeregt und erleichtert aus und beginnt energisch zu saugen. Schon bald ist die Flasche leer und er beginnt wieder zu schreien. Anna macht ihm noch eine Flasche und Carl reagiert genauso wie beim ersten Mal. Als er ausgetrunken hat, läuft ihm Milch über das Kinn und er sieht absolut »satt« aus.

Inzwischen scheint Carl die meiste Zeit gefüttert werden zu wollen. Anna fällt es schwer, Nein zu sagen und zu erkennen, wann er genug getrunken hat. Es ist keine leichte Entscheidung, selbst für uns Erwachsene nicht: Wann ist genug wirklich genug? Die Beziehung von Anna und Carl ist fast ausschließlich durch Nahrung bestimmt. Anna glaubt, Carl habe ständig Hunger, und Carl kann nicht aufhören zu trinken. Keiner von beiden ist in der Lage, Nein zu diesem Kreislauf permanenten Fütterns zu sagen. Es wird immer schwieriger, andere Formen des Zusammenseins zu finden – etwa Unterhaltung oder Interaktion, also »Nahrungsformen«, die »Gedankenfutter« für Carl darstellen könnten und damit neue zu »verdauende« Erfahrungen an die Stelle rein physischer Nahrung setzen. Derartige Muster lassen sich nur schwer durchbrechen, und finden innerhalb dieser Muster geringfügige Veränderungen statt, sind diese kaum wahrnehmbar. Als Carl schließlich neue Signale aussandte, dauerte es eine Weile, bis Anna sie erkannte.

Carl (21 Wochen) liegt auf dem Boden und beschäftigt sich mit dem um ihn herum verteilten Spielzeug. Anna nimmt ihn hoch und Carl beginnt zu quengeln. Anna sagt: »Du bist hungrig. Ich werde dir etwas Milch geben.« Sie legt Carl zurück auf den Boden und holt die Milch. Als sie zurückkommt, betrachtet Carl zufrieden einen Stoffhund. Anna nimmt ihn auf und beginnt, ihm die volle Flasche Milch zu geben, die Carl vollends austrinkt.

Es ist deutlich zu erkennen, welche Probleme Anna damit hat, die Veränderung in Carls Verhalten – sein Interesse an Spielzeug – wahrzunehmen. Der bekannte Mechanismus des Fütterns überlagert alles andere, und beide kehren zu den ihnen vertrauten Verhaltensmustern zurück. Andere Säuglinge würden vielleicht protestieren und ihren Kopf wegdrehen oder aber ihr Spielbedürfnis deutlicher zum Ausdruck bringen, indem sie sich nach ihrem Spielzeug ausstrecken.

Diese Mutter-Kind-Beziehung wurde von Anfang an durch ungünstige Faktoren bestimmt. Das Überfüttern Carls – das fehlende Nein – führte dazu, dass er auch im übertragenen Sinne niemals satt, sondern immer hungrig war, bis er schließlich Übergewicht hatte. Mit der Zeit lernte Anna, Carl mehr Widerstand entgegenzusetzen, ihm auch einfach nur Wasser zu geben, zuweilen steckte sie ihm einfach den Finger in den Mund. Annas Sorge, Carl könne nicht genug bekommen, ging auf ihre vorhergegangenen Fehlgeburten und Carls schwere Geburt zurück. Sie sah einfach nicht, dass er zunahm und sich prächtig entwickelte. Die anfängliche Unsicherheit hinsichtlich ihrer Fähigkeit, Carl in ausreichendem Maße stillen zu können, führte dazu, dass sie schließlich auf Flaschennahrung umstellte. Doch selbst jetzt bezweifelte sie noch, dass ihr Kind gesund und munter war. Erst als sich ihre Angst legte, dass sie Carl verlieren könnte, war Anna in der Lage, Grenzen zu ziehen und andere Formen des Zusammenlebens mit ihrem Baby zu erproben.

Wie wir sehen, kann es in den frühen Stadien des Zusammenfindens recht schwierig sein, einen Säugling zu verstehen. Seine Äußerungen werden von uns über unsere eigenen Reaktionen auf Gefühlsbedürfnisse und über unsere Ansichten von Säuglingspflege interpretiert. Wie wir auf die Äußerungen unserer Kinder reagieren, hilft ihnen, ihre eigenen Gefühle zu verstehen. So unterschiedlich sie auch sein mögen, die Beispiele von Julie und Carl zeigen doch ein ähnliches Muster: Ihre Bedürfnisse wurden von den Müttern jeweils als Hunger interpretiert, so dass beide Kinder lernten, bei jeder Gelegenheit die Brust oder die Flasche zu akzeptieren. Bei Carl ging es sogar so weit, dass er Nahrung *forderte*, sobald er eine innere Leere oder den Wunsch nach Bedürfnisbefriedigung verspürte. Diese Muster können, wenn sie nicht irgendwann durchbrochen werden, später zu gravierenden Problemen führen. In den meisten Familien werden sie allerdings – wie in den hier geschilderten Fällen – schon nach kurzer Zeit überwunden und gehören damit zu den alltäglichen Missverständnissen, denen Menschen unterliegen, die in einer für beide kritischen Zeit aufeinandertreffen.

Beschäftigung und Ablenkung

Die physischen Aspekte der Säuglingspflege – Füttern, Windelwechsel, Baden, Schlafen legen – gehen auf eindeutige, von Eltern kaum zu übersehende Bedürfnisse des Kindes zurück. Eine genauso wichtige Rolle für das Wohlergehen des Säuglings spielt aber auch die nicht ganz so offensichtliche emotionale Zuwendung: dass man mit dem Kind spricht, ihm etwas vorsingt, mit ihm schmust oder in Interaktion mit ihm tritt.

Einigen Müttern fällt es schwer, einfach nur mit ihrem Baby zusammenzusein, ohne ihm ständig etwas zu bieten, es zu unterhalten.

Die viereinhalb Monate alte Rosa sitzt in ihrem Laufstuhl und spielt mit einem großen Plastikspielzeug. Drückt man dessen Knöpfe, ertönen aus den seitlich angebrachten Lautsprechern verschiedene Töne. Rosa wirkt angeregt und konzentriert. Mit großen Augen und gespitzten Lippen betrachtet sie die Knöpfe, dann öffnet sie ihren Mund und sabbert ein wenig. Liz, ihre Mutter, wendet sich ihr zu, fragt sie nach den Geräuschen und betätigt einen Schalter an dem Spielzeug, der den Klang verändert. Rosa sieht zunächst mich, dann Liz an und wendet sich wieder ihrem Spiel zu, indem sie aufgeregt auf und ab wippt und mit dem Spielzeug auf den Rand des Stühlchens schlägt. Nach einer Weile hat sie sich so in eine recht unbequeme Position gebracht. Frustriert schlägt sie mit dem Spielzeug noch fester auf den Laufstuhl und versucht, es in den Mund zu stecken. Sie beginnt zu quengeln. Ihre Mutter nimmt ihr das Spielzeug weg und gibt ihr stattdessen ein Stoffbilderbuch. Rosa steckt es in den Mund und beißt zu. Sie zieht eine Grimasse, nimmt das Buch aus dem Mund und schaut es an. Daraufhin gibt Liz ihr einen Beißring, den Rosa in den Mund steckt. Sie beißt kräftig zu, zuckt zusammen und beginnt zu weinen. Liz nimmt sie hoch, Rosa wirft den Kopf nach hinten und biegt den Rücken durch. Liz richtet sie wieder auf und versucht sie hinzustellen. Rosa protestiert. Liz legt sie auf den Boden und beginnt mit ihren Füßen zu spielen. Rosa beobachtet aufmerksam ihre Mutter und bewegt dabei Lippen und Zunge. Dann spielt Liz »Geht ein Mann die Treppe hoch« mit Rosa, die dabei häufig mit den Augen zwinkert, vor allem immer dann, wenn Liz am Ende des Liedes ihre Nase berührt.

Es klingelt. Eine Freundin ist gekommen, die Rosa bald darauf auf den Schoß nimmt. Rosa sieht verunsichert und ernst aus. Die Freundin redet mit Rosa und lässt sie auf ihren Knien wippen, um ihr ein Lächeln zu entlocken. Rosa wirkt steif, schließlich wird sie unruhig, beginnt sich zu winden, bäumt sich auf und schreit. Liz nimmt sie auf den Arm und drückt sie an sich. Sofort entspannt sich Rosa und schmiegt sich an den Körper ihrer Mutter. Dann fallen ihr die Augen zu, der Atem wird flacher und sie schläft ein.

Zu Beginn dieser Szene haben wir ein Baby vor uns, dass sehr wohl in der Lage ist, sich mit einem Spielzeug selbst zu beschäftigen. Als Rosa dann allmählich ermüdet, bietet ihr die Mutter immer neue Spielsachen an, um sie zu unterhalten. Schließlich versucht sogar die Freundin, Rosa zu beschäftigen. Erst als Rosa endlich von ihrer Mutter auf den Arm genommen wird, scheint sie das zu bekommen, was sie vielleicht schon eine ganze Weile lang gebraucht hätte. Bis zu diesem Punkt werden ihr Beschäftigung, Ablenkung und spannende Spiele als Trost angeboten. Ihre Mutter zieht es vor, sie auf verschiedenste Weise anzuregen, statt abzuwarten und ihr Kind zu beobachten, um herauszufinden, was es eigentlich will.

Ein derartiges Verhalten ist nicht selten. Die meisten Menschen fühlen sich hilflos, wenn sie jemandem gegenüberstehen, der weint oder sich beklagt, und sofort beginnen sie zu trösten. Und dieser Trost besteht häufig in dem Versuch, einfach »etwas zu tun«.

Wenn auf Unbehagen immer nur mit Ablenkung reagiert wird, lernt das Baby, dass man sich nur dann wohl fühlen wird, wenn man aktiv ist. Was bedeutet ein solches Muster nun für Mutter und Kind? Welche Botschaft wird damit übermittelt? Die Mutter könnte damit zum Ausdruck bringen: »Ich ertrage es nicht, wenn du weinst. Lass uns schnell etwas tun, damit du aufhörst.« In diesem Fall ist das Unbehagen der Mutter genauso groß wie das des Kindes. Das Baby sieht sich mithin keiner Person gegenüber, die sein Weinen beruhigt oder ihm eine Bedeutung zuschreibt. Es ist also nicht nur von seinem eigenen Kummer, sondern auch von dem der Mutter erfüllt. Eine hilfreiche Reaktion auf das Weinen des Babys könnte hingegen sein: »Mach dir keine Sorgen, alles ist in Ordnung, du bist einfach nur müde (du möchtest schmusen, hast Hunger, oder willst, dass ich mich ein wenig mit dir unterhalte).« Dadurch würden Mutter und Kind Zeit gewinnen, um herauszufinden, was das Baby wirklich fühlt und was es wirklich braucht.

Eine auf Aktivitäten zielende Reaktion könnte dem Baby aber auch die Botschaft übermitteln: »Du brauchst ein bisschen Ablenkung, um deinen Kummer zu vergessen.« Ablenkung ist von Zeit zu Zeit durchaus angebracht. Wird sie aber methodisch immer wieder eingesetzt, um Kummer zu begegnen, transportiert man mit diesem Verhalten noch etwas anderes. Indirekt sagen Sie damit, dass Unzufriedenheit für Sie bestenfalls inakzeptabel, eigentlich sogar unerträglich ist. Aus

Säuglinge 45

der Sicht des Babys wird auf diese Weise jedes kleine Quengeln, jede Unmutsäußerung zu einem Problem, dessen man sich annehmen muss. Wenn das Klagen immer sofort unterbunden wird, lernt das Baby bald, dass derartige Gefühle als inakzeptabel gelten, und es wird zwangsläufig versuchen, mit seinem Kummer allein fertig zu werden. Jeder hat einmal schlechte Laune. Das Recht, ab und zu ein bisschen zu stöhnen und zu murren, sollte jedem zugestanden werden. Eltern müssen lernen, ihr Kind auch einmal quengeln zu lassen, sein Jammern zu ertragen und ihm in solchen Situationen Mitgefühl entgegenzubringen: »Ja, ich weiß, du hast schlechte Laune. So geht es uns allen mal, das ist ganz in Ordnung. Du wirst sehen, bald geht's dir wieder besser…«

Indem die Mutter die schlechte Laune ihres Säuglings akzeptiert, hilft sie ihm nicht nur, mit der akuten Situation fertig zu werden, sie vermittelt ihm damit auch eine grundlegende Strategie, wie man mit Schwierigkeiten umgeht. Toleriert sie sein Unbehagen, macht sie ihm damit klar, dass es sich um ein akzeptables und erträgliches Gefühl handelt, das zwar für sie beide unangenehm ist, sich aber auch wieder legen wird. Sie übermittelt dem Kind die Erfahrung, dass ein wenig Kummer nicht das Ende der Welt bedeutet, sondern eine ganz normale Empfindung ist, die auch wieder vorübergeht. Diese Einstellung hilft dem Baby, ein Bild von sich selbst und der Welt zu entwerfen, das Sicherheit vermittelt. Schwierigkeiten zu meistern lernen, hilft enorm, die eigene Widerstandskraft zu entwickeln und anderen zu vertrauen.

Wenn schon dem Säugling beigebracht wird, dass die beste Lösung für den Umgang mit Unbehagen Aktivität ist, wird das Kind dieses Modell übernehmen, wie die folgenden Fallbeispiele erkennen lassen.

Leo, zehn Monate alt, hat gerade laufen gelernt, indem er sich an den Möbeln festhält. Er steht schon recht sicher auf seinen kleinen Beinen, benötigt aber noch Hilfe. Leo läuft gern im Wohnzimmer umher und ruft nach seiner Mutter, wenn er von einem Sessel zum nächsten gelangen will – den Zwischenraum krabbelnd zu überwinden, verweigert er. Leo kreischt vor Aufregung, während er sich durch das Zimmer hangelt, und verlangt immer wieder lautstark nach seiner Mutter, die auf seine Befehle prompt reagiert. Auf diese Weise beschäftigt er sie über recht lange Zeiträume. Dieses »Spiel« langweilt sie, aber wenn sie ihm nicht hilft, beginnt er zu schreien und sich fürchterlich aufzuregen, was sie nicht erträgt. Leo kann keine Minute mehr still sitzen, selbst das Füttern wird zu einer Tortur.

Wie eine kleine Königin thront die sieben Monate alte Celia auf einer Decke inmitten ihrer Spielsachen. Statt sich selbst das Spielzeug zu holen, das sie haben will, bleibt sie einfach sitzen und macht ihre Mutter durch Laute und Gesten auf das Gewünschte aufmerksam. Ihre Mutter verbringt Stunden damit, Spielsachen anzureichen und sich mit ihr zu beschäftigen. Celia wird nicht müde, ein Spiel nach dem anderen zu fordern. Sobald sich ihre Mutter entfernt, um zu telefonieren oder das Essen zuzubereiten, wirft sich Celia schreiend auf den Boden und hört erst wieder auf, wenn ihre Mutter zurückkommt. Celias Mutter ist ratlos. Sie ist zwar stolz darauf, dass ihre Tochter in der Lage ist, sich über lange Zeit hinweg konzentriert zu beschäftigen, hat aber keine Lust, ihr dabei stets zur Verfügung stehen zu müssen. Außerdem macht sie sich Gedanken darüber, dass Celia ständig beschäftigt werden will.

Wenn die Lösung für Kummer immer nur Aktivität heißt, hat das Folgen, wie aus den geschilderten Beispielen deutlich wird: Das Kind wird überaktiv, die Mutter fühlt sich zu stark beansprucht, ausgenutzt und in ihrem Bewegungsspielraum eingeengt. Das Baby wiederum verlässt sich auf immer neue Angebote für spannende Unterhaltung. Es reagiert wütend, wenn es allein gelassen wird, und ist nicht in der Lage, sich mit sich selbst zu beschäftigen. Man könnte sagen, dass das Baby fast krankhaft abhängig von seiner Mutter oder der durch sie garantierten Ablenkung ist, anstatt in einer konstruktiven Beziehung zu ihr zu stehen. Seine Wutausbrüche lassen den Eindruck entstehen, dass es ohne die Mutter vollkommen hilflos und verloren wäre. Mutter und Kind geraten in einen emotional aufgeladenen Teufelskreis, der sie beide unglücklich macht. Ähnlich wie beim Essen wird auch hier das Gefühl, es könnte eine Lücke in der dem Kind geschenkten Aufmerksamkeit entstehen, für beide Parteien unerträglich. Das wiederum führt zu einem zwanghaften Verhalten und schränkt die Offenheit, mit der Neuem begegnet werden kann, empfindlich ein. Bei dem Versuch, Lücken sofort zu füllen, greift man unwillkürlich auf Vertrautes zurück und verhindert damit Kreativität und Neugier auf Neues. Darüber hinaus lässt sich in einer derart aufgeladenen Atmosphäre Ruhe kaum durchsetzen.

Mit diesem Mechanismus wird der Grundstein gelegt für das bei Kindern im Grundschulalter so häufig anzutreffende »Ich langweile mich so«-Syndrom, das den Eltern den letzten Nerv rauben kann. Und er ist darüber hinaus dafür verantwortlich, dass Kinder Schwierigkeiten haben, bei einer Sache zu bleiben, über eine Frage nachzudenken, eben konzentriert und aufmerksam zu sein und stattdessen immer wieder nach Ablenkung und Aktivitäten verlangen. Dass ein solches Verhaltensmuster die Fähigkeit zum Lernen erheblich einschränkt, liegt auf der Hand.

Je weiter der Säugling in seiner Entwicklung voranschreitet, desto befriedigender ist es für ihn, wenn es ihm gelingt, etwas selbständig zu erreichen. Wir alle haben schon einmal gesehen, wie aufgeregt ein Baby reagiert, wenn es zwei Gegenstände aneinander schlägt und damit ein lautes Geräusch produziert, oder sich reckt und streckt und schließlich an das Spielzeug kommt, das es haben wollte. Ich erinnere mich mit Bewunderung daran, wie meine Tochter Stunden damit verbrachte, sich immer wieder in den Stand hochzuziehen, um dann wieder auf den Po zu fallen und sich erneut aufzurichten. Es war ein Vergnügen ihr dabei zuzusehen, wie sie sich darüber freute, dass es ihr gelang, ihren Körper zu kontrollieren. Wenn Kinder die Gelegenheit haben, etwas ganz allein zu versuchen und allein Erfolge zu erzielen, stärkt dies ihr Selbstbewusstsein. Wird ihnen dagegen jeder Kampf abgenommen, brauchen sie sich niemals wirklich Mühe zu geben und entwickeln dementsprechend keinen aus sich selbst kommenden Antrieb.

Trennung

Sich selbst als ein eigenständiges Wesen zu erfahren, ist für das Baby ein wichtiger Entwicklungsschritt. Der nächste Schritt jedoch, die Trennung, wird vom Kind wie von den Eltern häufig als problematisch empfunden. Im Laufe unseres Lebens erfahren wir viele Momente der Trennung – manche sagen, die erste Trennung fände bereits im Augenblick der Geburt statt, wenn das Kind den Körper der Mutter verlässt und die Nabelschnur durchtrennt wird. In jedem Fall muss nun zum ersten Mal der Körper des Neugeborenen auf seine eigenen Ressourcen zurückgreifen, um mit dem Atmen zu beginnen. Hatte bis dahin die Mutter die Nahrungszufuhr und die Entsorgung für das Ungeborene übernommen, so geht fortan jeder Anfang und jedes Ende von so alltäglichen Vorgängen wie Stillen, Schlafen, gegenseitigem Betrachten mit einer Begegnung und einer Trennung im Kleinen einher.

Schlafenszeit

Was tun viele Eltern nicht alles, damit ihr Baby einschläft: Sie wiegen es in den Schlaf, tragen oder fahren es sogar durch die Gegend. Wie leicht ein Kind einschläft, hat ebenso mit seiner eigenen Persönlichkeit wie mit der Einstellung seiner Eltern zu tun. Ein eher sensibles Kind, das bei der kleinsten Bewegung oder dem leisesten Geräusch erschreckt und zu weinen beginnt, verleitet dazu, dass man sich in seiner Gegenwart und vor allem, wenn es schläft, nur noch auf Zehenspitzen bewegt. Wie wir zu Beginn dieses Kapitels gesehen haben, gehört es zur Rolle der Eltern, die Gefühle ihres Kindes so zu übersetzen, dass es mit ihnen umgehen kann. Zugleich vermitteln wir dem Kind aber auch ein Bild von der Welt. Eine Mutter, die jede Störung von ihrem schlafenden Kind fernzuhalten versucht, verstärkt dessen Empfindlichkeit nur. Sie passt ihre Welt den Wünschen des Kindes an, was sich als immer unmöglicher erweisen muss, je weiter sich das Kind entwickelt. Selbstverständlich will ich damit nicht sagen, dass man sensible Babys mit Lärm bombardieren sollte, sondern lediglich, dass ein vernünftiges Maß an Chaos oder Lebendigkeit in einem Haushalt toleriert werden muss, so dass nicht nur das Baby, sondern auch andere Familienmitglieder zu ihrem Recht kommen.

Wenn der Säugling in den Schlaf hinübergleitet, lässt er die Welt der Menschen, die ihn umgeben, hinter sich. Er muss loslassen. Unser Umgang mit dem Einschlafen des Kindes wird durch unsere eigene Einstellung zum Loslassen entscheidend beeinflusst. Die meisten Eltern verbinden – besonders in der ersten Zeit – mit dem Schlaf auch ein wenig Furcht. Es ist nicht ungewöhnlich, dass Väter oder Mütter nachsehen, ob ihr schlafendes Baby noch atmet. Zwischen Schlaf und Tod besteht eine enge Verbindung. Haustiere werden »eingeschläfert« und über einen Verstorbenen sagt man zuweilen auch, er sei »entschlafen«. (Das ist übrigens keine geeignete Methode, um Kindern den Tod zu erklären!) Tod und Schlaf sind in unserem Unbewussten miteinander verknüpft, auch in der Literatur findet sich diese Verbindung:

> *Unsere Hoffnungen täuschten uns über unsere Ängste hinweg,*
> *Unsere Ängste straften unsere Hoffnungen Lügen.*
> *Wir glaubten sie sterbend, als sie schlief,*
> *Und schlafend, als sie starb.*
>
> THOMANS HOOD, *Das Sterbebett*

Schlafend fühlen wir uns isoliert und unerreichbar. Wir fürchten vielleicht, dass wir nicht mehr zurückkehren werden oder dass die, die wir im Schlaf zurücklassen, nicht mehr für uns da sein werden, wenn wir wieder aufwachen. Unsere Fähigkeit, uns von unserem Kind zu trennen, ist unter Umständen geprägt durch vergangene Erfahrungen von missglückter Trennung. Möglicherweise spielen aber auch banalere Faktoren eine Rolle: Wer tagsüber arbeiten muss, vermisst sein Kind; man freut sich darauf, wieder mit ihm zusammen zu sein, man fühlt sich einsam. All dies beeinflusst die Art und Weise, wie wir mit dem Einschlafen des Babys umgehen. Wenn wir dem Kind vermitteln können, dass Schlaf Erholung ist, ein schöner, sicherer Rückzugsraum, eingebettet in den normalen Tagesablauf, werden wir ihm das Einschlafen erleichtern. Kleine, immer wiederkehrende Einschlaf- und Aufwachrituale leisten ein übriges, um Schlaf zu einem integralen Bestandteil des Tagesablaufs zu machen, anstatt zu einer Phase, die nichts mit den sonstigen Erfahrungen des Babys zu tun hat.

Ms T. hat vor kurzem ihr erstes Kind bekommen. Ihr Lebensgefährte muss aus beruflichen Gründen häufig verreisen, so dass sie oft mit dem Kind allein ist. In der Nähe lebende Verwandte gibt es nicht. Sie hat viele Freunde und ist tagsüber sehr beschäftigt. In ihre neun Monate alte Tochter Shona ist sie absolut vernarrt. Sie verbringen den ganzen Tag zusammen. Das Baby ist fröhlich, aufgeweckt, umgänglich und »pflegeleicht«. Nur die Nächte gestalten sich schwierig. Ms T. fühlt sich dann häufig allein gelassen. Shona schläft zwar problemlos an der Brust ein, doch sobald ihre Mutter sie in ihr Bettchen legt, wacht sie wieder auf und schreit. Ms T. hat nie versucht, sie allein einschlafen zu lassen, so dass Shona daran gewöhnt ist, in ihren Armen einzuschlafen. Ms T. erträgt es nicht, wenn Shona nachts schreit. Sie ist überzeugt, dass ihr Kind, das tagsüber so glücklich ist, nicht grundlos weint. So etabliert sich allmählich das Muster, dass Shona nachts alle paar Stunden gestillt wird, um wieder einzuschlafen. Das geht über Monate hinweg so. Ms T. weiß sich keinen Rat, sie sieht keine Lösung, wie sie ihre Tochter zum Einschlafen bringen soll, ohne dass sie beide darunter leiden. Eine gute Freundin erkennt schließlich, dass Mutter und Kind einfach erschöpft sind. Sie zieht für ein paar Tage zu Ms T., um ihr zu helfen, während der Partner von Ms T. auf Reisen ist. Sie unterstützt sie darin, Shona in ihr Bettchen zu legen und sich in den Schlaf weinen zu lassen. Anfangs schreit Shona fast eine ganze Stunde lang, doch mit jedem Tag wird diese Phase kürzer. Nach fünf Tagen ist Shona in der Lage, nach ein paar Minuten allein einzuschlafen.

Zwei Faktoren bewirkten die Veränderung der geschilderten Situation. Zum einen musste Ms T. sich klar darüber werden, dass sie und Shona überanstrengt waren. Während Shona in der ersten Hälfte der Nacht immer recht munter wirkte, wenn sie wach war, wurde sie gegen Morgen reizbar und nervös. Als Ms T. schließlich erkannte, dass sie weder sich noch ihrem Kind etwas Gutes tat, wenn sie sich weiterhin sträubte, es in seinem Bett schreien zu lassen, war sie entschlossen, ihr Verhalten zu ändern. Der zweite wichtige Faktor war die Unterstützung durch die Freundin. Ms T. und ihrem Partner war es gemeinsam nicht gelungen, die Ablösephase zu bewältigen. Er war häufig unterwegs und wenn er nach Hause kam, war er erschöpft und mit seinen Gedanken woanders. Nicht nur allein erziehende Mütter müssen mit derartigen Situationen fertig werden. Die Freundin versicherte Ms T., dass Shona nicht aus Verzweiflung weinte, und sie war bei ihr, als Ms T., selbst in Tränen aufgelöst, im Nebenzimmer ihrer Tochter lauschte. Zu Ms T.'s großer Überraschung war Shona nach der ersten Nacht genauso freundlich und munter wie immer und zeigte keinerlei Anzeichen, dass sie ihre Mutter jetzt hasste.

Ms T.'s Abneigung, sich von ihrem Kind zu trennen, ist nur zu verständlich. Ohne ihren Partner oder eine Familie um sich, fühlte sie sich einsam. Zudem wollte sie ihrem fröhlichen Kind keinen Schmerz zufügen. Aus der Perspektive des Babys allerdings wurde die Trennung dadurch nur noch problematischer: Je schwerer sie der Mutter fiel, desto unmöglicher wurde sie Shona. Schließlich wurde die Trennung auf recht drastische Art und Weise vollzogen. Doch da die Beziehung von Ms T. und ihrer Tochter auf einer soliden Basis stand, litt ihr Verhältnis nicht weiter darunter. Im Gegenteil, beide gewannen an Stärke und Selbstbewusstsein, so dass sie nicht mehr derart aufeinander angewiesen waren wie zuvor.

Ein Baby, das nie allein einschläft, fürchtet sich, wenn es allein aufwacht. Es hat keine Möglichkeit, die mit dem Einschlafen verbundene Trennung zu verkraften, so dass jeder Versuch, es schlafen zu legen, problematisch wird. Überlässt man dagegen das Kind in seinem Bett sich selbst, wird es diese Zeit des Alleinseins genauso genießen wie der kleine Michael das in dem oben zitierten Fallbeispiel beim Aufwachen tat.

Im Schlaf erhält das Baby zudem die Möglichkeit, innere Ressourcen aufzubauen. Schlaf ist kein statischer Zustand, sondern eine Zeit intensiver Emotionen und Empfindungen. Es ist ausgesprochen spannend zu beobachten, was alles in einem Bettchen geschieht, in dem ein Säugling schläft. Und viele Teilnehmer der Kurse zur Beobachtung von Kindern sind überrascht über die Fähigkeiten von Säuglingen, mit sich selbst zurechtzukommen:

Die 13 Wochen alte Tally schläft. Sie liegt auf dem Rücken, der Kopf ist leicht nach rechts geneigt. Etwa fünf Minuten lang rührt sie sich nicht. Dann zucken ihre Mundwinkel, und ihr Körper gerät plötzlich in Bewegung. Sie zieht die Knie hoch, mit Armen und Händen reibt sie sich über Gesicht und Ohren. Manchmal hält sie sich regelrecht den Kopf. Ihr Körper verkrampft sich und auf dem Gesicht erscheinen kummervolle Falten. Einen Moment lang sieht es so aus, als ob sie gleich aufwachen und schreien wollte. Wieder hält sie sich den Kopf, die Hände an die Ohren gelegt, so dass ich mich an Munchs Bild »Der Schrei« erinnert fühle. Dann glätten sich ihre Gesichtszüge und sie sieht vollkommen entspannt aus. Später beginnt sie zu strampeln und klagende Laute von sich zu geben. Sie reibt sich das Gesicht, bis ihr Mund schließlich den Daumen findet. Ich höre sie saugen. Sie bewegt beide Arme und verliert den Daumen wieder. Das wiederholt sich mehrere Male, bis sie schließlich mit einer zielgerichteten Bewegung die rechte Hand aufs Gesicht legt und bald danach den Daumen in den Mund steckt. Sie nuckelt und wird wieder ruhig.

Deutlich wird, wie gut die kleine Tally mit dem, was ihr im Schlaf begegnete, zurechtkam und welche Mittel sie einsetzte, um nicht aufzuwachen. Nein zu sagen zu dem unwillkürlichen Verlangen, das wimmernde Baby auf den Arm zu nehmen, schafft Raum für Wachstum und Entwicklung.

Abstillen

Das Abstillen stellt einen weiteren Schritt der Trennung dar.

Josh, 22 Wochen alt, wurde seit seiner Geburt gestillt. Seine Mutter Mrs E. will bald wieder ihrem Beruf nachgehen und versucht deshalb, ihn abzustillen.

Josh beginnt zu zappeln und zu quengeln, als ob er kurz davor wäre zu schreien. Mrs E. redet über das Abstillen des Babys, das jetzt zweimal am Tag gefüttert wird. Heute will sie versuchen, ihm statt der Brust frisch gepressten Fruchtsaft zu geben. Da Josh sich nicht beruhigt, holt sie das vorbereitete Fläschchen mit dem Saft. Sie nimmt ihn auf den Schoß. Inzwischen weint er, verzieht das Gesicht und windet sich in ihren Armen. Sie redet besänftigend auf ihn ein, doch er schreit weiter und beginnt zu sabbern. Sie redet ihm gut zu, dass der Saft ihm sicher schmecken werde, und versucht, ihm das Fläschchen zu geben. Josh trinkt ein paar Schlucke und stößt dann den Sauger mit der Zunge wieder aus dem Mund. Sein Gesicht ist rot und verzerrt, die Augen sind fest zugekniffen und er schreit lauter als je zuvor. Mrs E. ist nervös und bittet ihn, nicht zu weinen. Sie versucht, ihn zu beruhigen, hält ihn auf dem Schoß, dann aufrecht an der Schulter. Auch ihre Ablenkungsversuche schlagen fehl: Sie bietet ihm noch einmal das Fläschchen an, dann ihren Finger, damit er daran lutschen kann, Spielzeug, eine Rassel, einen Ball … Er hat an nichts Interesse. Sie gibt ihm den Schnuller, den er ebenfalls ausspuckt. Mit Josh auf der Schulter steht sie schließlich auf. Er brüllt und sie macht einen verlegenen Eindruck. Mehrfach sagt sie: »Bitte, hör auf!« und redet leise auf ihn ein. Sie gibt ihm ein Zahnpulver, mit dem sie ihn manchmal beruhigen kann. Doch Josh schreit nur noch lauter. Noch einmal versucht sie es mit dem Schnuller und sagt dann mit verlegenem Blick auf mich: »Letzter Ausweg.« Sie gibt dem Baby die Brust, während sie ihm gleichzeitig versichert, dass nichts da ist. Sofort beruhigt sich Josh, sein Gesicht wirkt entspannt, er hat die Augen geschlossen. Innerhalb von Sekunden scheint er eingeschlafen zu sein, obwohl er ab und zu noch einmal ein wenig saugt. Mrs E. sagt: »Du sollst mich nicht als Schnuller benutzen,

54 Eltern müssen NEIN sagen

dafür hast du einen richtigen Schnuller.« Nach etwa zwei Minuten nimmt sie ihn von der Brust und schiebt ihm den Schnuller in den Mund. Josh schreit kurz, akzeptiert dann aber den Schnuller und schläft ganz ruhig wieder ein.

Mrs E. weiß, dass sie sich darauf vorbereiten muss, wieder ihrem Beruf nachzugehen. Sie hat die Nähe zu ihrem Sohn in den vergangenen Monaten sehr genossen und mit dem Beobachter über ihre Bedenken gesprochen, das Baby allein zu lassen. Nicht nur Josh hat Probleme mit dem Abstillen, das Stillen ist für beide ein wichtiger Moment der Intimität. Sie fühlt sich hin und her gerissen zwischen der Einsicht in die Notwendigkeit, loszulassen und Josh bei der Trennung zu helfen, und dem Wunsch, die wenigen letzten Tage des Stillens auszukosten. Das Zusammensein ist geprägt von dem Gefühl der Mutter, das Abstillen so schnell wie möglich hinter sich zu bringen. Doch Mutter und Kind scheinen noch nicht für diese Trennung bereit zu sein. Außerdem hindert ein untergründiges Schuldgefühl die Mutter daran, dem Abstillen gelassen entgegenzusehen. Das Baby verhält sich relativ typisch, indem es jeden Ersatz für die Brust ablehnt und zu schreien beginnt. Die Bemerkung, dass sie sich nicht als Schnuller benutzen lassen wird, zeigt jedoch, dass Mrs E. ihrem Sohn zumindest mit Worten die Notwendigkeit des Abstillens deutlich macht. Er braucht die Brust nicht, die sowieso keine Milch mehr hergibt, sondern sollte sich mit einem Schnuller trösten. Damit wird ihm auch der Gedanke einer Ersatzmutter nahegebracht. Braucht er wirklich 24 Stunden am Tag seine Mutter oder wird er nicht auch für ein paar Stunden mit einer Kinderfrau vorlieb nehmen können? Das Abstillen ist ein Kampf, in dem Mrs E. zumindest teilweise eine Niederlage erleidet, weil sie ihrem Sohn schließlich doch die Brust gibt. Ihre eigene Trauer darüber, dass sie Josh verlassen und das Stillen aufgeben muss, trägt zu seinem Widerwillen gegen jede Form des Ersatzes bei und gewinnt schließlich die Oberhand. Auch ein gewisser Stolz darauf, dass ihr Kind sich nur von ihr trösten lässt, dass die Brust eben doch das Beste ist, mag eine Rolle spielen. Nachdem sie Josh

Säuglinge   55

kurz an die Brust gelegt hat, gelingt es Mrs E., ihrem Sohn eine andere Form des Trostes anzubieten.

Gibt man dem Kind grundsätzlich, wonach es verlangt, signalisiert man damit, dass es selbst offenbar am besten weiß, was gut für es ist. In dem oben geschilderten Fall hieße das in etwa: »Du hast völlig recht, nichts ist so gut wie die Brust. Mit dem Saft wollte ich dich nur ein bisschen ärgern.« Wenn man nicht selbst überzeugt davon ist, dass das, was man dem Baby gibt, gut ist, wird man das auch nicht überzeugend vertreten können. Der Geschmack von Saft ist neu und ungewohnt für das Kind. Wenn man der Ablehnung des Babys nachgibt, enthält man ihm neue sinnliche Erfahrungen vor – anderes zu schmecken, zu riechen, zu ertasten. Man signalisiert, dass nur das Vertraute gut ist. Die bedeutende Psychoanalytikerin Melanie Klein betonte bereits in der ersten Hälfte des 20. Jahrhunderts, dass das Abstillen nicht nur eine Loslösung *von* etwas ist, sondern immer auch eine Entwicklung *zu* etwas Neuem hin. Das »Abstillen von« scheint nichts als Verlust zu bedeuten, Verlust von Wärme, Trost, körperlicher Nähe und Vertrautheit und dem Gefühl von Exklusivität – die Beziehung zwischen stillender Mutter und Kind ist schließlich einmalig und unverwechselbar. Das »Abstillen zu« dagegen eröffnet dem Kind die ganze Welt als Spielplatz, auf dem es unendlich viel Neues zu entdecken gibt.

Auch eine gewisse Rivalität spielt auf Seiten der Mutter eine Rolle: Wird mein Kind das Essen anderer Leute genauso mögen wie meins, wird es die Tagesmutter oder den Babysitter am Ende lieber haben als mich? Mit dem Abstillen kann ein starkes Verlustgefühl verbunden sein, zugleich eröffnen sich aber auch für die Mutter neue Freiräume. Nur wenn sie ihr Kind loslässt, es als eigenständigen Menschen begreift, erhält sie die Möglichkeit, dessen Entwicklung zu beobachten und eine neue Beziehung zu ihm aufzubauen. Darüber hinaus gewinnt sie ein Stück persönliche Unabhängigkeit zurück. Das Baby ist nicht länger ausschließlich auf sie angewiesen, so dass sich ihr physische und psychische Freiräume öffnen.

Warum fällt ein Nein so schwer?

Unsere Reaktion auf das Weinen des Babys ist häufig durch eigene Gefühle beeinflusst: Wie wir selbst darauf reagieren, wenn wir auf etwas verzichten müssen, wie wir mit dem Protest, der Wut, der Enttäuschung oder Hartnäckigkeit eines anderen umgehen.

Weinen

Nach der Geburt eines Babys können insbesondere Mütter, aber auch Väter, extrem archaische, längst verschüttet geglaubte Gefühle durchleben. Die Eltern müssen sich, um ihre neue Rolle akzeptieren zu können, sozusagen neu erschaffen. Sie erinnern sich an Gefühle, die sie für ihre eigenen Eltern hegten. Vor der Geburt haben sie ein Idealbild von sich als Eltern und von ihrem Baby gezeichnet. Wenn nun das Baby unzufrieden ist, empfinden die meisten Eltern das Weinen ihres Kindes als unerträglich, fühlen sich unter Umständen sogar in Frage gestellt. Das Weinen tut ihnen weh und sie wollen trösten. Wenn sie nicht wissen wie, wenden sie sich an ihr Kind in der Hoffnung, dass es ihnen irgendwie signalisiert, was es braucht. Mit dem Ergebnis, dass nicht nur das Baby unglücklich und unsicher ist, sondern auch die Eltern. Es ist wichtig, dass sich Eltern in solchen Situationen von ihrem Kind distanzieren, seine Gefühle von ihren eigenen trennen. Sie müssen eigene Entscheidungen treffen, anstatt sich nach den Wünschen des Babys zu richten. Es ist ihre Übersetzung seines Weinens, die dem Kind dabei helfen wird, seinem Kummer Gestalt zu geben und damit die Voraussetzung für eine Lösung zu schaffen.

Weinen beziehungsweise Schreien ist die wohl effektivste Kommunikationsstrategie des Säuglings. Forschungen haben gezeigt, dass Eltern bereits am dritten Tag nach der Geburt das eigene Kind durch sein Weinen von anderen unterscheiden können. Nach etwa zwei Wochen sind sie in der Lage, zwischen den verschiedenen Arten des Weinens zu differenzieren. Eltern sind stolz, wenn sie erkennen, was ihnen ihr Baby durch sein Schreien sagen will. Doch das gelingt nicht immer. Um das Kind zu verstehen, ist es wichtig, dass man seine Gefühle in sich aufnimmt, sie nachempfindet, bevor man auf sie reagiert. Häufig trifft einen das Weinen »mitten ins Herz« – und das ist gut so, denn nur so können wir seine Bedeutung interpretieren. Nur so können wir es übersetzen und damit auch für das Baby handhabbar machen. Ich behaupte nicht, dass das einfach ist: In bestimmten Situationen gleichen die physiologischen Reaktionen auf das Weinen eines Kindes denen, die man angesichts eines akuten Notfalls zeigt (Anstieg des Adrenalinspiegels, hoher Blutdruck und vermehrte Sauerstoffzufuhr im Hirn).

Unsere Reaktionen sind geprägt von eigenen Erfahrungen. Werfen wir also einen Blick auf mögliche Gefühle und Gedanken, die durch das Schreien des Babys ausgelöst werden können.

- Klingt das Weinen nicht wie ein Vorwurf? Möglicherweise entsteht bei Ihnen der Eindruck, als ob damit ein Urteil über Ihre Fähigkeiten, sich um das Kind zu kümmern, gefällt würde und Sie reagieren verletzt. Erinnert Sie das an die Art und Weise, wie Ihr Mann Sie manchmal behandelt? Ist Ihr Sohn »genau wie sein Vater«? Sie werden nicht mehr versuchen, ihm zu gefallen und mit Ärger oder Rückzug reagieren.
- Erinnert Sie das Weinen Ihres Kindes an Ihre trotzige und fordernde kleine Schwester, die nur laut zu schreien brauchte, um ihren Willen zu bekommen? Dann werden Sie wahrscheinlich verärgert reagieren. Die Grenze zwischen Ihrem Kind und der Erinnerung an Ihre Schwester verschwimmt. Sie sollten sich fragen: Wem gilt meine Reaktion wirklich?
- Das Baby klingt wütend. Sie fühlen sich schuldig und fragen sich, was Sie falsch gemacht haben. Je unsicherer und zögerlicher Sie werden, desto weniger geborgen fühlt sich Ihr Baby.
- Das Baby scheint Schmerzen zu haben. Sie geraten in Panik, machen sich Sorgen, dass es schwer krank sein könnte. Sie sind vollkommen durcheinander und wissen nicht, was Sie tun sollen. Sie

können keinen klaren Gedanken mehr fassen und die Angst, Ihr Kind könne sterben, überrollt Sie. Wenn es starke Schmerzen hat, kann sich das Baby durchaus so fühlen, als ob es kollabiert. Es braucht Sie als Außenstehenden deshalb um so mehr als jemanden, der die Sorge erträgt, und der Ursache für die Schmerzen auf den Grund geht. Wenn Sie sich von dem Kummer des Babys überwältigen lassen, verstärken Sie ihn nur noch.

- Klingt das Weinen des Babys verloren und verwirrt? Erfüllt Sie das mit Verzweiflung? Vielleicht erinnern Sie sich, wenn auch unbewusst, an Gefühle aus der eigenen Kindheit, daran, wie hilflos und verloren Sie sich manchmal in Situationen vorgekommen sind, aus denen es keinen Ausweg zu geben schien. Das Gefühl der Einsamkeit wird übermächtig. Das Baby bringt mit seinem Weinen nicht seinen, sondern Ihren eigenen Kummer zum Ausdruck.

Das folgende Fallbeispiel zeigt, wie die Gefühle einer Mutter mit dem Weinen ihres Kindes verschmelzen können. Während des Stillens hatte die Mutter über die lange und schmerzhafte Geburt gesprochen, die sowohl ihr als auch dem Säugling noch körperliche Probleme bereitete.

Die zwei Wochen alte Jane ist unruhig; sie beginnt zu schreien, dann zu schniefen und zu jammern. Ihre Mutter nimmt sie hoch und wippt sie auf und ab, dabei redet sie die ganze Zeit auf das Kind ein. Die Mutter wiegt ihr Kind immer heftiger. Jane quengelt und verzieht das Gesicht. Die Szene wirkt unangenehm auf mich, disharmonisch, und ich werde nervös. Zu viel, zu viel, denke ich und möchte das Baby sanft wiegen. Ich frage mich, wer hier getröstet und gewiegt wird: das Baby oder die Mutter?

Die Mutter scheint das Weinen ihres Kindes kaum zu ertragen. Indem sie es auf dem Arm wiegt, erweckt sie den Eindruck, als ob sie ihrer beider Kummer abschütteln wollte. In der physischen Bewegung wird der Versuch der Mutter deutlich, die Erinnerung an die Geburt loszuwerden.

Säuglinge 59

Wie wir mit unseren Gefühlen angesichts des weinenden Babys umgehen, wirkt sich auch darauf aus, wie das Kind mit seinen eigenen Gefühlen umzugehen lernt. Wenn wir uns von Panik überwältigen lassen, verstärken wir die Ängste des Babys. Wenn wir es ignorieren, wird es verzweifeln, da es nicht allein zurechtkommt, und schließlich aufhören zu weinen und sich in sich selbst zurückziehen. Wir sollten stattdessen durch allmähliches Herantasten versuchen, das Weinen des Babys zu deuten, um es so gut wie möglich zu trösten. Manchmal können wir ihm helfen, indem wir die Palette möglicher Bedürfnisse durchspielen und zu befriedigen versuchen – vom Stillen, über eine Umarmung bis hin zum Windelwechsel oder dem Zudecken. Zuweilen muss der Säugling aber auch selbst eine Lösung finden. Wenn wir alles in unserer Macht Stehende getan haben, müssen wir Nein sagen zu unserem Wunsch, ihn irgendwie doch noch trösten zu können, Nein sagen zu unserem Instinkt, auf sein Weinen zu reagieren. Der bekannte amerikanische Kinderarzt Berry Brazelton sagt, dass es Momente gibt, in denen die Nerven des Babys blank liegen. Die Zuwendung überbesorgter Eltern kann dann die Fähigkeit des Kindes, weitere Stimuli aufzunehmen und zu nutzen, überfordern. Nicht selten sind Koliken die Folge. Beständige Fürsorge kann sogar die vom Säugling ausgebildeten Mechanismen, sich selbst zu trösten, stören, und anstatt den Säugling für kurze Zeiträume sich selbst zu überlassen, ihn sich »ausweinen« zu lassen, laufen Eltern leicht Gefahr, es mit ihren Versuchen, ihn zu beruhigen, zu übertreiben.

Wie wir gesehen haben, braucht das Baby Raum für sich selbst; Zeit, in der es seine Bedürfnisse selbst zu befriedigen versucht. Es fällt Eltern manchmal sehr schwer, dies zuzulassen, sich zurückzuhalten und sich nicht in die Versuche des Babys einzuschalten. Sie müssen in solchen Situationen auch mit ihrem eigenen Unbehagen umzugehen lernen, nicht nur mit dem des Kindes.

Gefühle entwirren

Herauszufinden, um wessen Gefühle es geht, und wie sie zu interpretieren sind, ist schwierig und Gegenstand so mancher psychotherapeutischen Sitzung. Mit dem folgenden Fall wurde ich während meiner Arbeit als Psychotherapeutin in der pädiatrischen Abteilung eines Krankenhauses konfrontiert. Der behandelnde Kinderarzt überwies die 14 Monate alte Zuleika und ihre Mutter an mich, weil das Kind stark untergewichtig war, ohne dass sich ein medizinischer Grund dafür ausmachen ließ. Zudem erschien das Baby sehr blass und geschwächt.

Mrs C. machte sich Sorgen wegen ihres Babys und war zugleich erschöpft, da sie Zuleika vor allem nachts alle paar Stunden stillte. Während unseres Gesprächs konnte ich beobachten, dass Mrs C. und Zuleika eine enge körperliche Beziehung zueinander hatten. Mrs C. hielt Zuleika auf dem Schoß und streichelte sie; kein Quengeln ihrer Tochter entging ihr, sie schenkte dem Kind ihre ganze Aufmerksamkeit. Mrs C. erzählte, dass ihr die Familie fehlte, die nicht in England lebte. Außerdem hatte sie den Eindruck, dass sich ihre Ehe seit der Geburt des Babys verändert hatte – ihr Mann ärgerte sich darüber, dass er sie mit dem Baby teilen musste. Er machte häufig Überstunden und half ihr kaum im Haushalt, da dies nicht seinem traditionellen Bild der Rollenverteilung entsprach. Er vermisste ihre frühere Intimität und Sexualität, und sie hatte den Eindruck, dass er ihr Bedürfnis nach Ruhe und Unterstützung nicht akzeptierte. Während sie erzählte, fing sie an zu weinen. Zuleika schmiegte sich an sie, und Mrs C. nahm ihr Kind fest in den Arm. Ich machte sie darauf aufmerksam und wir sprachen darüber, dass ihr die Mutter fehlte, mit deren Hilfe sie Kraft und Stärke für Zuleika sammeln hätte können.

Im Laufe unserer Sitzungen stellte Mrs C. sehr bald eine Verbindung zwischen ihren Gefühlen für Zuleika und ihrem eigenen Bedürfnis nach Trost, körperlicher Nähe und Ernährung her. Gemeinsam beobachteten wir, dass Zuleika jedes Mal, wenn Mrs C. davon sprach, wie einsam sie sich fühlte, darauf reagiere, indem sie sich an ihre Mutter schmiegte

Säuglinge   61

oder sie streichelte. Außerdem sprachen wir darüber, dass Mrs C. sich weniger einsam fühlte, wenn sie sich mit Zuleika zurückzog, um mit ihr zu schmusen und sie im Arm zu halten.

Allmählich gelang es Mrs C., zwischen ihren eigenen und Zuleikas Bedürfnissen zu unterscheiden. Zuleika machte bald Fortschritte. Meiner Interpretation zufolge fühlte sich Zuleika durch das Stillen zwar physisch, aber nicht emotional ernährt, sondern im Gegenteil von ihrer Mutter eher »ausgesogen«. Während des Stillens versorgte sie ihre Mutter mit Trost und Hilfe, was sie derart erschöpfte, dass sie blass und schwach aussah.

Herauszufinden, wessen Bedürfnisse tatsächlich erfüllt werden, kann sehr hilfreich sein und erfordert häufig nur relativ wenig Zeit. So habe ich Zuleika und ihre Mutter nur zweimal gesehen, weiß aber von dem sie betreuenden Kinderarzt, dass die Besserung dauerhaft war. Ich trete entschieden dafür ein, dass in dieser Phase der Beziehung zwischen Säugling und Eltern, die ebenso verletzlich wie formbar ist, Hilfe von außen so früh wie möglich einsetzen muss, um zu verhindern, dass sich negative Muster verfestigen.

Wir haben gesehen, dass Mütter vor allem in der Zeit unmittelbar nach der Geburt mit ihren eigenen kindlichen Gefühlen und Bedürfnissen konfrontiert werden. Häufig wünschen sich Frauen in dieser Situation, ihre eigene Mutter wäre in der Nähe – nicht nur, um sich um ihre Tochter zu kümmern, sondern auch, um ihre Tochter in der für sie neuen Mutterrolle zu bestätigen. In vielen Kulturen kennt man Rituale, mit denen sichergestellt wird, dass junge Mütter selbst bemuttert und nicht durch die ihr übertragene Versorgung der ganzen Familie überlastet werden.

Geister im Kinderzimmer

Wir alle tragen in uns Menschen – Eltern, Geschwister, Freunde, Lehrer –, mit denen wir im stummen Zwiegespräch stehen. Manchmal sind sie uns eine Hilfe, manchmal aber auch nicht. Besonders, wenn wir unter

Stress stehen, treten diese Figuren in den Vordergrund, so dass wir uns mit ihnen beschäftigen. Wenn Sie zum Beispiel versuchen, Ihr verstörtes Baby zu beruhigen und ihm sanft über die Stirn streichen, dann erinnern Sie sich vielleicht daran, wie angenehm es war, wenn Ihre Mutter das bei Ihnen tat. Sie erinnern sich möglicherweise bewusst an diese Erfahrung und übertragen sie deshalb auf Ihr Kind. Es ist aber auch denkbar, dass Sie eher instinktiv so handeln.

Einflüsse der Vergangenheit können jedoch auch gänzlich unbewusst sein und sich negativ auswirken. Die bekannte amerikanische Psychoanalytikerin Selma Fraiberg konstatiert, dass es in jedem Kinderzimmer Geister gibt. Diese sind die ungebetenen Besucher aus der vergessenen Vergangenheit der Eltern, wie die böse Fee aus dem Märchen, die ohne Einladung zur Taufe erscheint. Unter günstigen Bedingungen werden diese bösen Geister aus dem Kinderzimmer verbannt und kehren in ihre unterirdischen Behausungen zurück. Der Säugling macht seinen Anspruch auf die elterliche Liebe mit Nachdruck deutlich, und – in strenger Analogie zu den Märchen – schützen die Bande der Liebe das Kind vor den Eindringlingen, den übelwollenden Geistern.

Mr H. hatte Schwierigkeiten, mit seiner neuen Rolle als Vater zurechtzukommen. Er vermisste die Zeit, die er früher allein mit seiner Frau verbracht hatte, und er war eifersüchtig auf die intime Vertrautheit, die sie mit dem neugeborenen Sohn teilte. Er hatte deshalb zwar starke Schuldgefühle, konnte aber an seiner Haltung nichts ändern. Er reagierte verärgert, wenn er bei der Versorgung des Babys helfen sollte, was zu Auseinandersetzungen mit seiner Frau führte und seine Gefühle für das Baby noch weiter abkühlen ließ. Eine Spirale negativer Empfindungen baute sich auf.

Als ich die Familie zum ersten Mal sah, brachte Mr H. sehr deutlich zum Ausdruck, dass er auf seinen Sohn eifersüchtig war. Er beklagte sich bei seiner Frau: »Für ihn tust du alles, mich nimmst du kaum noch wahr!« Außerdem ärgerte er sich darüber, dass er alles mögliche für seinen Sohn tun sollte, denn »schließlich tut er ja auch nichts für mich«. Mrs H. begann sich zu verteidigen, indem sie versuchte, ihr Verhalten zu rechtfertigen und ihrem Mann zu erklären, dass das Baby sie im Moment nun einmal noch brauchte. Mir fiel auf, dass sie mit ihrem Mann nicht wie mit dem Vater ihres gemeinsamen Kindes, sondern eher wie mit einem eifersüchtigen kleinen Bruder des Babys sprach. Dem entsprach, dass er wie ein Kind redete. Als ich die beiden darauf aufmerksam machte, erinnerte er sich daran, dass er als Kind furchtbar eifersüchtig auf seinen kleinen Bruder gewesen war, der von der Mutter immer vorgezogen wurde. Nachdem diese Erfahrung ausgesprochen worden war, gelang es beiden Ehepartnern, die Muster der Vergangenheit in ihrem Alltag aufzuspüren und zu umgehen. Mr H. bemühte sich zu erkennen, wann er in seinem Sohn nur noch den kleinen Bruder sah, und Mrs H. widerstand der Versuchung, ihren Mann wie ein Kind zu behandeln. Voraussetzung dafür war keine Wunderheilung, sondern die Auseinandersetzung mit der Vergangenheit.

Ms J. hielt ihre vier Monate alte Tochter Susan für extrem fordernd und schwierig. Manchmal schrie das Baby stundenlang und ließ sich nicht beruhigen. In diesen Situationen fühlte sich Ms J. unfähig und hilflos. Im Gespräch mit mir sagte sie unter Tränen, sie versuche immer ihr Bestes zu geben, aber nichts sei gut genug für Susan. Ich merkte an, dass sie dies offenbar tief bekümmerte. Sie nickte und sagte, so sei es ihr schon ihr ganzes Leben gegangen. Sie habe sich immer die größte Mühe gegeben, aber nie ein Lob ihrer Mutter erhalten, die stattdessen stets mehr von ihr erwartet habe.

Gemeinsam fanden wir heraus, dass sich in Susans Schreien die Kindheitserfahrungen von Ms J. widerspiegelten, so dass das Baby in ihrer Vorstellung die Rolle ihrer eigenen anspruchsvollen Mutter übernahm. Das führte dazu, dass sie das Baby mit Fürsorge überschüttete, um ein positives Feedback von ihm zu erhalten. Sie sehnte sich nach Bestätigung durch das Kind, das ihr versichern sollte, eine gute Mutter zu sein. Damit setzte sie das Kind unter immensen Druck. Susan reagierte mit

Schreien. Mit der Zeit begriff Ms J., dass Susan nicht weinte, um sie zu kritisieren, sondern weil ihr etwas fehlte, und lernte auf diese Weise, mit dem Schreien ihrer Tochter umzugehen.

Verlust

Manchmal sind die »Geister im Kinderzimmer« die Folge tragischer Todesfälle. Mrs O. hatte Schwierigkeiten, sich auch nur für wenige Minuten von ihrem Sohn Ali zu trennen. Am liebsten hätte Mrs O. ihn überhaupt nicht der Obhut eines anderen Menschen anvertraut. Grenzen zu setzen, fiel ihr ebenfalls außerordentlich schwer. Während unseres ersten Gesprächs erzählte sie mir weinend, dass sie ihr erstes Kind im Alter von drei Wochen verloren hatte. Ihr neugeborener Sohn stellte für sie so etwas wie einen Ersatz dar. Deshalb hatte sie ihm auch den gleichen Namen wie dem verstorbenen Kind geben wollen. Dieser Wunsch nach Ersatz kommt häufig vor, auch nach Fehlgeburten. Mrs O. sah in ihrem Sohn Ali auch ihr verstorbenes Kind Ahmed. Ihr Drang, Ahmed zu schützen und vor dem Tod zu bewahren, wurde auf Ali übertragen, den sie für ein zartes, kränkliches Kind hielt, obwohl er in Wahrheit ein kräftiger und kerngesunder kleiner Kerl war. Im Laufe unserer Gespräche versuchten wir dieser Reaktion auf den Grund zu gehen und herauszufinden, welche Bedürfnisse Ali tatsächlich hatte. Mrs O. erkannte, dass sie Ali nicht sonderlich damit half, wenn sie in ihm seinen Bruder Ahmed sah. Mit ihrem Verhalten bewirkte sie genau das Gegenteil dessen, was sie eigentlich erreichen wollte. Anstatt in dem Bewusstsein eigener Stärke aufzuwachsen, musste sich Ali aufgrund des Verhaltens seiner Mutter schwach und hilflos vorkommen. Alles, was sie unternahm, um ihn zu beschützen, machte ihn nur noch verletzlicher. Gemeinsam beobachteten wir daraufhin in den folgenden Sitzungen Ali, um herauszufinden, wie *er* war und reagierte. Ali als eigenständiges Wesen wahrzunehmen hieß, *ihn* statt Ahmed in den Mittelpunkt der Aufmerksamkeit zu stellen. Das lebende Kind wurde so für Mrs O. immer realer, die zugleich lernte, sich mit dem Verlust von Ahmed zu konfrontieren. Ali würde nie Ahmed sein können. Indem sie den Traum, Ahmed ersetzen zu können, aufgab, war Mrs O. auch in der Lage, um ihn trauern zu können. Und wenn sie sich dem realen Ali zuwandte, war es ihr nun auch möglich, konsequenter mit ihm umzugehen, auch Nein zu sagen, ohne zu fürchten, sie könne ihn damit überfordern oder verletzen. Sein robuster Charakter konnte sich endlich voll entfalten.

Nicht immer führt der Verlust eines Kindes zu überfürsorglichem Verhalten dem zweiten Baby gegenüber, wie ein weiterer Fall aus meiner Praxis zeigt. Mrs C. war zu mir gekommen, als ihre kleine Tochter Angie auf der Säuglings-Intensivstation lag. Auch nach dem Tod des Kindes und während der nächsten Schwangerschaft, der Geburt und der ersten Lebensmonate des zweiten Kindes, Cassie, setzten wir unsere Gespräche fort. Angie war von Geburt an sehr krank gewesen und hatte nur sieben Monate gelebt. Während dieser Zeit hatte Mrs C. eine sehr enge Beziehung zu ihr aufgebaut und sich fast ständig bei ihr im Krankenhaus aufgehalten. Als sie erneut schwanger wurde, fürchtete sie, das zweite Baby nicht ebenso intensiv lieben zu können. In den ersten Wochen nach der Geburt fühlte sie sich durch Cassies Bedürfnisse irritiert und unfähig, diese zu erfüllen. Es fiel ihr leichter, Nein zu sagen, als dem Kind zu geben, wonach es verlangte. Wenn sie über das Mädchen sprach, redete sie fast immer nur von dem Baby, seinen Namen benutzte sie selten. Glaubte man ihren Schilderungen, musste man zu dem Schluss gelangen, ihr Kind sei ein kleines, dickes Etwas, das keine Persönlichkeit habe, nur schlafe oder esse und zudem recht gierig sei. Im Gegensatz dazu erschien ihr Angie in ihrer Erinnerung zwar klein und zierlich, zugleich aber zäh und willensstark. Sie hatte die Entschlossenheit bewundert, mit der Angie gegen die Krankheit angekämpft hatte. Wenn sie darüber sprach, spürte sie Wut darüber, dass das neugeborene, gesunde Baby erhielt, was dem anderen vorenthalten geblieben war. Zudem empfand sie es als Verrat an ihrem ersten Kind, dem zweiten Liebe und Fürsorge entgegenzubringen. Und schließlich hatte sie große Angst davor, sich emotional an das neue Baby zu binden und womöglich die gleiche Tragödie wie mit dem ersten Kind durchleben zu müssen. Aufgrund der Art und

Weise, wie sie Cassie begegnete, empfand Mrs C. allerdings auch massive Schuldgefühle. Indem sie all diese in ihren Augen vollkommen inakzeptablen Gefühle aussprach, erklärte sie sich zugleich bereit, gemeinsam mit einer anderen Person darüber nachzudenken, anstatt sich von ihrer Furcht lähmen zu lassen. Es gelang uns in unseren Gesprächen, Angie und Cassie als zwei verschiedene Babys zu erkennen, die über unterschiedliche Eigenschaften verfügten. Außerdem sprachen wir darüber, dass Angie nicht aus dem Herzen ihrer Mutter verbannt würde, wenn sie Cassie in ihrem Leben Raum gab. Die Liebe, die sie Angie gegeben hatte, war nicht gestorben, sondern stand ihr noch immer zur Verfügung, um weitergegeben zu werden. Wir arbeiteten daran, einen inneren Raum zu schaffen, der nicht nur der Trauer um Angie Platz bot, sondern in dem schließlich auch Cassie willkommen war.

Neuere Forschungen zeigen, dass Trauer und Schmerz über den Tod eines Babys bei der Geburt eines weiteren Kindes neu aufbrechen. Frieden zu schließen mit den Geistern schmerzvoller Erfahrungen der Vergangenheit, verlangt Mut und Ausdauer. Ich habe Mrs C. für ihren Mut, ihre Aufrichtigkeit und Beharrlichkeit in diesem Prozess bewundert.

Jenseits von Mutter und Kind

Väter und andere

Die engste Verbindung, die ein Säugling in seinem ersten Lebensjahr hat, ist in aller Regel die zur Mutter. Doch auch Väter spielen in dieser Entwicklungsphase eine entscheidende Rolle. Sie bauen eine andere, ganz eigene Beziehung zum Kind auf. Wie wir gesehen haben, stehen Mütter ihren Kindern sehr nahe, manchmal zu nahe, so dass sie zuweilen ebenso verwirrt und hilflos wie das Baby sind. In solchen Momenten kann der Vater der Mutter helfen, ihren eigenen Standpunkt wiederzufinden und sich nicht von ihren eigenen kindlichen Gefühlen forttragen zu lassen. Der Vater vermag die Mutter zu schützen, indem er sich zwischen sie und das Baby stellt, wenn diese sich nicht von ihrem Kind trennen kann. Dies verschafft ihr Freiraum, um sich zu erholen und zu sich selbst zu finden.

In den ersten Wochen und Monaten nach der Geburt ist es die Aufgabe des Vaters, für die Mutter zu sorgen, damit sie wiederum für das Baby sorgen kann. Er kann der Mutter das Kind abnehmen, wenn sie es nicht über sich bringt, Nein zu sagen. Er kann darauf dringen, dass das Baby in seinem eigenen Bett schläft; er kann seine Meinung beisteuern, wenn die Mutter Entscheidungen wie zum Beispiel über den Zeitpunkt des Abstillens zu fällen hat. Dem Vater kommt gleichsam die Funktion eines »Torwächters« zu. (Es soll damit nicht bestritten werden, dass in manchen Familien gerade der Vater Schwierigkeiten damit hat, Grenzen zu setzen. Doch es ist wichtig, dass jemand da ist, der eine andere Perspektive beisteuert, wenn die Mutter zu sehr in ihre Beziehung zu dem Baby verstrickt ist.)

Die Forschungsarbeiten des Kinderarztes T. Berry Brazelton zeigen, dass Väter anders mit einem Baby umgehen als Mütter. Tendenziell sind sie eher bereit, aufregende Dinge mit dem Kind zu machen und ausgelassener mit ihm zu spielen, so dass Babys ihre Väter bei spielerischen Aktivitäten vorziehen. Väter sind für das Baby also nicht nur »spannend«, sondern bieten auch die Möglichkeit, sich zu einer anderen Person als der Mutter in Beziehung zu setzen.

Wenn der Säugling beginnt, seine Eltern zu erkennen, baut er eine Beziehung zu ihnen auf, er formt sozusagen eine Paarbeziehung mit jedem von ihnen. In dem Dreieck Vater, Mutter, Kind wird sich das Baby beiden Eltern verbunden fühlen, aber ab einem bestimmten Punkt auch spüren, dass Vater und Mutter eine Beziehung haben, von der es ausgeschlossen ist. Dies ist der Moment, in dem sich die Paarbeziehung Mutter-Kind zu lösen beginnt und dem Baby eine neue Welt eröffnet wird. Ein Säugling ist von Natur aus egozentrisch und lernt nur langsam, dass es Beziehungen gibt, in denen er nicht im Mittelpunkt steht, ja, die ihn nicht einmal einschließen. Es kommt der Zeitpunkt, an dem der Vater oder die Mutter das Aufmerksamkeit fordernde Kind mit den Worten vertröstet: »Warte, ich unterhalte mich gerade mit Mama/Papa.« Das Kind muss lernen, dass andere unabhängig von ihm handeln können. Es muss, um bei dem genannten Beispiel zu bleiben, nicht warten, weil *es* etwas getan hat, sondern weil *sie* gerade etwas tun.

Ich schreibe hier vom Vater als der dritten Person in der Familie, weil er in den meisten Fällen eine entscheidende Rolle spielt. Selbstverständlich steht der Säugling auch in Beziehung zu Geschwistern, die allerdings in der Regel – zumindest bis zu einem gewissen Grad – von einem Elternteil gelenkt werden. Mir ist auch bewusst, dass viele Kinder mit einer allein erziehenden Mutter aufwachsen. In dem Fall aber halte ich die Existenz einer dritten, erwachsenen Bezugsperson für noch wichtiger, um die enge Mutter-Kind-Beziehung aufzubrechen und damit eine Entwicklung zu ermöglichen. Diese dritte Person kann der Partner, die eigene Mutter sowie ein Freund oder eine Freundin sein. Möglicherweise übernehmen aber auch mehrere Menschen – sozusagen im Team – verschiedene Funktionen.

Pflegemütter und Babysitter

Einer der wichtigsten Schritte in dieser Phase ist der Moment, in dem die Mutter den Säugling der Aufsicht und Pflege anderer überlässt. Alle bisher in diesem Kapitel behandelten Themen kommen dabei zum Tragen: Es findet eine Trennung statt und eine Form der Entwöhnung, die das Gewöhnen an eine andere Person nach sich zieht. Und auch der Umgang mit dem Unmut des Babys einerseits und verschiedenen Erziehungsstilen andererseits spielt hier eine Rolle.

Die Suche nach jemandem, der auf das eigene Kind aufpasst, kann zur Qual werden. Soll man jemanden nehmen, der einem selbst ähnlich ist? Wenn ja, werden dennoch bestehende unterschiedliche Auffassungen nicht um so problematischer wirken? Wenn Sie erwarten, dass der Babysitter alles genauso macht wie Sie –, sollten Sie sich dann für ein junges Mädchen entscheiden, dem Sie Anweisungen geben können? Ist

Säuglinge 69

sie auch wirklich verantwortungsbewusst? Oder wäre es nicht doch besser, eine vertrauenerweckende ältere Frau, eine Art Ersatzgroßmutter zu nehmen? Aber wird die sich noch etwas sagen lassen? All diese Entscheidungen sind emotional belastet. Machen Sie sich daher klar, dass Sie der Person, der Sie Ihr Baby anvertrauen, in jedem Fall mit gemischten Gefühlen begegnen werden. Dankbarkeit, Eifersucht, Erleichterung, Konkurrenzdenken und Kooperationsbereitschaft schwingen in diesem Verhältnis mit. Für das Wohlergehen des Kindes ist es wichtig, dass Sie eine Allianz mit der Pflegemutter eingehen und zugleich den engen Kontakt zu Ihrem Baby bewahren.

Manche Mütter haben das Gefühl, dass sie ihr Baby verlieren, sobald sie wieder arbeiten gehen. Es erscheint ihnen, wenn sie abends nach Hause kommen, wie ein Fremder, an dessen Gefühlen und Aktivitäten sie keinen Anteil mehr haben. Besonders dann, wenn das Baby »schwierig« wird, liegt die Schlussfolgerung nahe, dass es mit seiner Pflegemutter nicht zurechtkommt. In diesem Fall ist es besonders wichtig, dass die Kommunikation stimmt. Brazelton führte mit vier Monate alten Babys eine Studie durch, bei der die Kinder bis zu acht Stunden täglich in einem als vorbildlich geltenden Hort betreut wurden. Die Säuglinge hielten einen relativ regelmäßigen Schlaf- und Wachrhythmus ein und bauten keine intensive Beziehung zu ihren Betreuern auf. Doch wenn sie am Abend von ihren Eltern abgeholt wurden, quengelten und weinten sie. Die Betreuer versicherten den Eltern, dass ihre Kinder den ganzen Tag über ruhig gewesen waren. Laut Brazelton macht diese Studie deutlich, dass der Säugling seine intensiven Gefühle für die aufspart, die ihm etwas bedeuten. Wenn Ihr Baby nach einer Trennung also klagt, ist das ein gesundes Zeichen. Es zeigt, dass es an Ihnen hängt. Wichtig ist, dass Sie und Ihr Kind sich davon wieder erholen.

Es ist nicht sonderlich hilfreich, voreilige Schlüsse zu ziehen, wie zum Beispiel, dass Pflegemutter und Kind nicht miteinander zurechtkommen oder Ihr Baby sie nicht mehr liebt. Ein Kind, das weint, wenn Sie es abholen, ruft unter Umständen Schuldgefühle in Ihnen hervor, die wiederum Ihr Verhalten beeinflussen. Möglicherweise denken Sie: »Es ist ihm furchtbar gegangen, ich hätte ihn nie allein lassen dürfen, er wird mir nie verzeihen.« Damit machen Sie sich selbst schlecht, was wiederum das Baby spürt. Eine Folge davon könnte sein, dass es in Zukunft misstrauisch auf Nähe reagiert. Wenn Sie alles in Ihrer Macht Stehende getan haben, damit Ihr Baby auch in Ihrer Abwesenheit gut versorgt ist, wäre es wesentlich sinnvoller, das weinende Kind in den Arm zu nehmen und ihm zu versichern: »Weine nicht, Mama ist ja wieder da. Ich habe dich auch vermisst. Das war ein langer Tag, nicht wahr? Aber jetzt sind wir ja wieder zusammen.«

Vielleicht geben Sie auch der Tagesmutter die Schuld dafür, dass sich Ihr Kind so schlecht gelaunt und anders als sonst verhält. Doch wesentlich hilfreicher als Schuldzuweisungen ist der Versuch, das Verhalten des Kindes zu deuten und nach Lösungsmöglichkeiten zu suchen. Wenn Sie der Person misstrauen, der Sie Ihr Baby überlassen, fühlt sich das Kind verunsichert und wird noch mehr darunter leiden, von Ihnen getrennt zu sein.

Hinzu kommt, dass Sie von Ihrem Kind nicht verlangen dürfen, Ihren Wunsch nach Harmonie zu befriedigen. Selbstverständlich werden Sie es zu trösten versuchen, doch Sie müssen auch seinen Zorn anerkennen und ihm Raum geben, seinen Unmut zu äußern.

Auch wir als Eltern müssen Flexibilität beweisen. Zuweilen möchte man sich von seinem Baby distanzieren, um es nicht so sehr zu vermissen, wenn man von ihm getrennt ist. Wir müssen lernen, nicht nur die Trennung, sondern auch das Zusammensein zu ertragen – das Kommen *und* das Gehen.

Freunden wir uns mit dem Gedanken an, dass es verschiedene Möglichkeiten gibt, sich um das eigene Kind zu kümmern. Unser eigener Erziehungsstil ist nicht der einzig richtige. Wir müssen Nein sagen zu dem Wunsch, alles unter Kontrolle behalten zu wollen, während wir nicht da sind. Selbstverständlich ist es für Sie selbst und Ihr Kind wichtig, dass Sie mit der Tagesmutter oder dem Babysitter grundlegende Regeln und Prinzipien Ihrer Erziehung absprechen. Doch abgesehen davon müssen Sie darauf vertrauen, dass die andere Person gut für Ihr

Kind sorgen wird. Wie wir gesehen haben, verlangt eine gelungene Beziehung zum Säugling, dass der Erwachsene aufrichtig und im Einklang mit sich selbst agiert. Säuglinge, die noch nicht über Sprache verfügen, reagieren auf emotionale Signale wie Blicke oder den Klang der Stimme. Die Art und Weise, wie die Tagesmutter auf Ihr Kind eingeht, ob sie sensibel auf die von ihm ausgesandten Signale reagiert, ist entscheidender für ihre Beziehung zu dem Kind als das strikte Einhalten der von Ihnen gesetzten Regeln.

Manchmal haben Eltern keine Möglichkeit, zwischen verschiedenen Betreuern auszuwählen. Wenn allerdings das Kind über einen längeren Zeitraum Anzeichen von Unglücklichsein oder Zurückgezogenheit zeigt, sich Ess- oder Schlafstörungen einstellen, sind dies keine normalen Reaktionen mehr auf die Trennung, so dass über andere Betreuungsmöglichkeiten nachgedacht werden sollte.

In den meisten Fällen jedoch wird sich Ihr Kind in der Obhut einer Tagesmutter wunderbar entwickeln. Auch wenn Sie dies mit Erleichterung erfüllt, müssen Sie gleichzeitig die Erkenntnis verarbeiten, dass Sie selbst offenbar nicht mehr die einzige bedeutende Bezugsperson für den Säugling sind. Das ist leichter gesagt als getan. Hilfreich kann hier die Einsicht sein, dass das Kind eben deshalb die Fähigkeit entwickelt hat, die Trennung zu ertragen und soziale Kontakte zu anderen Menschen aufzubauen, weil Sie es durch Ihre Fürsorge und Erziehung dazu erzogen haben.

Zusammenfassung

Bereits das Neugeborene ist ein anspruchsvoller und komplexer Mensch, der vom ersten Tag an zu seinen Eltern in eine enge Beziehung tritt. Um seine Entwicklung zu fördern, müssen die Eltern sich auf die Kommunikation mit ihm einstellen. Interaktion und gegenseitiges Aufeinandereingehen sind von größter Bedeutung. Ein Säugling ist leicht von seinen Gefühlen emotional wie körperlich überfordert und braucht jemanden, der sich um seinen Gefühlshaushalt kümmert. Er braucht jemanden, der versteht, was in ihm vorgeht, und durch seine Reaktionen die Gefühle für den Säugling handhabbar macht. Indem Sie sein Verhalten interpretieren, vermitteln Sie dem Säugling ein Bild von sich selbst. Darüber hinaus leben Sie ihm durch Ihre Reaktionen Möglichkeiten vor, wie man mit intensiven Gefühlen umgehen kann. Wenn Sie seine Signale aufmerksam wahrnehmen und beantworten, fühlt sich Ihr Baby geborgen und gehalten. Dies ist die Voraussetzung dafür, dass es an dem, was sich in seiner Umgebung abspielt, Anteil nimmt. Ihre Reaktionen und Deutungen müssen nicht perfekt, sondern »gut genug« sein; ein gewisses Maß an Misslingen und die damit einhergehende Frustrationstoleranz sind für die Entwicklung förderlich. Dies ist die Ausgangsbasis für das Setzen von Grenzen.

Mit dem Neinsagen in seinen verschiedenen Ausprägungen wird die Erfüllung beziehungsweise Befriedigung von Wünschen oder Bedürfnissen bewusst aufgeschoben. Wichtige Stadien in der Entwicklung des Säuglings – wie die Erfahrung von vorübergehender Trennung, das Abstillen oder der Umgang mit dem Weinen des Babys – gehen mit dem Setzen von Grenzen einher. Die meisten Menschen haben Schwierigkeiten damit, Nein zu sagen oder ein Nein zu akzeptieren. Verantwortlich dafür sind eine ganze Reihe von Faktoren, die in unserer Kindheit, in unserer gegenwärtigen Lebenssituation oder in unserem Selbstbild wurzeln können. Die Weigerung, Grenzen zu setzen, kann die Entwicklung des Kindes nachhaltig beeinträchtigen. Das Nein schafft Raum für andere und neue Verhaltensweisen. In dieser Hinsicht stellt es also nicht nur eine Einschränkung dar, sondern eröffnet zugleich die Möglichkeit für Kreativität.

Von zwei bis fünf

Wenn ich dir buntes Spielzeug bringe, mein Kind, verstehe ich, warum auf Wolken und Wasser die Farben spielen und warum die Blumen bunt bemalt sind – wenn ich dir buntes Spielzeug gebe, mein Kind.

Wenn ich singe, um dich zum Tanzen zu bringen, erkenne ich, warum in den Blättern Musik ist und warum Wellen ihren Chor der Stimmen in das Herz der lauschenden Erde senden – wenn ich singe, um dich zum Tanzen zu bringen.

Wenn ich dir süße Dinge in deine gierigen Hände lege, weiß ich, warum Honig in der Blüte ist und warum die Früchte heimlich mit süßem Saft gefüllt sind – wenn ich dir süße Dinge in deine gierigen Hände lege.

RABINDRANATH TAGORE, *When and Why*

Die Welt der Phantasie

Ein kleines Kind, dass sich vor einem Löwen unter seinem Bett fürchtet oder Angst davor hat, in die Toilette zu fallen und verschluckt zu werden, ist nicht verrückt, sondern ein ganz normales Kleinkind. In seiner Welt verschwimmen die Grenzen zwischen Phantasie und Wirklichkeit. Das Kind fragt sich: Gibt es Drachen und Hexen, können Wünsche Wirklichkeit werden, kann man etwas geschehen lassen, wenn man nur intensiv genug daran denkt? Kleinkinder sind leidenschaftlich, sie sehen und erleben die Welt in Extremen, in krassem Schwarz oder Weiß, ohne Schattierungen oder Zwischentöne.

In allen Kulturen gibt es Fabeln und Märchen, in denen die Welt auf ähnliche Weise vereinfachend dargestellt wird. Die bösen und die guten Figuren werden stark übertrieben und eindimensional gezeichnet. Der Held ist immer gut, der Bösewicht durch und durch schlecht. Familien haben eine schöne und eine hässliche Tochter. Die leibliche Mutter ist perfekt, die Stiefmutter gemein und boshaft. Der eine Bruder ist klug und unfreundlich, der andere dumm und sanftmütig – und so weiter. Kinder lieben es, diese Märchen erzählt zu bekommen, immer und immer wieder. Sie kennen die Stellen, an denen es spannend wird, nehmen lebhaften Anteil an der Geschichte, schalten sich in die Handlung ein, identifizieren sich mit dem Helden und spüren stellvertretend dessen

Furcht und schließlich Erleichterung und jubelnden Triumph, wenn es zum glücklichen Schluss heißt: »... und wenn sie nicht gestorben sind...« Jeder kann sich in Beziehung zu diesen Märchen setzen, gleich wie alt er ist, denn sie handeln von grundlegenden menschlichen Sehnsüchten, Hoffnungen und Ängsten. Die Suche nach wahrer Liebe, wie sie sich in *Die Schöne und das Biest* gegen alle Widerstände durchsetzt, oder der Sieg des Guten über die Tyrannei in *Aschenputtel* – die Moral, die diese Märchen lehren, ermutigt uns, nach dem Guten zu streben.

In seinem faszinierenden Werk *Kinder brauchen Märchen* hat Bruno Bettelheim auf die Bedeutung der Märchen und Sagen hingewiesen. Er ist davon überzeugt, dass sie Kindern helfen, mit ihren Ängsten und Sorgen fertig zu werden. Ich bin sicher, dass jeder schon einmal erlebt hat, wie fasziniert Kinder gerade von den unheimlichen Details der Märchen sind, die sie immer und immer wieder erzählt bekommen möchten. Die Moral des Märchens wird jedes Mal wieder auf beruhigende Weise deutlich, wenn auch mein Vater einmal die Geschichte eines kleinen Mädchens erzählte, das seiner Mutter gestand, wie unheimlich es *Schneewittchen* fand. Als die Mutter wissen wollte, welche Stelle ihr denn besonders Angst machte, sagte das Mädchen: »Das Ende, wenn der fremde Mann kommt und sie aus dem Haus der Zwerge holt.« Offenbar deutet jeder die Märchen auf seine eigene Weise. Wir nehmen Märchen nicht unter den Aspekten von Wahrscheinlichkeit oder Realitätsnähe wahr, sondern lassen uns von ihnen da ansprechen, wo sie unsere Phantasie, unsere Wünsche und geheimen Ängste berühren. Wir Erwachsene finden es nicht beängstigend, dass der Prinz sich Hals über Kopf in jemanden verliebt, den er noch nie gesehen hat, oder dass Schneewittchen, als es aufwacht, alles Vertraute hinter sich lässt, um mit diesem Fremden fortzugehen. Das ist es nicht, was wir unseren Kindern vermitteln wollen, wenn wir ihnen dieses Märchen erzählen. Vielmehr ist für uns entscheidend, dass uns die Liebe eines Menschen vor allen Angriffen schützen und uns selbst in scheinbar aussichtsloser Lage retten kann.

Und so glauben Kinder, dass ihre Eltern wie die Zauberer und Feen aus den Märchen alle Probleme lösen können. Doch gleich, wie behütet sie aufwachsen, die Angst vor bösen Hexen, Ungeheuern und Riesen bleibt. Selbst in Familien, in denen Horror- und Kriegsspielzeug tabu ist, findet man Kinder, die mit großer Begeisterung Schlachten nachspielen oder panische Angst vor einem harmlosen Stofftier haben.

Dass Kinder in einer Phantasiewelt leben, beinhaltet, dass sie alles für möglich halten und alles wörtlich nehmen. Der kleine Harry machte jedes Mal ein furchtbares Theater, wenn er im Haus seiner Eltern an einem bestimmten Zimmer vorbeiging. Schließlich gestand er seiner Mutter, dass er Angst vor der schrecklichen Ziege hätte, die durch die Tür käme. Das hätte sie schließlich selbst gesagt. Die Mutter rätselte lange, was er damit meinen könnte, bis ihr klar wurde, dass sie sich einmal darüber beklagt hatte, dass es durch die Tür »ziehe«! Deshalb ist es so wichtig, dass Erwachsene sich deutlich und einfach mitteilen, wenn sie mit Kindern reden. Drohungen wie »Schneide keine Grimassen, wenn die Kirchturmuhr schlägt, bleibt dein Gesicht so« nehmen kleine Kinder für bare Münze. Kinder glauben unter anderem deshalb selbst die phantastischsten Dinge, weil sie in ihrem Inneren, in ihrem Denken und Fühlen äußerst leidenschaftlich sind. Wenn sie hören, dass jemand sagt: »Ich war so wütend, ich hätte ihn umbringen können«, dann klingt dies für das Kind glaubwürdig, weil es selbst nicht selten Mordgedanken hegt, wenn sich ihm jemand in den Weg stellt.

Phantasiewelt und Realität überlagern sich in diesem Alter häufig. Die Angst vor ärgerlichen Eltern, die Leichtigkeit, mit der sich Vater und Mutter in Ungeheuer verwandeln können, vermag aus einem kleinen Konflikt leicht eine größere Affäre zu machen.

Jack reagiert auf Verbote seines Vaters, als sei dieser ein Riese, der ihm nach dem Leben trachtet – genauso wie im Märchen »Jack und die Zauberbohne«. Mr B. ist ein nachgiebiger Mensch, dem es nicht leicht fällt, seinem Sohn etwas zu verbieten. Wenn er es dann doch tut, reagiert Jack mit derart heftigen Gefühlsausbrüchen, dass Mr B. den Eindruck gewinnt, sein Sohn sähe in ihm die Personifikation des Bösen. Er versucht, mit Jack zu reden, der daraufhin noch leidenschaftlicher reagiert, als ob Mr B. ihn gleich schla-

gen würde, was er noch nie getan hat. Innerlich wird Mr B. dann wütend auf Jack, weil er ihn zu einem gemeinen, brutalen Vater stilisiert. Was als simples Setzen von Grenzen beginnt, endet in einem großen Streit, der beide unglücklich macht.

Jack legt hier seine eigene Interpretation der Bedeutung eines Neins zugrunde und reagiert nicht auf das, was sein Vater damit meint. Er lebt in einer Welt von Feen und Hexen, Zauberern und Riesen. Wenn sein Vater Nein sagt, wird er von Jack in jemanden verwandelt, der Macht hat und sich gegen ihn stellt. Jack wünscht sich wahrscheinlich, er wäre selbst ein Riese, der sich mit dem Vater messen könnte. Das Phantasiebild seines Vaters hat nichts mit der Realität zu tun, bestimmt aber sein Verhalten. Verständlicherweise wird sein Vater ärgerlich und entspricht damit paradoxerweise genau dem negativen Bild, das sich sein Sohn von ihm macht. Er mag denken: »Wie kann sich Jack unterstehen, mich so zu behandeln, als ob ich böse wäre oder ihn schlagen könnte?« Es ist davon auszugehen, dass der Vater an diesem Punkt des Geschehens nicht mehr in der Lage ist, Jack zu beruhigen, weil sein Ärger überwiegt. Damit wird er dann tatsächlich zu dem Riesen, der mit lauter Stimme seinen kleinen Sohn ausschimpft. Jacks Phantasiewelt findet also ein Echo in der Wirklichkeit, so dass beide Welten miteinander verschmelzen.

Grenzen setzen

Zu den Aufgaben der Eltern gehört es nicht nur, die Leidenschaften und Interessen des Kindes zu wecken, sondern ihm auch die Regeln des sozialen Zusammenlebens beizubringen. Nein zu sagen ist vor allem im Kleinkindalter von großer Bedeutung. Das Kind kann jetzt laufen, will neugierig alles inspizieren und ist auf seinen Erkundungszügen etlichen Gefahren ausgesetzt, so dass Verbote unumgänglich werden. Nein ist wahrscheinlich eines der am häufigsten benutzten Wörter, wenn man mit einem Kleinkind zusammenlebt.

In der Rolle desjenigen zu sein, dem etwas verboten wird, ist nicht einfach, und die Reaktionen auf ein Nein sind entsprechend vielfältig. Manche Kinder eignen sich das Wort einfach selbst an und benutzen es wie eine Waffe, wenn man sie zu etwas auffordert. Andere identifizieren sich über den Gebrauch des Neins mit den Erwachsenen. Als meine Tochter Sushila zwei Jahre alt war, ließ sie sich zwar nur ungern etwas verbieten, war aber dennoch im Großen und Ganzen ein recht folgsames Kind. Wenn sie allerdings mit ihrem 14-jährigen Cousin zusammen war, nahm sie ganz die Erwachsenenrolle ein: Ständig kommentierte sie sein Verhalten in bevormundendem Tonfall mit den Worten »Nein, Teshi, nein«, als ob er ein kleines, unartiges Kind wäre. Ihre Art, mit Verboten fertig zu werden, bestand offenbar darin, die Erwachsenen zu imitieren und dafür zu sorgen, dass sich ihr Cousin so fühlte, wie sie selbst – nämlich dumm und klein.

Kleinkinder sind für gewöhnlich impulsiv, aktiv, fordernd und neugierig. Es hängt vom jeweiligen Standpunkt ab, ob man diese Eigenschaften als Vorzüge oder Fehler betrachtet. In einem Kind, das Töpfe und Pfannen aus den Schränken holt und auf dem Küchenfußboden mit Löffeln darauf einschlägt, kann man ein aufblühendes musikalisches Talent mit phantastischem Rhythmusgefühl sehen, einen kleinen Wissenschaftler, der das Zusammentreffen verschiedener Materialien erkundet, ein lautes, verzogenes Gör oder ein unordentliches Kind, das keinen Sinn für die eigentliche Funktion von Gegenständen hat. Wie wir als Erwachsene auf das Kind reagieren, hängt von einer Reihe von Faktoren ab. Zum einen hat jeder Mensch, wie wir im ersten Kapitel gesehen haben, seine ganz eigene Biographie, die ihn und seine Weltsicht prägt. Zum anderen spielen aktuelle Befindlichkeiten eine Rolle. Am Ende eines anstrengenden Tages gehen wir ganz anders mit dem Kind um als am Morgen, wenn wir ausgeschlafen sind. Ein weiterer Faktor ist die Akzeptanz der gegenwärtigen Lebensbedingungen und die Frage, wie gut sich diese mit einem Kind vereinbaren lassen. Eine Mutter, die von vielen Seiten Unterstützung erfährt, wird eher in der Lage sein, das Verhalten ihres Kindes mit Gelassenheit und Humor hinzunehmen, als eine

Frau, die bis an ihre persönliche Leistungsgrenze belastet ist. Wie auch immer unser Verhalten im Einzelnen zu erklären sein mag, entscheidend ist, dass unsere Reaktion auf das Kind immer etwas kommuniziert.

Eine Mutter kauft mit ihrem zweijährigen Sohn im Supermarkt ein. Johnny lächelt alle Leute an und plappert fröhlich mit seiner Mutter. Doch schon bald wird er unruhig, und seine Mutter gibt ihm ein Bonbon, um ihn bei Laune zu halten. Als er sein Bonbon aufgegessen hat, verlangt er nach mehr Süßigkeiten. Leicht verärgert erklärt sie ihm, dass Süßigkeiten nicht gut für ihn sind. Er beginnt zu quengeln und zu betteln, sie wird richtig ärgerlich und stellt mit bestimmter Stimme fest, dass er für heute genug Süßes gehabt habe. Er weint und zieht damit die Aufmerksamkeit der anderen Kunden auf sich. Seine Mutter ist ebenso wütend auf die sie anstarrenden Leute wie auf ihren Sohn, der sie in diese peinliche Situation gebracht hat. Sie gibt nach. Daraufhin verlangt er andere Sachen, versucht aus dem Einkaufswagen zu klettern und schreit, dass er nach Hause wolle. Die Mutter versucht, ihn mit mehr Süßigkeiten zu beruhigen, doch inzwischen hat er sich so in das Weinen hineingesteigert, dass er keine Süßigkeiten mehr will und sie auf den Boden wirft. Seine Mutter ist wütend und schreit ihn an.

Die Szene bietet ein weiteres Beispiel für eine misslungene Interaktion. Obwohl der kleine Johnny anfangs offenbar Spaß beim Einkaufen hat, verliert er dann doch recht schnell die Geduld. Die Süßigkeiten werden zum Streitobjekt innerhalb eines Machtkampfs – sie trösten nicht mehr, ihre ursprüngliche Bedeutung als Belohnung ist verloren gegangen. Vielmehr sind sie jetzt ein Bestechungsgeschenk oder etwas, das das Kind von seiner Mutter erpresst. Zusätzlich belastet wird die Situation noch durch die Missbilligung der Umstehenden. Die Mutter ist nicht in der Lage, an den von ihr gesetzten Grenzen festzuhalten, und das ärgert sie.

Derartige Interaktionen beinhalten immer mehrere Geschichten. Dies mag wie eine Binsenweisheit klingen, doch in therapeutischen Situationen wird meistens nur eine Version zur Sprache gebracht, gewöhnlich die der Mutter. Entscheidend ist zunächst, dass man zuhört. Das gilt nicht nur für den Therapeuten, sondern in der Situation selbst auch für die Beteiligten. Die unwillige Reaktion eines Kindes, sein Quengeln oder Weinen, ist eine Mitteilung: Im vorliegenden Fall bringt Johnny zum Ausdruck, dass ihm das Einkaufen zu lange dauert. Die Mutter hat verschiedene Möglichkeiten, damit umzugehen: Sie kann die Mitteilung des Kindes ignorieren und weiter einkaufen; sie kann den Laden verlassen; versuchen, ihrem Kind das Einkaufen angenehmer zu machen; ärgerlich werden, dass sie nun unter Umständen die weiteren Einkäufe auf später verschieben muss; beim nächsten Mal einkalkulieren, dass es ihr Sohn nur eine begrenzte Zeit im Supermarkt aushält …

Bei näherer Betrachtung stellt sich heraus, dass es für die Reaktion der Mutter oft noch ganz andere Gründe gibt. Vielleicht steht sie unter Stress, weil sie zwar weiß, dass Johnny das Einkaufen hasst, aber keine andere Möglichkeit sieht, als ihn mitzunehmen; vielleicht fühlt sie sich allein gelassen; möglicherweise kommt sie sich auch grausam vor, weil sie Johnny immer wieder etwas aussetzt, das er nicht mag; vielleicht denkt sie aber auch, dass er verwöhnt ist und sich einfach fügen sollte; oder aber sie hat Schuldgefühle, weil sie ihrem Kind Süßigkeiten gibt … Dies alles macht es noch schwerer für sie, die von ihr gesetzten Grenzen konsequent einzuhalten. Sie ist nicht in der Lage, Johnny deutlich zu machen, dass Einkäufe nun einmal erledigt werden müssen und er sich damit abzufinden hat. Und sie ist unfähig, über Möglichkeiten nachzudenken, wie sie das Einkaufen für ihn reizvoll gestalten könnte – zum Beispiel, indem er ihr hilft, Artikel in den Wagen zu legen. Es hat den Anschein, als ob sein Weinen sie lähmt, so dass sie nicht nur mit ihm, sondern auch mit sich selbst zu kämpfen hat.

Um konsequent zu sein, muss man von dem, was man tut, überzeugt sein. Andernfalls wirkt man wenig überzeugend und vermittelt dem Kind eine widersprüchliche Botschaft. Es lernt auf diesem Weg, dass seine Eltern schon nachgeben werden, wenn es nur genügend Theater macht. Das Ergebnis ist eine Eltern-Kind-Beziehung, in der alle Beteiligten unglücklich sind.

Das Problem der Konsequenz

Im Normalfall verfügen Erwachsene über Kenntnisse und Erfahrungen, an denen sich Kinder orientieren können, um sich in ihrer Umwelt zurechtzufinden. Im ersten Kapitel haben wir gesehen, dass der Säugling seine Eltern braucht, damit sie seinen Gefühlen Form und Bedeutung verleihen. Wenn das Kind älter wird, vermitteln ihm seine Eltern nicht nur ein Bild von sich selbst und seiner unmittelbaren Umgebung, sondern auch von der Welt, in der es lebt. Ein gesundes Kind wird sich, wenn es neue Menschen kennen lernt, vergewissernd an seine Eltern wenden, und es wird in ihnen eine Ausgangsbasis sehen, von der aus es die Welt erkunden kann.

Und so sehen und hören wir Eltern, die Freunde vorstellen, Hänschen auffordern, Tante Else anzulächeln, ein Spielzeug zu holen, sich ein Buch anzuschauen … Das Kind wird gelobt, wenn ihm etwas gelingt, worauf seine Eltern stolz sein können, und getadelt, wenn es ihnen Sorgen macht. All das vermittelt Hänschen ein Verständnis von der Welt und seinen eigenen Fähigkeiten. Reagieren die Eltern auf das Verhalten des Kindes mit einer gewissen Konsequenz, lernt es, was erlaubt und was verboten ist, was sicher oder gefährlich, was Angst einflößend ist und was nicht. Auch wenn hundertprozentige Konsequenz nicht zu verwirklichen ist, erhält das Kind doch eine allgemeine Orientierung.

Es herrscht wohl allgemein Einigkeit darüber, dass Konsequenz vor allem beim Setzen von Grenzen eine entscheidende Rolle spielt. Wieso ist sie dennoch nicht immer durchzusetzen?

Eltern sind vor allem dann inkonsequent, wenn sie sich in Erziehungsfragen uneinig sind.

Die kleine Laura, drei Jahre alt, ist ein niedliches und charmantes Kind. Den größten Teil des Tages verbringt sie mit ihrer Mutter, die die Zeit mit ihr im Großen und Ganzen genießt. Laura ist aktiv, freundlich und anderen Kindern gegenüber aufgeschlossen. Abends jedoch will sie nicht ins Bett gehen, wenn nicht ihr Vater oder ihre Mutter bei ihr bleiben, bis sie eingeschla-

fen ist. Mrs M. möchte abends ein bisschen Zeit für sich haben und lehnt es daher ab, bei Laura zu bleiben, mit der sie schließlich den ganzen Tag zusammen ist. Sie bleibt hart und sagt Laura, dass sie alleine einschlafen muss. Mr M. dagegen macht es nichts aus, bei seiner Tochter zu bleiben. Ganz im Gegenteil, so verbringt er wenigstens ein wenig Zeit mit ihr und kann sich nach dem langen Arbeitstag entspannen – schließlich muss er weder mit Laura spielen noch sie unterhalten. Von der gemeinsamen Zeit vor dem Einschlafen profitiert also nicht nur Laura, sondern auch ihr Vater.

Das führt zu Spannungen zwischen Mr M. und Mrs M. Sie streiten darüber, ob Laura dieses Einschlafritual wirklich braucht, das auf Kosten der Zeit geht, die das Ehepaar gemeinsam verbringen könnte. Mrs M. ist verärgert darüber, dass ihr Mann ein Ritual einführt, das an ihr hängen bleibt, wenn er nicht da ist. Ihre unterschiedlichen Auffassungen in diesem Punkt führen zu häufigen Auseinandersetzungen, bei denen sie sich ihren jeweiligen Standpunkt nicht deutlich machen können. Wenn während eines solchen Streits Laura nach ihrem Vater ruft, zieht er es meistens vor, zu ihr zu gehen, statt sich weiter mit seiner Frau auseinander zu setzen und gemeinsam mit ihr zu einer Lösung des Problems zu kommen.

Es ist unübersehbar, dass die Auseinandersetzung der Eltern auch Einfluss auf Laura hat. Die Eltern verhalten sich ihrer Tochter gegenüber inkonsequent, weil sie sich nicht einig sind. Laura erhält eine widersprüchliche Vorstellung davon, was es heißt einzuschlafen. Es sind Regelmäßigkeit und Konsequenz, die einem Säugling zunächst eine Vorstellung vom Einschlafen vermitteln. Später dann wird das Kind lernen, dass es auch ohne Rituale einschlafen kann, wenn es zum Beispiel von einer anderen Person ins Bett gebracht wird. In diesem Beispiel jedoch ist das Einschlafen von vornherein belastet und mit Unsicherheit verbunden, was die Unlust des Kindes, allein einzuschlafen, noch verstärkt.

Der zweijährige Mohamed ist während der Woche tagsüber bei seinen Großeltern, da seine Eltern beide arbeiten. Dieses Arrangement funktioniert zwar recht gut, doch in einigen Fragen herrscht zwischen Eltern und Groß-

eltern Uneinigkeit. Mohameds Mutter versucht, ihrem Sohn den Schnuller abzugewöhnen, den er sich bei jeder Gelegenheit in den Mund steckt. Sie und ihr Mann sind sich einig darüber, dass man ihm den Schnuller nur zum Einschlafen geben sollte. Sie machen sich ebenso Sorgen um seine Zähne wie um die Sauberkeit des Schnullers, den das Kind häufig auf den Boden fallen lässt und dann wieder in den Mund steckt. Außerdem fürchten sie, dass das Nuckeln zur Gewohnheit werden könnte. Die Großeltern dagegen finden es völlig in Ordnung, dass Mohamed den Schnuller benutzt, weil sie glauben, dass der Junge seine Mutter vermisst und nuckelt, um sich zu trösten. Außerdem haben sie ihre Ruhe, wenn er seinen Willen bekommt. Eltern und Großeltern können sich nicht einigen, so dass Mohamed in beiden Haushalten auf jeweils andere Regeln trifft.

Beide Parteien führen nachvollziehbare, am Wohl des Kindes orientierte Argumente für ihre Position ins Feld. Es mag sein, dass Mohamed den Schnuller eigentlich nicht mehr so häufig bräuchte. Seine Eltern wollen offenbar, dass er andere Mittel findet, um mit der Situation des Getrenntseins fertig zu werden. Sie haben also vor allem die Entwicklung ihres Sohnes, sein Älterwerden im Blick. Die Großeltern dagegen halten ihnen immer wieder ein hilfloses und bedürftiges Bild ihres Sohnes entgegen, weil sie in ihm noch mehr das Baby sehen. Dadurch wird das Schuldgefühl der Eltern verstärkt, die daran erinnert werden, dass ihr Sohn sie vermisst, wenn sie ihn bei den Großeltern abgeben. Mit Sicherheit gibt es Momente, in denen Mohamed sehr gut ohne seinen Schnuller auskommen könnte, und andere, in denen er ihn braucht. Die Polarisierung der Standpunkte hindert Eltern wie Großeltern daran, sein Verhalten genauer zu beobachten und auf seine Bedürfnisse einzugehen. Stattdessen halten sie an ihren jeweiligen Vorstellungen von ihm und ihren Erziehungskonzepten fest, so dass der Junge zwischen den Fronten steht. Verwirrend ist für ihn außerdem, dass er kein einheitliches Bild von sich selbst erhält, wenn er nach dem Schnuller fragt: Ist er schon ein »großer Junge«, der den Schnuller nicht mehr nötig hat? Oder ein kleines Baby, das nuckeln darf, wenn es sich traurig oder allein fühlt?

Was ihm fehlt, ist der Freiraum, beides zu sein. In seinem Kampf, sich von seinen Eltern – und dem Schnuller – zu trennen, erfährt er keine Unterstützung, die seiner Entwicklung angemessen wäre.

Uneindeutige oder sich widersprechende Reaktionen seitens der Erwachsenen sind für ein älteres, selbstsicheres Kind durchaus zu verarbeiten. Es lernt mit der Zeit, dass seine Eltern anders reagieren als zum Beispiel die Großeltern, und akzeptiert, dass in verschiedenen Umgebungen jeweils andere Regeln gelten. Ein unsicheres Kind dagegen, das den Konflikt zwischen seinen bedürftigen »babyhaften« und »erwachsenen« Anteilen noch nicht gelöst hat, fühlt sich verwirrt und verunsichert, weil es nie weiß, ob seine Bitten erfüllt werden oder nicht. Ihm muss es so vorkommen, als ob man ihm immer nur mit einem »Vielleicht« antwortete, es hängt also sozusagen in der Luft. Solche Kinder wirken oft zurückgezogen und ängstlich, rechnen sie doch jederzeit damit, dass man ihnen das, was sie haben möchten, sofort wieder entzieht. Sie bestehen daher beharrlicher auf der Erfüllung ihrer Wünsche, als sie es tun würden, wenn die Regeln der Erwachsenen eindeutiger wären. In genau dieser Situation befand sich Mohamed, der nach seinem Schnuller verlangte und auf seine Eltern böse war, wenn sie ihm das Objekt seiner Begierde verweigerten. Nur allmählich gelang es ihm, auch ohne Schnuller zurechtzukommen.

Erziehungskonflikte treten zwischen Vater und Mutter, zwischen Eltern einerseits und Verwandten, Kinderfrauen, Babysittern oder Aupairs andererseits auf. Doch konträre Gefühle darüber, was einem Kind erlaubt werden sollte und was nicht, können sich auch zum inneren Konflikt in einer Person aufbauen. In unserem Einkaufsbeispiel ist die Mutter hin und her gerissen, ob sie ihrem Kind Süßigkeiten geben soll – einerseits denkt sie, dass ein Bonbon ab und zu nicht schaden kann, andererseits weiß sie, dass Süßes ungesund ist. Ähnlich zwiespältig denken wir zum Beispiel über das Spielen mit Essen, freche, vorlaute Bemerkungen oder feste Schlafenszeiten.

Betrachten wir nun folgende, an die Geschichte von Laura erinnernde Situation:

Auch der dreijährige Tom mochte nicht allein einschlafen. Seine Mutter hielt dies für eine schlechte Angewohnheit und gab sich größte Mühe, konsequent zu bleiben und seinem Wunsch nicht nachzugeben. Manchmal aber erinnerte sie sich daran, wie groß und kalt ihr das Bett vorgekommen war und wie allein sie sich nachts gefühlt hatte, als sie selbst noch ein kleines Kind war. Dann begann jedes Mal ein stummer Disput darüber, was sie tun sollte: Wenn sie nicht streng blieb, würde er nie lernen, allein einzuschlafen. Ein bisschen mit ihm zu schmusen, konnte doch nicht schaden. Sie verwöhnte ihn zu sehr. Warum mussten Kinder so schnell groß werden? Ihr hatte es auch nicht geschadet, dass sie sich damals allein gefühlt hatte. Warum sollte sie ihm nicht den Kummer ersparen, den sie selbst durchlitten hatte? Und jedes Mal gewann eine andere Stimme die Oberhand.

Tom wusste nie, ob er nun seine Mutter dazu bringen konnte, dass sie bei ihm blieb oder nicht. Also quengelte er jeden Abend und war begreiflicherweise immer wieder enttäuscht, wenn sie nicht blieb. Inkonsequenz stellt also eine zusätzliche Belastung dar, da das Kind nie weiß, ob seine Hoffnungen erfüllt oder enttäuscht werden. Und auch das Gefühl des Triumphs darüber, erreicht zu haben, was man wollte, ist von der Ungewissheit über den Ausgang zukünftiger Entscheidungen getrübt. Kinder haben es lieber, wenn sie voraussehen können, was passiert, selbst wenn das Ergebnis nicht ihren Wünschen entspricht, statt immer wieder dem Auf und Ab von Hoffnung und Enttäuschung ausgesetzt zu werden.

In solchen Situationen ist es hilfreich, sich zunächst einmal bewusst zu machen, was der Protest des Kindes eigentlich in einem selbst auslöst – im Fall von Toms Mutter ist es die Erinnerung daran, wie ungern sie als Kind allein war. Sobald sie erkennt, dass das ihr – und nicht Toms – Problem ist, wird sie sich wünschen, dass ihm dies erspart bleibt, und anschließend nach Wegen suchen, wie sie angemessen und zugleich konsequent auf seine Bitte nach Gesellschaft reagieren kann. So könnte sie ihm zum Beispiel vorschlagen, dass sie jeden Abend eine halbe Stunde bei ihm bleibt und ihm etwas vorliest, er aber alleine einschlafen muss.

Auf diese Weise würde nicht nur das Bedürfnis beider nach Nähe und Geborgenheit befriedigt, Tom würde auch lernen, eigene Strategien des Einschlafens zu entwickeln. Zusätzlich könnte Toms Mutter ihm ein Kuscheltier, eine Decke oder einen anderen weichen Gegenstand geben, den er mit ihr verbindet, sozusagen als Kuschelersatz, wenn sie aus dem Zimmer gegangen ist. Damit hilft sie ihm, die Nähe zu ihr auf einen Gegenstand zu übertragen. Es wird ihr leichter fallen, konsequent zu bleiben, wenn gewährleistet ist, dass Tom Mittel zur Hand hat, um mit der Situation zurechtzukommen.

Ob wir eindeutig auf Forderungen reagieren, welchen Standpunkt wir vertreten, wie wir mit Konflikten umgehen – all dies wird durch unsere eigene Geschichte beeinflusst.

Mrs F. war sehr streng erzogen worden. Ihr tyrannischer Vater hatte ständig etwas an ihr auszusetzen – an ihrer Haltung, ihren Manieren, an allem, was sie tat. Den gleichen Charakterzug entdeckte sie nun als Erwachsene an sich selbst. Auf die Fehler ihrer vierjährigen Tochter reagierte sie extrem sensibel und wiederholte an ihr die Erfahrungen ihrer Kindheit – sie behandelte sie genauso, wie auch ihr Vater sie behandelt hatte. Sie war sich zwar dessen bewusst und machte sich Vorwürfe, doch wenn sie einen Streit mit ihrer Tochter hatte, kamen die Erinnerungen an die Auseinandersetzungen mit ihrem Vater jedes Mal wieder hoch. Es war dann eher so, als ob sie sich noch einmal mit ihrem Vater – und nicht mit ihrer Tochter – stritt. Ihre kindlichen Gefühle gewannen in solchen Situationen die Oberhand über ihre Empfindungen als Erwachsene und schlugen sich auch in ihrem Verhalten nieder, das dann ebenfalls dem eines Kindes glich. Sie hatte Schwierigkeiten, die Reaktionen ihrer Tochter von der Erinnerung an ihre eigenen Reaktionen zu trennen. Sie stritt dann mit ihrer Tochter, als sei sie selbst ein kleines Kind und nicht eine Erwachsene. Die Beziehung geriet in eine Krise, die erinnerten Gefühle verstellten den Blick auf die Gegenwart.

Mr R., dessen Kindheit von emotionaler wie materieller Armut geprägt war, ist heute ein wohlhabender Mann und glücklicher Familienvater.

Seinen Kindern etwas abzuschlagen und dann mit ihrem Protest konfrontiert zu werden, weckt in ihm die übermächtige Erinnerung an die als Kind erfahrene Bedürftigkeit. Deshalb überhäuft er seine Kinder mit Geschenken, die sie allerdings als selbstverständlich hinnehmen. Anstatt glücklich und zufrieden zu sein – wie er es in seiner Kindheit nie war – scheinen sie unzufrieden und anspruchsvoll. Das macht ihn wütend, weil er es nie so gut wie sie hatte. Er empfindet sie als gierig und verwöhnt.

Auch in diesem letzten Fall wird ein Teufelskreis deutlich. Es ist so, als ob jemand, der lange Zeit Hunger gelitten hat, sein Kind überfüttert: Die Gründe für sein Handeln sind zwar nachvollziehbar, aber irrelevant für die aktuelle Situation des Kindes.

Diese Beispiele zeigen, wie die Vergangenheit auf die Gegenwart einwirkt. Personen oder Erlebnisse aus unserer eigenen Geschichte stellen sich zwischen uns und unser Kind. Manchmal handelt es sich dabei um reale Personen, an die wir uns erinnern: Eltern, Geschwister, andere Familienmitglieder, Lehrer. Manchmal ist es aber auch unser eigenes Ich, das in verschiedenen Rollen und Altersstufen in den Vordergrund tritt – so erinnern wir uns zum Beispiel daran, wie wir uns selbst gefühlt haben, als wir so alt wie unser Kind waren. Das heißt, dass wir nicht auf die Gegenwart, nicht auf das vor uns stehende Kind reagieren, sondern unsere eigene Geschichte noch einmal durchleben. Wir führen einen stummen Dialog mit diesen Figuren in unserem Innern. Wenn wir Kummer haben, lassen wir uns von einer helfenden Stimme trösten. Haben wir einen Fehler gemacht, ist da möglicherweise eine Stimme, die uns tadelt. Diese innere Welt ist Teil dessen, was uns zu komplexen, mehrdimensionalen Wesen macht, sie bereichert uns. Doch sie verursacht auch ein unangenehmes Gefühl von Ambivalenz, Unsicherheit und Verwirrung, und sie sorgt dafür, dass wir häufig entgegen unseren Überzeugungen handeln.

Sanktionen

Strafen sind wichtig, wenn man seinem Nein Gewicht verleihen will. Doch weil ich nicht glaube, dass es ein generelles Rezept dafür gibt, stelle ich dieses Thema nicht in den Mittelpunkt dieses Buches. Wenn man seinen Standpunkt überzeugend vertreten kann und eine harmonische Beziehung zu seinem Kind hat, sollte einem ein Kleinkind in aller Regel gehorchen. Selbstverständlich ist es manchmal nötig, Regeln oder Verbote mit Nachdruck durchzusetzen. Die Bandbreite von einsetzbaren Strafen ist groß – man kann ein Fernsehverbot erteilen, das Kind für eine Zeit in sein Zimmer schicken, das Lieblingsspielzeug wegnehmen, es festhalten, wenn es einen Wutanfall hat, nicht zum Spielplatz gehen. Sie selbst wissen am besten, welche Maßnahme innerhalb Ihrer Familie Bedeutung hat. Es kommt nicht auf die Strafe selbst an, sondern darauf, was durch Ihr Verhalten mitgeteilt wird. Man braucht keinen Vorschlaghammer, um eine Nuss zu knacken. Das Durchsetzen allzu harter Strafen fällt genauso auf einen selbst zurück wie das Verlieren der Beherrschung. Genauso ist es auch, wenn man das Kind erniedrigt oder sich auf einen Machtkampf mit ihm einlässt. Ich glaube nicht, dass es überhaupt Umstände gibt, unter denen es sinnvoll ist, die Beherrschung zu verlieren; der Verlust der Kontrolle über das eigene Verhalten ist für die Eltern wie auch für das Kind erschreckend. Wenn Sie – wie alle Eltern – aber doch einmal etwas sagen oder tun, was Sie später bereuen, bedeutet das nicht das Ende der Welt. Es zeigt dem Kind, dass Sie kein Roboter oder Engel, sondern auch nur ein Mensch sind, und lässt seine eigenen Wutanfälle und leidenschaftlichen Gefühle vor sich selbst in einem freundlicheren Licht erscheinen. Und wenn Sie sich nach einer Unbeherrschtheit bei Ihrem Kind entschuldigen, kann auch dies eine positive Wirkung haben, zeigen Sie doch damit Ihrem Kind, dass Sie Ihr Verhalten überdenken, Fehler eingestehen und um Entschuldigung bitten können – Möglichkeiten, die sich so auch dem Kind eröffnen.

Wichtig ist allein, dass Sie an Ihrer Erwachsenenrolle festhalten, dass Sie also sowohl die Gefühle des Kindes erkennen, als auch in der

Lage sind, eine Entscheidung darüber zu fällen, was für Sie beide am besten ist. Bewahren Sie Ihre Selbstachtung und vermitteln Sie dem Kind, dass Ihr Nein begründet ist. Dabei ist es nicht nötig, ihm alles bis ins kleinste Detail zu erklären, es genügt, wenn Sie wissen, was Sie tun. Ich denke sogar, dass ein gelegentlicher, leichter Klaps sinnvoller ist als eine lange Schimpftirade. Strafpredigten und defensive Erklärungen, zu denen viele Eltern meiner Generation neigen, belasten ein Kind.

Strafen sind nur dann sinnvoll, wenn das Kind etwas durch sie lernt. Grausamkeit und unnötige Härte lehren ein Kind lediglich, selbst gemein zu sein. Die Strafe sollte das Kind zum Nachdenken und zu Rücksichtnahme anregen. Welche Sanktionen am wirkungsvollsten sind, werden Sie selbst herausfinden – allein die Tatsache, dass Sie sich bemühen, dass Sie etwas verbessern wollen, hilft. Kinder empfinden große Anerkennung für jemanden, der sich mit ihnen auseinandersetzt. Sie schätzen es, wenn man nicht einfach nachgibt, sondern mit ihnen um eine Lösung ringt.

Wenn man niemals Nein sagt

Einer der auffälligsten Charakterzüge von Kleinkindern ist ihre wilde Entschlossenheit, Neues auszuprobieren. Die selbstbewusst vorgetragene Feststellung »Kann ich alleine« erfüllt Eltern ebenso mit Stolz wie mit stummer Verzweiflung. Und so besteht Alexandra darauf, dass sie ihre Jacke selbst zuknöpfen kann, Jagdish will sich die Schuhe zubinden, Kai klettert auf einen Stuhl, um an ein Spielzeug heranzukommen, und Panayota lässt sich nicht davon abbringen, allein den Kinderwagen zu schieben, der viel zu schwer für sie ist. Den Wunsch, dem Kind schwierige Aufgaben abzunehmen, müssen Eltern in dieser Phase häufig unterdrücken. Kleinkinder brauchen Übung, sie müssen lernen, ihre wachsenden Körperkräfte einzusetzen und Feinmotorik sowie Geschicklichkeit auszubilden. In ihren Versuchen, Aufgaben alleine zu bewältigen, sind sie zuweilen äußerst entschlossen. Deshalb ist es in dieser Entwicklungsphase von entscheidender Bedeutung, ihre Begeisterung und ihren Eifer nicht im Keim zu ersticken. Wenn der kleine Bob seiner Mutter hilft, die Einkaufstaschen ins Haus zu tragen, könnte sie ihn mit den Worten loben: »Was für ein starker kleiner Mann du bist. Danke, ohne dich hätte ich das gar nicht geschafft.« Der Junge fühlt sich anerkannt als jemand, der so stark wie Papa ist und den Mama braucht.

Andererseits müssen Kinder aber auch lernen, ihr Leistungsvermögen realistisch einzuschätzen. Es könnte also durchaus sinnvoll sein, Bob versuchen zu lassen, eine Tasche zu tragen, die viel zu schwer für ihn ist. Die Anerkennung seiner Leistung würde dadurch nicht geschmälert, zugleich aber würde er eine Grenze spüren. Außerdem bliebe ihm auf der Grundlage dieser Erfahrung die Last der Verantwortung erspart, seiner Mutter Hilfe und Unterstützung sein zu *müssen*. Vor allem allein erziehende Mütter laufen zuweilen Gefahr, ihre Kinder durch überhöhte Leistungsanforderungen zu belasten.

Wie gut ein Kind damit fertig wird, wenn ihm nicht alles, was es sich vorgenommen hat, gelingt, hängt vom Charakter des Kindes ab und davon, wie Sie ihm helfen, mit Enttäuschungen umzugehen. Selbstverständlich sollte man ein Kind erst einmal versuchen lassen, allein zurechtzukommen, damit es erkennt, wo seine Grenzen liegen und wann es Hilfe in Anspruch nehmen muss. Ein Kind, das glaubt, es könne alles allein bewältigen, ist nicht in der Lage, Hilfe anzunehmen. Es wird herrisch und rechthaberisch, im schlimmsten Fall ein kleiner Tyrann. Tyrannen haben Angst, dass ein anderer stärker sein könnte als sie und ihnen heimzahlt, was sie Schwächeren angetan haben. Wenn man in einer Welt der Märchen und Mythen lebt, ist das ein furchteinflößender Gedanke.

Die tragische Geschichte von Paul, mit dem ich im Rahmen eines vom Jugendamt initiierten Betreuungsprogramms für sozial benachteiligte Familien arbeitete, illustriert, was geschieht, wenn ein Kind um jeden Preis vermeidet, auf einen anderen angewiesen zu sein und alle Grenzen zu sprengen versucht. Aus diesem extremen Fall lassen sich meiner Meinung nach auch allgemein gültige Lehren ziehen.

Paul war ein ungewolltes Kind, der jüngste von drei Söhnen. Die Atmo-
sphäre zu Hause war gekennzeichnet durch Explosivität, Unkontrolliertheit,
Gewalt und Chaos. Immer wieder musste das Jugendamt die Kinder vor-
übergehend in Heimen unterbringen. Als Paul zwei war, schien er bereits ein
hoffnungsloser Fall. Er vermittelte den Eindruck, nicht von dieser Welt zu
sein – sein Blick war wirr, und er war nicht in der Lage, einem in die Augen
zu sehen. Zudem war er hyperaktiv und wild und gefährdete sich immer
wieder selbst, indem er aus großer Höhe auf den Boden sprang. Häufig hatte
er plötzliche Wutausbrüche. Es war ihm unmöglich, sich zu konzentrieren,
und er konnte kaum sprechen. Mit ihm zusammen zu sein, war äußerst
schwierig.

Während der Arbeit mit Paul wurde offensichtlich, dass es nicht aus-
reichte, ihm mit Freundlichkeit, Nachsicht und Fürsorge zu begegnen.
Er brachte selbst die geduldigsten Mitarbeiter zur Verzweiflung und
glaubte offenbar, sich alles erlauben zu können. Auch wenn man wütend
auf ihn war oder ihn bestrafte, schien ihm das vollkommen egal zu sein.
Ich war für seine Betreuung im familientherapeutischen Zentrum verantwortlich und arbeitete darüber hinaus noch drei Stunden wöchentlich nur mit ihm allein. Die folgende Schilderung vermittelt einen deutlichen Eindruck seines Verhaltens zu Beginn der Therapie. Wir hatten
uns eine Weile nicht gesehen, da Paul krank gewesen war. Er war zu diesem Zeitpunkt vier Jahre alt.

Er schleuderte das Telefon in den Papierkorb und schrie: »Verpiss dich!«
Dann rannte er zu einem an der Wand hängenden Poster und riss es ab.
Ich äußerte, er sei wohl sehr böse auf das Zimmer und mich, da er so viele
Sitzungen versäumt hatte. Er zerfetzte das Poster, bevor ich ihn daran
hindern konnte. Er fegte eine Lampe vom Regal, die aber nicht zerbrach.
Ich sagte ihm, er könne sich weh tun und erklärte, wie gefährlich es sei,
mit Glas zu spielen. Er lief auf mich zu, trat mich und schrie: »Halt
die Schnauze!«

Paul vermittelte den Eindruck, dass ihn die Ansichten und Gefühle anderer völlig kalt ließen. Er tat so, als ob er allmächtig sei. Die Art, wie er durch die Gegend rannte, schrie und mich körperlich attackierte, machte es mir sehr schwer, ihm in der Rolle einer aufmerksamen, liebevollen Mutter gegenüberzutreten – etwas, das er bisher noch nicht kennen gelernt hatte. Manchmal musste ich ihn festhalten, um ihn daran zu hindern, sich selbst oder mich zu verletzen. Bei anderen Gelegenheiten versetzte das Verbalisieren seiner Gefühle ihn in die Lage, sich zu beherrschen. Seinen Gefühlen Gestalt zu verleihen, indem ich sie aussprach und anerkannte, war eine permanente Herausforderung. Pauls Verhalten schien einzig und allein darauf ausgerichtet zu sein, jede Form von Bedürfnis demonstrativ zu leugnen. Einer seiner Lieblingssätze war: »Kann alleine!« In Pauls Weltsicht war eine Mutter keine Person, die einen halten, nähren und beim Großwerden unterstützen konnte. Ein Vater war eine idealisierte, brutale Person, die Babys hasste und mit der sich Paul identifizierte. Diese Einschätzung wandte er auf alle Erwachsenen an. Er hatte sich nie sicher genug gefühlt, um Baby zu sein. Sich verletzlich zu fühlen, bedeutete ein großes Risiko für ihn, da er fürchten musste, geschlagen oder verhöhnt zu werden. In seiner Welt war es viel besser, sich selbst als harten, unnahbaren Supermann zu sehen.

Es dauerte sehr lange, bis Paul es zuließ, sich in einem für sein Alter angemessenen Maß verletzlich zu fühlen und anzuerkennen, dass es tatsächlich Menschen gab, die sich um ihn kümmerten und sorgten. Aufgesetzte Härte und Abgebrühtheit dienten ihm als Panzer, der ihn vor Verletzungen schützte, zugleich aber auch verhinderte, dass positive Einflüsse auf ihn einwirken konnten. Unter dem Panzer verbarg sich ein extrem zerbrechliches, verängstigtes und schutzloses kleines Wesen. Die einzigen Alternativen, die er zu haben schien, waren entweder ein ruppiger Tyrann oder ein hochgradig verletzbares kleines Kind zu sein. Indem seine Umgebung sein unkontrollierbares Verhalten zuließ und ihm das Gefühl vermittelte, dass er nicht zu bändigen sei, unterstützte sie sein Gefühl der Unbesiegbarkeit. Die kleinkindhaften Anteile seines Wesens blieben unter Verschluss, sie wurden unterdrückt und der Entwicklung entzogen.

Für ein Kind wie Paul war es wichtig, dass ein Erwachsener mit Nachdruck deutlich machte, dass er nicht unbesiegbar war. Ohne sein Selbstbewusstsein zu zerstören, musste man ihn daran erinnern, dass er klein war. Er brauchte das Gefühl, dass jemand bereit war, sich um ihn zu kümmern. Und er brauchte einen Erwachsenen, der ihm die Gewissheit vermittelte, dass er stark werden würde – eine Aussicht, die ein Gegengewicht zu seiner eigenen Angst vor Zerbrechlichkeit darstellte. Als im Verlauf der Sitzungen die von mir gesetzten Grenzen immer deutlicher wurden, begann Paul sich sicherer zu fühlen und zu erkunden, was es bedeutete, ein Baby zu sein, das gehalten und umsorgt wird. Zum ersten Mal in seinem Leben konnte er sich selbst gestatten, verletzlich zu sein. In einer mich tief bewegenden Sitzung griff er zu einer Puppe, zeigte auf Augen, Nase, Mund und sagte: »Guck« und »Was ist das?«. Schließlich legte er die Puppe hin und sagte mit überzeugter Stimme: »Junge«. Ich hatte den Eindruck, dass er mich über sich selbst befragt hatte, darüber, was ein Kind ist, wer Paul ist. So wie ein kleines Kind sich über den Dialog mit der Mutter selbst kennen lernt (»das ist meine Nase, das ist deine Nase«), war Paul mit Hilfe der Puppe endlich in der Lage gewesen, sich selbst zu definieren und zu dem Schluss zu kommen, dass es in Ordnung war, ein Junge zu sein.

Ein weniger drastisches Beispiel für ein Verhalten, das zu einem Gefühl von Allmacht führt, ist der Fall des dreijährigen Carl:

Carl ist ein sehr anspruchsvolles Kind, das sofort schreit, wenn es seinen Willen nicht bekommt. Seine Eltern wissen sich nicht mehr zu helfen, weil sie das Gefühl haben, sein Verhalten nicht kontrollieren zu können. Sie erzählen mir, er »bestehe« darauf, dass seine Mutter ihm jeden Tag Nudeln kocht. Er »verlangt«, dass man ihm vor dem Einschlafen eine Geschichte vorliest. Er »weigert sich«, sich von jemand anderem als seiner Mutter ins Bett bringen zu lassen. Die Liste seiner Forderungen ist endlos, und die Eltern erfüllen jede einzelne von ihnen.

Auffällig ist, dass Carls Eltern den Eindruck haben, sie hätten keinen Einfluss auf das Verhalten ihres Sohnes. Sie halten seine Wünsche für Bedürfnisse, die sie erfüllen müssen. Carl hat sich zu einem kleinen Haustyrannen entwickelt, und darunter leidet das gesamte Familienleben. Er ist es nicht gewohnt, mit Enttäuschungen umzugehen, und wenn er mit einem Problem konfrontiert wird, fühlt er sich in zunehmendem Maße unfähig, es zu überwinden. Ihm wird die Rolle des Despoten zugeschrieben, wodurch seine kindlicheren Anteile unterdrückt werden. Da seine Eltern nie Nein sagen, kennt er weder das Gefühl der Wut, noch hat er die Erfahrung gemacht, wie es ist, wenn man zusammenbricht und sich wieder erholt. Seine Entwicklung ist gehemmt. Zudem hat er wie Paul Angst vor Vergeltung: Wenn es die Erwachsenen nicht mit ihm aufnehmen können, bietet ihm niemand Schutz vor einem, der stärker ist als er selbst.

Das andere Extrem stellen Kinder dar, die zu brav sind. Kinder, die es nicht ertragen, klein zu sein und sich daher mit Erwachsenen identifizieren und sie imitieren, verdrängen einen wichtigen Entwicklungsschritt.

Die fünfjährige Anjeli ist das Muster eines »braven kleinen Mädchens«: Sie gehorcht, ist höflich und leise. In der Schule ist sie fleißig, und auch bei anderen Aktivitäten wie etwa dem Ballettunterricht ist sie äußerst erfolgreich. Sie hat nie Wutanfälle und ist nur selten unartig. Und doch bleibt sie merkwürdig konturlos. In der Schule befolgt sie brav alle Anweisungen, ergreift aber selbst kaum je die Initiative. Sie wirkt wie eine kleine Erwachsene, die jedem zu gefallen versucht. Bei anderen Kindern gilt sie als altklug und ist nicht sehr beliebt.

Während sich Paul mit Supermann identifiziert, nimmt Anjeli eine Pseudo-Erwachsenen-Identität an. Das Kind in ihr ist kaum zu erkennen. So erspart sie sich zwar den Ärger mit Eltern und anderen Erwachsenen, verpasst aber auch einige der Freuden des Kindseins. Sie übergeht die Erfahrung, etwas verboten zu bekommen, indem sie jedes Nein vorwegnimmt und sich selbst streng kontrolliert.

Es könnte eine ganze Reihe von Gründen für Anjelis Verhalten geben. Vielleicht hat ihre Mutter gerade ein weiteres Kind bekommen und Anjeli glaubt, die »Große« sein zu müssen, um ihrer Mutter keine Mühe zu machen. Möglicherweise spürt sie aber auch Konflikte zwischen ihren Eltern und versucht durch ihr Verhalten, Frieden zu stiften. Es ist auch denkbar, dass sie von ihren Eltern gelobt werden und jedem Streit aus dem Weg gehen möchte. Oder aber sie fühlt sich wohler, wenn sie nicht aus sich herausgehen und starke Emotionen zulassen muss. Es gibt unzählige Gründe, warum wir bestimmte Lebensmechanismen und -strategien wählen, und jede muss individuell und für sich betrachtet werden. Zu einer gesunden Entwicklung gehört jedoch auch das Fertigwerden mit unbequemen Gefühlen. Die bekannte Psychotherapeutin Martha Harris schreibt in diesem Zusammenhang:

Nur wenn das Kind die Möglichkeit hat, seine unerwünschten, aggressiven Emotionen zu durchleben, kann es lernen, sie auch zu kontrollieren. Nur so kann es ihre Intensität einschätzen lernen und Ressourcen in sich selbst finden, um sie nutzbar zu machen und positiv einzusetzen.

Nicht Nein sagen, nicht streng sein zu wollen, kann zu gravierenden Problemen führen, wie ich an dem recht extremen Beispiel eines kleinen Jungen und seiner Mutter verdeutlichen möchte:

Der dreijährige Boris wurde wegen chronischer Verstopfung in die pädiatrische Station eines Krankenhauses überwiesen. Selbst hohe Dosen von Abführmitteln zeigten bei ihm keine Wirkung mehr. So wurden nun unter Vollnarkose die Fäkalien aus dem Darm geräumt, ein Vorgang, der wahrscheinlich noch öfter würde wiederholt werden müssen. Zur Unterstützung der Behandlung schickte man die verzweifelte Familie in meine Sprechstunde. Als ich den Jungen und seine Mutter das erste Mal sah, fiel mir auf, wie dominant er und wie eingeschüchtert und scheu dagegen sie wirkte. Während ich mit ihnen sprach, wurde bald deutlich, dass Boris das Leben seiner Mutter vollkommen beherrschte. Er ließ sich von niemandem beaufsichtigen als von ihr, nicht einmal von seinem Vater oder älteren Kindern. Er schrie, wenn er nicht seinen Willen bekam, und sie gab immer nach. In unseren Sitzungen brachte er sehr deutlich zum Ausdruck, dass er es hasste, die Aufmerksamkeit seiner Mutter mit mir teilen zu müssen, und schrie so laut, dass ein Gespräch zwischen ihr und mir schier unmöglich war. Es dauerte nie lange, bis er nach Hause gehen wollte, und dann jammerte er, so laut er nur konnte, und bat und bettelte, dass er gehen wolle. Während einer Sitzung war er derart laut, dass drei verschiedene Mitarbeiter, die auf dem gleichen Flur arbeiteten, anklopften und fragten, ob alles in Ordnung sei. Dieser kleine Junge machte ein Geschrei, als ob wir ihn folterten.

Meine Hauptaufgabe bestand darin, gemeinsam mit der Mutter diese Nervenprobe durchzustehen und herauszufinden, was Boris' Verhalten zugrunde lag. Wir begannen zu entwirren, was sich während der Sitzungen in meinem Zimmer abspielte, indem wir ihr Empfinden und das, was Boris zum Ausdruck brachte, miteinander verglichen. Wurde er wirklich gequält? War es wirklich unerträglich, in diesem Zimmer zu sitzen und über das Problem nachzudenken? War seine Mutter wirklich grausam, weil sie mit jemand anderem als ihm reden wollte? Gab es keine Alternative? Mit der Zeit und weil ich darauf bestand, dass wie keine der Sitzungen vorzeitig abbrachen, war er in der Lage, sich zu beruhigen, sich die Spielsachen im Zimmer anzusehen und mit ihnen zu spielen. Es gelang ihm sogar, darüber zu sprechen, wie er die Situation empfand. Schließlich spielte er mit Knetgummi und seine Mutter und ich konnten darüber sprechen, wie eingeschränkt er sich mit seiner Verdauung fühlte, wie er sie aber auch benutzte, um die Menschen in seiner Umgebung unter Druck zu setzen, und wie beängstigend es für ihn war, wenn niemand, nicht einmal die eigene Mutter, ihm helfen konnte.

Dies war sozusagen der traditionellere Teil unserer Sitzungen – die Interpretation der Verhaltensweisen, die Bestandteil der Psychotherapie von Kindern ist. Ich glaube allerdings, entscheidend war in diesem Fall, dass ich gemeinsam mit der Mutter die Wutausbrüche des Jungen aushielt und ihr half, die zeitliche Grenze der Sitzungen einzuhalten. Dadurch demonstrierte ich beiden, dass eine Therapie machbar war, dass beide sie nicht nur überleben würden, sondern sie ihnen auch helfen würde. Die Mutter begann, strenger zu werden, weil sie erkannte, dass sie ihren Sohn damit nicht quälte, sondern ihm im Gegenteil half. Nach sieben über ein halbes Jahr verteilten Sitzungen legte sich Boris' Verstopfung – er hatte sich aus der Isolierung gelöst, in der sich nichts mehr bewegt hatte. Ein weiterer medizinischer Eingriff war glücklicherweise nicht mehr nötig.

Für Kinder wie Boris, die ihre Mutter oder Familie vollkommen beherrschen, ist das Leben kein großer Spaß. Selbst wenn sie nicht allein gelassen werden und immer ihren Willen bekommen, sind ihre Beziehungen zu anderen Menschen permanent angespannt. Es gibt nur wenige gemeinsame Freuden, dafür um so mehr Konflikte. Alle Familienmitglieder fühlen sich in einem unglücklichen Kreislauf gefangen, was zu Verzweiflung und Wut führt. Ein Kind, das seinen Willen bekommt, weil es sich wie ein Tyrann aufführt, ist nie zufrieden, da ihm nichts freiwillig gegeben wird. Für dieses Kind gibt es keine Geschenke, sondern nur Erpresstes. Es mag sich zwar sehr mächtig fühlen, aber nicht anerkannt oder gar geliebt. Dies gilt nicht nur für derart extreme Fälle wie Boris. Und darin ist auch der Grund zu suchen, warum ein Kind, das immer »Haben« schreit und auch immer bekommt, was es will, kaum jemals fühlt, dass es genug hat.

Mr und Mrs M. hatten viele Jahre versucht, ein Baby zu bekommen. Sie waren beide beruflich erfolgreich, empfanden ihr Leben ohne Kind aber als leer. Schließlich wurde Mrs M. nach einer Hormonbehandlung endlich schwanger. Ihre Tochter Caroline war ein gesundes, hübsches Baby. Die Eltern waren überglücklich und sehr nachsichtig mit ihrem Kind. Sie wollten ihm jeden Kummer ersparen und schimpften fast nie mit ihm. Mrs M. gab ihren Beruf auf, um sich ganz Caroline widmen zu können. Als Caroline vier war, verkörperte Mrs M. für viele ihrer Bekannten den Idealtypus der Mutter: Sie wurde nie ärgerlich, sie schrie nie und bewies endlose Geduld. Carolines Freunde hielten sie für die »beste Mama«. Sie kaufte nie Fertiggerichte, sondern kochte immer selbst, backte gemeinsam mit Caroline Brot, war immer bereit zu spielen, zu basteln oder Kostüme zum Verkleiden zu nähen. Alles, was Caroline wollte, bekam sie. Sie brauchte kaum zu quengeln, schon wurde ihr nachgegeben. Aber anstatt zufrieden und fröhlich zu sein, machte Caroline häufig einen schlecht gelaunten Eindruck. Sie wollte ständig beschäftigt werden. Kaum hatte ihre Mutter ein Spiel aufgebaut, verlangte Caroline schon nach einem anderen. Sie schien unzufrieden. Wenn sie mit anderen Kindern Streit anfing, lachte Mrs M. nur und sagte: »Oh, Caroline, das war aber nicht nett von dir, das hast du bestimmt nicht so gemeint.«

Die Freunde von Caroline hatten bald genug von ihr, sie hielten sie für verwöhnt. Sie war kein beliebtes Kind.

Da Caroline jeder Wunsch erfüllt wurde, gewöhnte sie sich daran, dass sie immer ihren Willen bekam. Sie lernte nicht, Kompromisse zu schließen oder auf etwas zu warten. Daher war sie in der Gesellschaft anderer Kinder ratlos. Sie wusste weder, wie man mit anderen teilt, noch wie man gleichberechtigt spielt. Mrs M.'s Versuch, ihr jeden Kummer zu ersparen, bewirkte das Gegenteil – Caroline hatte nicht gelernt, mit Menschen auszukommen, die eigene Interessen und Bedürfnisse artikulierten.

Der zweijährige Erik ist das einzige Kind einer allein erziehenden Mutter. Er ist ausgesprochen hübsch, hat große braune Augen und ein gewinnendes Lächeln. Er liebt die Gesellschaft anderer Kinder, kann sich häufig aber nicht zurücknehmen: Er drückt die anderen an sich, tut ihnen manchmal auch weh und macht ihnen dadurch Angst. Seiner Mutter ist das zwar peinlich, und sie entschuldigt sich für sein Verhalten, hält ihn aber nicht davon ab. Er ist ihr ein und alles, und sie ist begeistert von der offenen Art, mit der er auf andere zugeht. Vor seinen Aggressionen verschließt sie die Augen. In der Mutter-Kind-Gruppe wird er mit der Zeit immer unbeliebter, und die anderen Kinder wollen nicht mehr mit ihm spielen. Ms N. findet, dass die anderen sich ihrem Sohn gegenüber unfair verhalten. Sie verteidigt ihn und tadelt andere Kinder, die in ihren Augen ihren Sohn provozieren. Erik wird immer aggressiver, selbst gegen seine Mutter.

Eine derartige Entwicklung ist in Gruppen junger Mütter mit Kindern häufig zu beobachten. Normalerweise wird das Problem dadurch gelöst, dass sich die betreffende Mutter allmählich der nicht ganz so perfekten Seiten ihres Kindes bewusst wird. Eltern haben zumeist keine Schwierigkeiten, mit Ungehorsam, Eifersucht und Aggressionen ihres Kindes angemessen umzugehen. Auch in Eriks Fall hatte sich die Mutter derart darauf konzentriert, ihren Sohn zu idealisieren, dass sie seine negativen Seiten nicht mehr wahrnahm. Da sie an ihrem Bild von einem braven kleinen Jungen festhielt, übersah sie alle dieses Bild störenden Aspekte seines Charakters. So konnte Erik nie sicher sein, ob er als ganze Person geliebt wurde oder nur bestimmte Teile seiner Persönlichkeit. Er versuchte, seine Wut und das Gefühl der Rivalität gegenüber anderen Kindern mitzuteilen, doch seine Gefühle wurden nicht verstanden. Folglich erhielt er auch keine Unterstützung, um mit ihnen umgehen zu lernen.

Im Laufe der Jahre wurde Erik immer schwieriger, sowohl zu Hause als auch in der Schule. Die Beziehung zu seiner Mutter war extrem angespannt. Erik glaubte, dass man ihn für unkontrolliert hielt, was ihn noch wütender machte. Außerdem fühlte er sich schuldig, den Vorstellungen seiner Mutter nicht zu entsprechen. Ms N. ihrerseits war enttäuscht, wütend und unglücklich. Was ihr bereits in seiner Kindheit nicht gelungen war, blieb ihr auch jetzt unmöglich: Erik als einen Menschen mit positiven *und* negativen Eigenschaften zu sehen. Weil sie bestimmte Emotionen ignorierte, musste er den Kampf mit ihnen ganz allein führen, was ihn überforderte.

Ms N. sah in ihrem Sohn offenbar das Idealbild eines Kindes. Die Erkenntnis, dass er nicht nur lieb und brav, sondern auch aggressiv war, zerstörte dieses Bild. Als allein erziehende Mutter hatte sie niemanden, der diese Desillusionierung auffangen oder eine andere Perspektive hätte beisteuern können. Wie ihrem Sohn stand also auch ihr niemand zur Seite, der ihr bei der Verarbeitung störender Gefühle hätte helfen können. Das bereits in frühester Kindheit verfestigte Muster des fehlenden Neinsagens hatte Erik in seiner Entwicklung behindert und es ihm unmöglich gemacht, sich mit den schwierigen Seiten seiner Persönlichkeit

auseinander zu setzen. Diese Unreife war die Ursache für die Schwierigkeiten, die Erik als Heranwachsender im Zusammenleben mit anderen
Menschen erlebte.

Die Vorzüge von Grenzen

Sich sicher fühlen

Wie wir gesehen haben, befindet sich ein Kind, das die Erwachsenen be-
herrscht, in einer äußerst erschreckenden Position. Wenn ein drei- oder
vierjähriges Kind den Eindruck gewinnt, dass es mächtiger ist als diejenigen, die für es sorgen, wie kann es dann erwarten, dass diese Menschen es in einer bedrohlichen Situation beschützen?

Aus der Perspektive des Kindes sind Grenzen zwar Einschränkun-
gen und Anlässe für Wut, zugleich doch aber auch so etwas wie Mauern,
in deren Innern ein Schutzraum entsteht. Es gibt eine ganze Reihe von
Gründen, warum es sinnvoll ist, Grenzen zu setzen. Zum einen schützen sie das Kind vor physischen Verletzungen – deshalb verbietet man
einem Kind das Spielen mit gefährlichen Gegenständen wie Steckern,
Streichhölzern oder Messern. Etwas komplizierter ist schon die Entscheidung, ob ein Kind beim Überqueren der Straße unbedingt an der
Hand des Erwachsenen gehen muss, oder ob es reicht, wenn es neben einem geht. Zum anderen gibt es tagtäglich zahlreiche Anlässe, bei denen
das Setzen von Grenzen dem Kind tatsächlich ein Gefühl von Sicherheit
vermittelt.

*Nachdem Amita den ganzen Vormittag in der Krabbelgruppe verbracht
hat, will sie lieber weiter spielen, statt ihre Mittagsmahlzeit einzunehmen.
Ihre Mutter sagt: »Nein, jetzt ist Essenszeit.« Amita beginnt zu protestieren, stampft mit dem Fuß auf den Boden und entgegnet, sie werde nichts
essen.*

Von zwei bis fünf 103

Lässt die Mutter Amita ihren Willen und gibt ihr zum Beispiel einfach nur ein Brot in die Hand, so dass sie beim Essen weiter spielen kann, wird sich Amita zunächst als Siegerin fühlen. Möglicherweise wird sie – ähnlich wie die kleinen Tyrannen, von denen wir weiter oben sprachen – auch den Eindruck haben, dass sich ihre Mutter nicht durchsetzen kann. Denkbar ist auch, dass sie ihre Mutter als gleichgültig erlebt und daher versucht, ihre Aufmerksamkeit auf andere Weise zu erregen. Zugeständnisse, die man nur macht, um seine Ruhe zu haben, erweisen sich häufig als ineffektiv. Wenn die Mutter konsequent bleibt und zugleich Amita hilft, mit ihrem Ärger umzugehen, wird Amita in der Lage sein, ihr Mittagessen zu genießen, so dass beide Parteien von der Situation profitieren. Mutter und Kind werden das Gefühl haben, dass sie gemeinsam einen Konflikt erfolgreich gelöst haben.

Dies gilt auch für andere Alltagssituationen – zum Beispiel, wenn das Kind nicht sofort bekommt, was es haben will oder eine Zeit lang allein spielen soll. In Amitas Fall macht das Bestehen auf Grenzen dem Kind auch deutlich, dass sein Ärger nicht isoliert, sondern im Kontext seiner Persönlichkeit gesehen wird. Die Mutter könnte Amita vermitteln: »Ich weiß, dass du böse bist und lieber spielen möchtest. Aber ich weiß auch, dass jetzt Essenszeit ist und es besser für dich ist, wenn du in aller Ruhe isst. Es macht mir nichts aus, dass du wütend bist und ich werde deinem Zorn nicht nachgeben, sondern dafür sorgen, dass du bekommst, was gut für dich ist.« Selbstverständlich sind dies nicht die Worte, die eine Mutter ihrem Kind gegenüber tatsächlich benutzen würde, sie geben hier nur die zugrunde liegende Haltung, die Intention an. Diese muss in der Realität nicht einmal verbal ausgedrückt werden, auch Gesten oder Handlungen vermitteln das Gemeinte. Indem sich die Mutter durchsetzt, gibt sie Amita ein Gefühl der Geborgenheit. Sie zieht einen Nutzen aus der Bestätigung, dass sie trotz ihrer Proteste das erhält, was am besten für sie ist. Die Erfahrung, dass jemand bereit ist, in meinem Interesse auch Unannehmlichkeiten auf sich zu nehmen, verleiht Sicherheit.

Stark werden

Ein weiterer wichtiger Aspekt von Grenzen besteht darin, dass sie die Entwicklung eigener Ressourcen fördern. Wenn mir ein anderer alle Arbeit abnimmt und mir jeden Wunsch von den Lippen abliest, werde ich selbst immer schwächer und bin schließlich unfähig, mit Enttäuschungen umzugehen. Eltern, die »es doch nur gut meinen« und ihrem Kind jeden Kummer ersparen wollen, hindern es daran, eigene Strategien zu entwickeln, wie es mit Schwierigkeiten fertig werden kann. Es versteht sich von selbst, dass im Einzelfall entschieden werden muss, was man einem Kind zumuten kann und wann hinter einem Wunsch ein echtes Bedürfnis steht und wann bloße Gier.

Kinder haben ihr eigenes Tempo, wenn es um das Erlernen von Regeln geht. So hat wohl jeder schon einmal ein Kleinkind gesehen, das absichtlich aus einem Becher Saft auf den Boden schüttet und dabei sagt: »Nein, nein, du sollst das nicht machen.« Derartige Situationen sind Ausdruck widerstreitender Gefühle: Das Kind weiß, dass es etwas Verbotenes tut, kann gleichzeitig aber der Versuchung nicht widerstehen. Grenzen akzeptieren zu lernen, erfordert Zeit und ist harte Arbeit – das sollten wir uns als Erwachsene vor Augen halten.

Das Setzen von Grenzen birgt in sich auch die Möglichkeit zur Entwicklung. Die Tatsache, dass sich Amita zum Essen an den Tisch setzen muss, anstatt weiterspielen zu dürfen, eröffnet ihr die Chance, einen Konflikt zu lösen. Eine erfolgreiche Konfliktlösung wird ihr die Erfahrung vermitteln, dass sie Schwierigkeiten meistern kann. Indem ihre Mutter darauf besteht, dass ein bestimmter Tagesablauf eingehalten wird, lernt Amita, dass Ereignisse strukturiert sind, einen Anfang, eine Mitte und ein Ende haben. Dies wird ihr über Momente hinweghelfen, in denen sie sich unwohl fühlt, und es wird ihre Fähigkeit, schöne Ereignisse zu erleben, steigern.

Ein Kind, das nach Aufmerksamkeit, einem bestimmten Spielzeug oder einer bestimmten Aktivität verlangt und das Gewünschte nicht oder nicht sofort bekommt, lernt flexibel zu sein, Geduld zu haben, sich

Alternativen auszudenken und kreativ zu sein. All dies sind für das Leben hilfreiche Fähigkeiten. Ein Kind, das alleine spielen muss, weil die Mutter etwas anderes zu tun hat, beginnt, seine Umgebung zu erkunden. Dabei stößt es vielleicht auf eine Schachtel, mit der es spielt, indem es sie in eine Burg, ein Bett oder ein Raumschiff verwandelt. Es setzt seine Phantasie ein und »zaubert« sich so die gewünschte Gesellschaft im Spiel herbei. Ein kleineres Kind benutzt die Schachtel vielleicht, um darauf zu schlagen, sie umzudrehen, sie sich über den Kopf zu stülpen – wie ein kleiner Wissenschaftler wird es die Eigenschaften des Kartons erkunden. Augenblicke enttäuschter Erwartungen eröffnen die Möglichkeit, auf eigene Ressourcen zurückzugreifen. Voraussetzung ist allerdings, dass das Nein angemessen ist, das heißt das Kind nicht in Verzweiflung stürzt.

Gegen die Grenzen ankämpfen

Wir alle wissen, dass es nicht einfach ist, wenn einem ein Nein entgegen gehalten wird. Wenn Sie Ihrem Kind also etwas verbieten, müssen Sie auch auf seine Reaktion gefasst sein.

Wutausbrüche

Wutausbrüche sind eine typische Reaktion von Zwei- bis Fünfjährigen. Kleinkinder können ganz extremen Zorn empfinden und benehmen sich nicht selten so, als ob sie buchstäblich auseinander fallen, wenn sie sich auf den Boden werfen und mit Armen und Beinen wild um sich schlagen. Wir als Erwachsene reagieren darauf mit Ärger oder mit Angst, dass sie sich verletzen könnten. Vielleicht empfinden wir auch Scham über ihre fehlende Selbstbeherrschung. Dass wir uns Sorgen machen, uns hilflos fühlen oder selbst grausam vorkommen, ist Sinn des Wutausbruchs, denn genauso fühlt sich das Kind. Im Französischen spricht man davon, dass jemand *dans tous ses états* ist, also »in all seinen

Zuständen«. Im Deutschen dagegen verwenden wir Wendungen wie »vor Wut außer sich geraten«, »ausrasten«, »kopflos sein vor Wut«, als ginge es tatsächlich darum, dass man nicht nur die Beherrschung, sondern einen Teil seiner selbst verliert, sozusagen aus dem eigenen Körper tritt. Wutausbrüche sind ein Ausdruck des Verlusts von kohärentem Selbstverständnis und des Gefühls der Zerstückelung.

Solche Zustände sind sowohl für den Beobachter beängstigend als auch für den, der sie durchlebt. Kleine Kinder drücken ihren Kummer nicht durch Worte, sondern eher durch Handlungen aus, sie teilen sich durch ihr Verhalten mit. Wenn es dem Erwachsenen gelingt, still bis zehn zu zählen und dann das Kind in die Arme zu nehmen, um ihm wieder ein Gefühl des »Ganzseins« zu vermitteln, wird sich der Wutanfall wahrscheinlich bald wieder legen. Es ist die Aufgabe des Erwachsenen, ruhig zu bleiben und sich nicht derart von den Gefühlen des Kindes überwältigen zu lassen, dass er selbst die Beherrschung verliert. Kindliche Wutausbrüche haben nichts mit Vernunft zu tun. Wenn wir Zeugen eines solchen Ausbruchs werden, für den wir vielleicht sogar selbst die Ursache sind, rührt das an eigene schmerzliche Erfahrungen des »Auseinanderfallens«, die wir so rasch wie möglich wieder verdrängen wollen. Dabei lassen wir uns allzu leicht in den Konflikt hineinziehen, anstatt die Distanz zum Zustand des Kindes zu wahren, die nötig ist, um ihm zu helfen. Es ist leichter, verärgert zu reagieren und dem Kind zu befehlen, es solle mit dem Unsinn aufhören, als seinen Kummer und sein Bedürfnis nach Nähe und Trost anzuerkennen.

Kleine Kinder lassen sich noch im buchstäblichen Sinne zusammenhalten, wir können sie in den Arm nehmen, bis die Welle der Wut verebbt ist, und ihnen so helfen, sich davon zu erholen. Manche Kinder brauchen diese Umarmung, andere lassen sich durch unsere Stimme halten oder durch unsere Geduld, mit der wir abwarten, bis sich die Aufregung gelegt hat.

Eltern als Ungeheuer

Manche Kinder reagieren auf Verbote, als sei man selbst die böse Fee aus dem Märchen, so dass man sich unwillkürlich fragt, ob man nicht tatsächlich grausam handelt. In solchen Fällen sollte man sich in Erinnerung rufen, dass es nicht gemein ist, Nein zu einem weiteren Video zu sagen – um nur ein Beispiel zu nennen –, sondern im Gegenteil, äußerst angebracht. Wenn meine Tochter auf mich wütend war, schluchzte sie, während ich sie im Arm hielt, voller Verzweiflung: »Ich will meine Mama haben!« Als ob sie damit sagen wollte: »Nicht dich, du schreckliche Person, meine echte Mama, die nette!« Es mag für die Eltern erschreckend sein, dass ein kleines Kind derart zwiespältige Gefühle für ein und dieselbe Person hegt. Doch im Grunde genommen begleitet uns diese Ambivalenz unser ganzes Leben lang, wenn auch weniger offensichtlich: Selbst über Menschen, die wir lieben, könnten wir manchmal vor Wut oder Ungeduld schier verzweifeln. Kinder gehen mit ihren ambivalenten Gefühlen nach einem einfachen Muster um: Sie teilen die Menschen einfach in gut und böse ein, wobei derjenige, der die Grenzen setzt und Verbote erteilt, zumeist den schwarzen Peter zugeschoben bekommt. Das kann zum Streit der Eltern untereinander, aber auch zu Konflikten zwischen Eltern einerseits und Großeltern, Tagesmüttern und Lehrern andererseits führen. Wie im Märchen hat die Aufteilung in gut und böse die Funktion, die Zusammenhänge möglichst einfach und durchschaubar zu machen und leidenschaftliche Liebe ebenso wie Hass zu rechtfertigen. Mit gemischten Gefühlen zurechtzukommen, ist wesentlich schwieriger.

Wenn Sie diesen Prozess durchschaut haben, fällt es Ihnen wesentlich leichter, einen kühlen Kopf zu bewahren und die Kritik des Kindes nicht zu persönlich zu nehmen. Das wiederum versetzt Sie in die Lage, konsequent zu bleiben. Wenn Sie davon überzeugt sind, das Richtige für Ihr Kind zu tun, sind Sie überzeugend. Wenn Sie dagegen die Perspektive des Kindes übernehmen und sich selbst als grausam oder böse sehen, reagieren Sie unter Umständen tatsächlich ungerecht oder Sie lassen sich von diesem Bild lähmen (wie der Vater von Jack in dem zu Beginn dieses Kapitels geschilderten Beispiel). Von einem Kind in ein Ungeheuer verwandelt zu werden, ist eine verstörende Erfahrung, angesichts derer man nur schwer einen kühlen Kopf bewahrt. Nehmen Sie sich daher Zeit, um die Situation möglichst objektiv zu betrachten und herauszufinden, was ihr zugrunde liegt. Ist die Wahrnehmung des Kindes richtig? Zuweilen kann dies der Fall sein: Möglicherweise erkennen Sie, dass Sie tatsächlich ungerechtfertigt streng waren und Ihr eigenes Verhalten korrigieren müssen. Bei anderen Gelegenheiten werden Sie zu dem Schluss kommen, dass Ihre Konsequenz angebracht ist, selbst wenn dies dem Kind nicht gefällt. In diesem Fall müssen Sie einfach akzeptieren, dass Sie sich unbeliebt machen.

Zorn

Verbote provozieren häufig Zorn. Jeder Mensch wird ab und zu wütend, und doch verbinden wir häufig damit Schuldgefühle. Dabei ist es völlig normal, sich über bestimmte Dinge zu ärgern. Und für Kinder ist es geradezu beruhigend, wenn sie feststellen, dass auch ihre Eltern dieses Gefühl kennen. Es kommt allerdings sehr darauf an, wie wir mit diesem Gefühl umgehen. Wenn Eltern ihren Ärger verwinden können, lernt auch das Kind, seine Gefühle auf positive Weise zu verarbeiten.

Es ist wichtig, dass man Kindern den Freiraum zugesteht, Zorn zu empfinden und in angemessener Weise zum Ausdruck zu bringen. Kleine Kinder reagieren sehr unterschiedlich auf Provokationen. So wird man in einem Kindergarten Kinder beobachten können, die ein Puzzle verteidigen, als hinge ihr Leben davon ab, während andere einfach weggehen, wenn man ihnen das Spiel streitig macht. Ähnlich verhält es sich bei körperlicher Aggression: Während ein Kind zu kreischen und zu toben beginnt, wenn es von einem anderen geschlagen wird, sucht ein zweites vielleicht weinend Trost bei einem Erwachsenen, ein drittes schlägt zurück und ein viertes verkriecht sich möglicherweise still in eine Ecke. Aufgabe der Eltern ist es, ihrem Kind so viel Selbstbewusstsein zu vermitteln, dass es Zorn empfindet, wenn man es schlecht behandelt. Die Art und Weise, wie es seinen Ärger dann ausdrückt, hat wiederum Einfluss auf die Reaktion der anderen.

Um bei dem beschriebenen Beispiel zu bleiben: Das erste Kind wird lernen müssen, das Erlebte in Relation zu setzen und zwischen einer traumatischen Erfahrung und einer simplen Konfrontation zu unterscheiden. Das vierte Kind dagegen sollte man ermutigen, für seine Interessen einzutreten und sich gegen die Angriffe anderer zu wehren. Jeder Mensch empfindet von Zeit zu Zeit Zorn, in allen Familien und gesellschaftlichen Zusammenhängen kommt es immer wieder zu Konflikten. Daher müssen wir alle lernen, mit Konflikten und starken Gefühlen umzugehen.

Das folgende Beispiel ist vollkommen anders gelagert. In der Geschichte von Alan, der zu mir kam, nachdem seine kleine Schwester gestorben war, wird deutlich, zu welchen Missverständnissen es kommen kann, wenn ein Kind seine Wut und Angst nicht deutlich zum Ausdruck bringt.

Alan war vier Jahre alt, einige Monate zuvor war seine kleine Schwester nur wenige Wochen nach der Geburt gestorben. Er war ein intelligenter kleiner Jungen, der sich verbal hervorragend ausdrücken konnte, brav und rücksichtsvoll. Während der Krankheit seiner Schwester war er sehr lieb zu seinen Eltern gewesen und hatte sich niemals beklagt, wenn sie ihn allein ließen, um ins Krankenhaus zu fahren. Er wurde zu mir geschickt, weil er immer ängstlicher wurde und sich ständig Sorgen machte, jemand könne zu spät kommen – vor allem dann, wenn ihn seine Eltern abholen wollten. Außerdem fürchtete er, Dinge zu verlieren. Seine Eltern und die Erzieherinnen im Kindergarten machten sich Sorgen, er könne in der Schule, in die er bald gehen sollte, nicht zurechtkommen. Obwohl sie ihn mit allen Mitteln unterstützten, da ihnen klar war, welche Wirkung der Tod seiner Schwester auf ihn gehabt haben musste, wussten sie nicht mehr, wie sie ihm helfen konnten.

Wenn Alan in den Sitzungen bei mir spielte, drehte sich alles um Notfälle – Krankenwagen, die Suche nach einem Krankenhaus, Feuer und Feu-

*erwehrleute, Polizisten und Räuber. Während er anfangs immer die Rolle
des Retters übernahm, begann er allmählich, die anderen Figuren neu zu
definieren und aus den Polizisten wurden etwa Bösewichte oder die Feuer-
wehrleute legten das Feuer.*

Selbstverständlich sprachen wir über die offensichtliche Bedeutung seines Spiels, darüber, dass er versuchte, seine Schwester zu retten, ein gutes Krankenhaus zu finden, das sie wieder gesund gemacht hätte, und
über seine Verzweiflung, dass keiner der Retter in der Lage gewesen war,
sie am Leben zu halten. Dies waren Gefühle, die auch seine Eltern teil-
ten, erkannten und (auch um ihrer selbst willen) zu bewältigen versuchten. Doch mir war auch wichtig anzusprechen, dass die Retter-Figuren
in seinem Spiel nicht immer gut waren, sondern im Gegenteil manchmal
die Ursache der Katastrophe zu sein schienen. Vor diesem Hintergrund
konnten wir darüber reden, dass er nicht immer glücklich darüber gewesen war, eine Schwester zu haben, und sich aufgrund dieser Gedanken
irgendwie verantwortlich für ihren Tod fühlte. Er hatte Angst, nicht nur
im Hinblick auf das in der Vergangenheit Geschehene, sondern auch davor, was in Zukunft noch passieren könnte – dass zum Beispiel seinen
Eltern etwas zustieß, weil er böse auf sie war. Daher fiel es ihm sehr
schwer, Zorn oder Ärger zuzulassen, am sichersten fühlte er sich, wenn
er immer freundlich war.

Sobald diese Ängste ausgesprochen waren, wurde Alan in unseren
Sitzungen und in seinem Spiel wesentlich frecher und bestimmter. Er
benahm sich seinem Alter entsprechend. Ich sprach mit seinen Eltern
darüber. Obwohl sie in den zurückliegenden Monaten dankbar für sein
freundliches Verhalten gewesen waren, verstanden sie, dass sie ihm jetzt
Raum geben mussten, um auch seine negativen Gefühle auszudrücken.
Das wiederum erleichterte ihm das Einleben in der Schule, in der er sich
gegen freche und tyrannische Kinder durchsetzen musste.

Damit Zorn nicht zu einem unerträglichen und im schlimmsten
Fall tödlichen Gefühl wird, muss er ausgelebt und von der Umgebung
toleriert werden. Nur wenn man seiner Wut und seinem Zorn eine

Stimme verleiht, kann man mit diesen extremen Gefühlen umgehen. Ein Kind wird nur lernen, seine aggressiven Emotionen zu kontrollieren, wenn es sie auch durchleben darf. Nur so wird es erkennen, wie stark sie sind. Wenn es Wut und Zorn nicht äußern darf, hält es möglicherweise seine eigene Zerstörungskraft für weitaus größer, als sie in Wahrheit ist. Stellen wir uns ein Kind vor, das sich im Kindergarten mit einem kleinen Tyrannen konfrontiert sieht. Wenn dieses Kind nicht gelernt hat, mit seiner Wut über den Aggressor umzugehen, wird es sich entweder kampflos zurückziehen und trotzdem verprügelt werden, oder es wird sich für unbesiegbar halten und erstaunt feststellen müssen, dass der andere Junge viel stärker ist. Und schließlich ist es auch denkbar, dass ein solches Kind in seiner Wut viel härter zuschlägt, als es das selbst für möglich gehalten hat.

Dem Gefühl des Zorns sollte also Raum zugestanden werden. Allerdings bestehen sowohl kulturell als auch interfamiliär große Unterschiede, welches Maß von Zorn akzeptabel erscheint. Türen zuzuschlagen, zu schreien, Porzellan zu zerschmettern, all das wird in der einen Familie als absolut normal, in einer anderen als jenseits der Grenze liegend betrachtet. Das Kind muss den Ausdruck seines Zorns innerhalb der eigenen Familie anzupassen lernen, um dann vergleichen zu können, was in anderen Zusammenhängen erlaubt ist.

Aggressionen

Eine Möglichkeit, wie Kinder ihrem Zorn Ausdruck verleihen können, ist Aggressivität. Aggressionen sind häufig nur die Kehrseite von Angst. Vor allem kleine Kinder agieren sehr impulsiv, sie brauchen die Erwachsenen als Vorbild, um zu lernen, dass es häufig besser ist, erst einmal nachzudenken, bevor man handelt. Das Beispiel von Paul hat gezeigt, dass seine Aggressionen Ausdruck von Angst waren. Da er sich das Gefühl der Angst nicht einzugestehen wagte, handelte er bereits, ohne zu wissen, was er eigentlich fühlte. Die Arbeit mit Paul und anderen vernachlässigten Kindern hat mir bewusst gemacht, dass es absolut

112   Eltern müssen NEIN sagen

notwendig ist, über die Gefühle dieser Kinder nachzudenken und zu sprechen, um sie in Worte zu fassen. Nur so können diese Kinder lernen, einen Abstand zwischen Gefühl und Handeln herzustellen. Paul stellt zwar zugegebenermaßen ein extremes Beispiel dar, dennoch glaube ich, dass seine Erfahrungen in gewisser Weise auch auf »normale« Kinder übertragbar sind.

Kinder werden aggressiv, wenn sie Angst haben oder sich bedroht fühlen, weil sie zum Beispiel ausgeschimpft wurden, nicht tun dürfen, was sie wollen oder von anderen – Kindern oder Erwachsenen – terrorisiert werden. Eine Möglichkeit, die Angst zu bekämpfen, besteht darin, selbst Angst einzuflößen, selbst zum Aggressor zu werden. Auch klein zu sein, kann Angst machen – alle anderen scheinen fähiger, mächtiger, größer und stärker.

Es gibt ein sehr schönes Kinderbuch, in dem dies sehr anschaulich deutlich wird: *Wo die wilden Kerle wohnen* von Maurice Sendak. Darin wird die Geschichte des frechen Jungen Max erzählt, der zur Strafe dafür, dass er unartig war, ohne Abendessen ins Bett geschickt wird. Während er in seinem Zimmer sitzt, verwandelt es sich in einen Urwald, durch den er wandert, um das Land zu finden, in dem die wilden Kerle wohnen.

Meiner Ansicht nach illustriert diese Geschichte sehr schön, welche Bedeutung die »wilden Kerle« für Kinder haben: Max ist verletzt, weil er ausgeschimpft wurde, und so zieht er sich in eine Phantasiewelt voller furchterregender Gestalten zurück. Eltern können wahrhaftig furchterregend sein, wenn sie böse sind. Seine Wanderung durch den Wald dauert ewig, und auch für ein Kind, das von der Gesellschaft der anderen ausgeschlossen wurde, scheint sich die Zeit der Isolation endlos hinzuziehen. Schließlich findet Max Zuflucht bei den wilden Kerlen. Und wie sollte er anders mit ihnen zurechtkommen, als sich zu ihrem König zu machen? Doch der Reiz des Wilden und der Rebellion hält nicht ewig an, und das Land der wilden Kerle erweist sich als ein Ort der Einsamkeit. Max erkennt, dass die wilden Kerle die Unartigen sind, und er schickt sie – wie seine Mutter es mit ihm getan hat – ohne Abendessen ins Bett. Zu seinem Glück erinnert sich Max schließlich daran, dass seine Mutter eigentlich »gar nicht so übel« ist. Und so »spürt er von ganz weit weg, vom anderen Ende der Welt den Duft von gutem Essen in der Nase«. Man spürt, dass Max ein geliebtes Kind ist, denn am Ende des Buches findet er den Weg zurück zu einem warmen Abendessen – es wird deutlich, dass ihn die Mutter trotz seiner Wildheit liebt.

Unglücklicherweise ist es für Paul und viele andere Kinder, mit denen ich gearbeitet habe, nicht so leicht, den Weg nach Hause zu finden. Die wilden Kerle des Waldes sind für sie sicherer als das, was sie zu Hause vorfinden, so dass es verlockend ist, bei ihnen zu bleiben. Für viele Kinder wird der Ort der Wildheit statt gelegentlichem Aufenthaltsort zu einer neuen Heimat. Forschungen belegen die erschreckende Tatsache, dass »in der Kindheit erlittene Traumata zu gewalttätigem Verhalten führen, nicht nur in der Kindheit und Pubertät, sondern auch im Leben des Erwachsenen«. Die Arbeit mit kleinen Kindern bietet die Chance, diesen Teufelskreis zu durchbrechen und andere Erfahrungen zu ermöglichen.

Es darf nicht vergessen werden, dass Aggressionen auch eine positive Kraft darstellen können. Sie sind sozusagen das emotionale Äquivalent zur Muskelspannung. Es sind häufig Aggressionen, die eine Entscheidung in Gang setzen. Entscheidend dafür, ob sie sich negativ oder positiv auswirken, ist unser Umgang mit Aggressionen.

Hass und Liebe

Das Kind lernt im Laufe seiner Entwicklung, dass Gedanken nicht das Gleiche sind wie Handlungen. Nur wenn unseren Handlungen ein Denken vorausgeht, eröffnen wir uns einen Freiraum, in dem wir entscheiden können, ob wir überhaupt handeln wollen. Der kleine Paul lernte zu sagen: »Ich will das Fenster einschmeißen«, anstatt es zu tun. Hinzu kommt, dass wir uns durch die Abkehr von impulsivem, unüberlegtem Handeln der Konsequenzen unseres Tuns bewusst werden.

Jeremy, ein aufgeweckter, sehr aktiver Junge, mit dem ich im Alter zwischen zweieinhalb und fünf Jahren arbeitete, kam in meine Sprechstunde, weil seine eher ruhigen, der Mittelschicht angehörenden Eltern Schwierigkeiten hatten, ihn zu bändigen, und mit seinem ungezügelten, aggressiven und launischen Verhalten nicht zurechtkamen. Der berühmte Tropfen, der das Fass schließlich zum Überlaufen brachte, war die Tatsache, dass Jeremy seinen Vater mit einem Hammer auf den Kopf geschlagen hatte, weil dieser Klavier spielte, statt sich seinem Sohn zu widmen. Die folgende Szene spielte sich während einer Sitzung ab, als Jeremy vier Jahre alt und nach längerer Zeit aus den Ferien zurückgekehrt war:

Jeremy stürmt in das Zimmer. Eine Weile lang stampft er durch den Raum und brüllt dabei drohend wie ein Löwe: »Ich werde euch alle auffressen.« Er scheint nicht zur Ruhe kommen zu können, sondern rennt stattdessen umher, zerschneidet Papier, kritzelt ein bisschen und lässt Wasser in das Waschbecken laufen. Er blickt sich im Zimmer um und fragt dann mit dröhnender Stimme, als wäre er Vater Bär aus dem Märchen »Goldilocks und die drei Bären«: »Wer war hier?« Ich spreche mit ihm darüber, dass ihn die Ferien wütend gemacht haben und er wie ein Riese alles überprüft und sich fragt, wer bei mir war, während er weg war. Er beginnt, die Möbel aus dem Puppenhaus zu räumen und sagt: »Es ist tot, das sieht man.« Dann nimmt er einige der Sachen auseinander und beißt in sie hinein. Ich sage zu ihm, er sei so wütend, dass er sich wie ein brüllender Löwe fühle, Dinge zerbeiße, aufesse und tot mache. Sehr leise entgegnet er, dass er zu Mrs Phillips wolle, wenn er weint. Ich antworte, dass die Ferien wirklich hart für ihn gewesen seien und wie sehr wir uns vermisst hätten. Er sagt: »Wenn ich dich aufesse, bist du nicht mehr da, oder?« Ich erkläre ihm, wenn man Menschen liebe, so wie er seine Mutter oder mich, dann fühle man sehr stark und mache sich Sorgen, dass man sie verletzen oder verlieren könnte.

Es kommt hier nicht darauf an, ob er mich tatsächlich auffressen könnte oder nicht; entscheidend ist, dass er so wütend war, dass er es tun wollte. Wie wir gesehen haben, ist im Reich der Phantasie alles möglich. Zugleich dachte er vielleicht auch, dass man sich jemanden einverleibt, den man verschlingt, so dass er nie wieder fortgehen kann. Im Laufe unserer Sitzung gelang es ihm, über seine Wut hinaus zu denken, nämlich daran, dass er mich auch liebte. In eben derartig ambivalenten Zuständen beginnen wir den anderen als ganze Persönlichkeit zu sehen, mit seinen guten und schlechten Seiten, und fällen eine Entscheidung hinsichtlich unserer Gefühle für ihn. Indem wir den Zorn nicht ausklammern, sondern anerkennen, geben wir dem Denken Raum und damit zugleich auch der Fähigkeit, den anderen wahrzunehmen, wertzuschätzen und ihm dankbar zu sein. Jeremy und ich hatten noch mehrmals die Gelegenheit, starke Gefühle und deren Wirkung zu erkunden. Dies galt ebenso für leidenschaftlich positive Gefühle als auch für Zorn und Hass. Ich bin überzeugt, dass ich aufgrund seiner Ehrlichkeit und Direktheit genauso viel von ihm lernte wie er von mir. Wie sehr ich ihn gemocht habe, lässt sich kaum sagen!

Alltägliche Grenzen

Ich habe deutlich zu machen versucht, dass das Verhalten eines Menschen immer etwas kommuniziert, dass es nicht unabhängig von Beziehungen zu sehen ist und daher nicht eindimensional erklärt werden kann. Wir haben einen Blick auf den Umgang mit widerstreitenden Gefühlen geworfen und darauf, wie in der Vergangenheit gemachte Erfahrungen das gegenwärtige Handeln beeinflussen können. Des weiteren haben wir auf einer recht allgemeinen Ebene gesehen, welche Konsequenzen das Erteilen oder Nichterteilen von Verboten hat und mit welchen Reaktionen seitens des Kindes zu rechnen ist. Im Folgenden möchte ich nun näher auf einige konkrete Probleme eingehen, die uns im alltäglichen Zusammenleben mit Kindern mit der Frage von Verboten konfrontieren.

Trennung

Ein deutliches Nein bringen Sie immer dann zum Ausdruck, wenn Sie sich von Ihrem Kind trennen. Es möchte bei Ihnen bleiben, muss sich aber mit der Gesellschaft anderer abfinden. Viele Eltern klagen darüber, dass ihr Kind sich nicht von ihnen trennen mag, sich an sie klammert und weint. Das Problem ist, dass man sich nicht nur Sorgen macht, wie das Kind mit anderen zurechtkommen wird, sondern dass missglückte Trennungen auch die Zeiten des Zusammenseins belasten. Das Kind klammert sich an die Eltern, während diese versuchen, es von sich zu schieben. Auch hier gilt es wieder zu klären, welche unterschiedlichen Bedeutungen für die jeweils Beteiligten mit dieser Situation verbunden sind. Es ist wichtig, die dahinterliegende Geschichte des Einzelnen aufzuspüren. Trennung ist immer ein in zwei Richtungen verlaufender Prozess.

Eine der wohl alltäglichsten Trennungssituationen im Leben eines Kleinkindes stellt die vorübergehende Betreuung durch andere Personen – wie Großmutter, Babysitter, Tagesmutter oder Erzieherinnen im Kindergarten – dar. In jedem Kindergarten kann man Eltern beobachten, die sich kaum von ihrem Kind trennen können, auch wenn sie so tun, als ob sie es entschlossen abgeben würden. Nachdem sich das Kind verabschiedet und, wenn auch vielleicht ein wenig zögernd, den anderen Kindern angeschlossen hat, rufen diese Eltern ihm noch zehnmal einen Abschiedsgruß zu und machen dadurch deutlich, dass auch für sie der Prozess der Trennung schmerzhaft ist. Nicht selten geht eine solche Szene damit aus, dass das Kind zu weinen beginnt, weil es sich das Gefühl der Mutter zu eigen gemacht hat. Vor diesem Hintergrund ist nachvollziehbar, dass in einigen Kindergärten Eltern morgens nur Zugang zum Eingangsbereich haben. Das Problem der Trennung ist damit für Eltern und Kind zwar nicht gelöst, aber es erleichtert die Aufgabe der Erzieherinnen ungemein.

Wie das Kind die Trennung erlebt, wird wesentlich durch die damit verbundenen Vorstellungen bestimmt. Vertraut die Mutter der Person, in deren Obhut sie das Kind übergibt? Sind ihre eigenen Erinnerungen an Zeiten der Trennung positiv? Gibt sie ihr Kind um seinetwillen an jemand anderen oder weil sie eigenen Bedürfnissen folgt und zum Beispiel arbeiten muss? All diese Faktoren haben einen Einfluss darauf, wie sie sich von ihrem Kind verabschiedet. Tut sie es fröhlich und mit Zuversicht, vermittelt sie damit dem Kind das Gefühl, dass es in den nächsten Stunden gut aufgehoben ist.

Ein weiterer Punkt ist die oft diskutierte Frage, ob es besser ist, sich von seinem Kind zu verabschieden oder möglichst unbemerkt zu gehen. Viele Erwachsene glauben, dass kleine Kinder ihr Umfeld noch nicht richtig wahrnehmen – nach dem Motto: »Aus den Augen, aus dem Sinn«. Nach etlichen Jahren der therapeutischen Arbeit mit Vorschulkindern kann ich mit Sicherheit behaupten, dass dem nicht so ist. Im Gegenteil, wenn man mit Kindern darüber spricht, dass man sich bald von ihnen verabschieden wird, gibt man ihnen die Chance, zu protestieren und ihren Unmut darüber auszudrücken. Eltern sollten diese Gefühle erkennen und akzeptieren, sich dadurch aber nicht davon abhalten lassen, schließlich doch zu gehen.

Andererseits kann auch die Tatsache, dass sich ein Kind leicht von seinen Eltern trennt, verwirrende Gefühle auslösen. Eine Mutter, die mit der Trennung vor allem verbindet, dass sie ihr Kind in den nächsten Stunden vermissen wird, muss dieses Verhalten des Kindes als schmerzhaft empfinden.

Was tut man mit einem Kind, das sich an einen klammert, als ob es auf der Stelle sterben müsste, wenn man es verlässt? Auch hier gilt, dass man sich zunächst darüber klar werden muss, inwieweit die Gefühle des Kindes der Situation wirklich angemessen sind. Wenn Sie sich trotzdem von ihm trennen und dabei die Zuversicht ausstrahlen, dass sich Ihr Kind in guten Händen befindet, vermitteln Sie ihm das Gefühl, dass es auch ohne seine Eltern zurechtkommen wird und dass es auf der Welt auch noch andere Menschen gibt, die sich um es kümmern können. Wenn Sie dagegen nicht gehen, signalisieren Sie, dass nur Sie gut genug sind, für Ihr Kind zu sorgen, und dass die Welt außerhalb des eigenen Zuhauses unsicher und gefährlich ist. Selbstverständlich sollten Sie sich freundlich von Ihrem Kind verabschieden und darüber hinaus in Betracht ziehen, wie lange Sie es allein lassen können. Die Trennung von ihm muss unter Umständen in einem langsamen Prozess erfolgen, doch sie ist nötig, damit Ihr Kind eine Welt außerhalb der eigenen Familie kennen lernt.

Schlaf

Die Psychotherapeutin Dilys Daws hat beschrieben, in welchem Ausmaß die Gefühle der Eltern die Trennungssituation beeinflussen und sich auf das Kind übertragen. Sie stellt eine Verbindung her zwischen der ambivalenten Einstellung der Eltern, mit dem Kind in einem Bett zu schlafen oder nicht und den Schlafstörungen eines Kindes.

Manchmal kann man sich des Eindrucks nicht erwehren, dass viele Paare immer größere Betten kaufen, weil auch ihre Kinder darin Platz finden sollen, wenn sie nachts zu ihnen kriechen. Dass Kinder bei ihren Eltern schlafen, ist ein modernes Problem, das äußerst kontrovers diskutiert wird. Hinzu kommt, dass es sehr merkwürdig anmuten würde, wenn ein älteres Kind oder gar ein Erwachsener bei seinen Eltern schlafen würde! Denkbar ist es offenbar nur bei Kindern, die zwischen zwei und sieben Jahre alt sind. Warum fällt es uns offenbar so schwer, konsequent in der Frage des Zubettgehens zu sein? Was stellt sich uns störend in den Weg? Wie immer ist auch hier die Antwort nicht einfach, die Gründe können vielfältig sein.

Ich habe bereits im ersten Kapitel über die Angst vor der Trennung gesprochen. Schlaf weckt häufig Verlustgefühle, im Extremfall sogar Angst vor dem Tod. Tennyson bezeichnete den Schlaf als »Bruder des Todes«. Und so sehen die meisten Eltern, bevor sie selbst zu Bett gehen, noch einmal nach ihren Kindern und vergewissern sich, dass es ihnen gut geht und sie noch atmen.

Mit dem Schlaf gleitet man in einen Zustand, über den man keine Kontrolle hat. Mit Schlaf ist auch das Gefühl der Isolation verbunden – für manche ist der Schlaf ein Zufluchtsort, wo sie sich zurückziehen können, Ruhe empfinden und schöne Träume haben, für andere dagegen eine stürmische Welt der Albträume. Wir wissen nicht, was uns im Schlaf erwartet. Unser Sprachgebrauch suggeriert, dass man im Schlaf auf eine Reise geht: Wir wünschen uns eine gute Nacht, süße Träume und sagen »Bis morgen früh« – all das sind Signale für Abschied und Wiederkehr.

Die Einstellung der Eltern zum Schlaf hat Einfluss darauf, was das Kind von der grauen Zone zwischen Wachsein und Einschlafen erwartet. Wenn Eltern die Nacht für das Kind damit beginnen lassen, dass sie ein Licht brennen lassen, damit sich das Kind nicht vor der Dunkelheit erschreckt, bringen sie damit zum Ausdruck, dass die Dunkelheit beängstigend und nicht friedlich oder beruhigend ist. Dasselbe gilt für die offen gelassene Tür. Die Vorkehrungen, die in Vorbereitung auf den Schlaf getroffen werden, vermitteln dem Kind eine Vorstellung davon, was Schlaf ist. In einem Kinderbuch wird die Geschichte einer kleinen Eule erzählt, die ihre Angst vor der Dunkelheit dadurch überwindet, dass sie mit Tieren spricht, die die Dunkelheit lieben. Wenn Sie es lieben, Ihr Bett für sich allein zu haben, werden Sie strenger darauf achten, dass Ihr Kind in seinem Bett schläft. Wenn Sie sich dagegen nachts einsam fühlen, werden Sie glauben, dass Ihr Kind aus dem gleichen Grund zu Ihnen ins Bett kriechen will und diesem Wunsch nachgeben. Dabei hat es vielleicht ganz andere Gründe für sein Verhalten. Sie sollten ihm zuhören, anstatt davon auszugehen, dass es genauso wie Sie denkt und fühlt.

Es gibt noch eine ganze Reihe weiterer Gründe, warum Eltern ihren Kindern erlauben, lange aufzubleiben oder nachts in ihrem Bett zu schlafen. Jemand, der den ganzen Tag über arbeitet, möchte auf diese Weise vielleicht die Abende, an denen er sein Kind endlich sieht, künstlich verlängern. Wenn sich ein Kind nachts an einen schmiegt, vermittelt dies zumal ein Gefühl von Nähe. Und wenn ein Kind nur ab und zu im Bett der Eltern schläft, ist dies sicherlich für alle Beteiligten eine angenehme Erfahrung. Dennoch sollte immer gefragt werden, wessen Bedürfnisse oder Ängste dabei eigentlich im Vordergrund stehen. Eine allein erziehende Mutter, die in meine Sprechstunde kam, ließ ihre kleine Tochter häufig deshalb bei sich schlafen, weil sie selbst nachts Angst hatte. Ihr war zwar bewusst, dass die Zweijährige sie nicht beschützen konnte, aber trotzdem fühlte sie sich sicherer, wenn das Mädchen neben ihr im Bett lag.

Auch Eheprobleme können eine Rolle spielen. Ein Kind, das zwischen seinen Eltern im Bett liegt, kaschiert die Distanz, die das Paar zwischen sich errichtet hat, es tröstet die Erwachsenen über das Gefühl der Einsamkeit hinweg und fungiert zugleich als Barriere zwischen ihnen. Auf diese Weise »benutzt« zu werden, belastet jedoch das Kind. Es spürt, dass die Eltern es brauchen, und muss zugleich versuchen, seinen eigenen Raum zu schützen. Manche Kinder versuchen, die Streitigkeiten zwischen ihren Eltern zu überbrücken und durch ihre Gegenwart Konflikte zu verhindern. Und die Eltern sind bisweilen sogar dankbar für das Sicherheitsnetz, das das Kind darstellt. Andere Kinder spüren den Abgrund zwischen den Eltern und versuchen ihn zu füllen, indem sie sich mit einem Elternteil verbünden und sich von dem anderen distanzieren. All das sollte man berücksichtigen, wenn man versucht, die Frage zu beantworten, warum ein Kind immer wieder im Bett der Eltern schläft.

Man hilft dem Kind nicht, wenn man es jede Nacht zu sich ins Bett lässt. Im Gegenteil, man hindert es daran, mit dem Alleinsein zurechtzukommen. Ein Kind, das ins Bett der Eltern geholt wird, weil es nachts Angst hat, kann keine Strategien entwickeln, mit seiner Angst umzugehen. Nacht um Nacht wird es nach seinen Eltern rufen, anstatt sich zum Beispiel unter der Bettdecke zu verkriechen, sich ein Lied vorzusingen oder eine Kassette anzuhören. Wenn ein Kind glaubt, unter dem Bett befänden sich Krokodile oder im Schrank versteckten sich Kobolde, werden Sie es in dieser Überzeugung bestärken, wenn Sie es zu sich in ihr eigenes Schlafzimmer holen – auch wenn Sie die Existenz von Krokodilen und Kobolden leugnen, deutet Ihr Verhalten an, dass es für das Kind sicherer ist, wenn es nicht in seinem Zimmer bleibt. Es hat nicht die Möglichkeit selbst herauszufinden, dass es keine wilden Tiere in seinem Zimmer gibt. Wesentlich sinnvoller ist es, wenn man dem Kind die Möglichkeit gibt, seine Angst besiegen zu lernen und so Selbstvertrauen und Kraft zu entwickeln. In dem Science-Fiction-Roman *Der Wüstenplanet* von Frank Herbert findet sich eine »Litanei gegen die Angst«, die ich sehr überzeugend finde:

Ich muss keine Angst haben. Angst tötet das Denken. Angst ist der kleine Tod, der die totale Vernichtung bringt. Ich werde meiner Angst begegnen. Ich werde sie über mich hinweg und durch mich hindurch gehen lassen. Und wenn sie vorübergegangen ist, werde ich mein inneres Auge auf ihren Weg richten. Wo die Angst entlang gegangen ist, wird nichts sein. Nur ich werde bleiben.

Ein derartig starkes Gefühl wie Angst kann man einem Kind auch nicht mit noch so guten Worten ausreden. Es muss sie erleben, um selbst die Erfahrung zu machen, dass man Angst nicht nur überleben, sondern auch überwinden kann.

Auch wenn die meisten Kinder ihre Angst vor dem Zubettgehen am nächsten Morgen schon wieder vergessen haben, empfiehlt es sich, mit ihnen tagsüber darüber zu reden und gemeinsam über Strategien nachzudenken, wie ihr begegnet werden kann. Auf diese Strategien kann das Kind abends, wenn es allein in seinem Bett liegt, zurückgreifen – beispielsweise ein Kuscheltier oder Kassetten mit Schlafliedern oder Geschichten. Vielleicht hilft es dem Kind auch, wenn es sich unter der Bettdecke versteckt oder man ein kleines Nachtlicht brennen lässt.

Ernährung

In nicht wenigen Familien mit Kleinkindern finden regelmäßig zu den Mahlzeiten erbitterte Kämpfe darum statt, was, wann und wie gegessen werden soll. Vor allem Mütter reagieren empfindlich darauf, wenn das Kind das von ihnen zubereitete Essen zurückweist, da sie sich dadurch häufig auch als Person abgelehnt fühlen. Manchmal ist die Situation des Essens derart emotionsgeladen, dass das Kind darauf mit Verweigerung reagiert. Es ist nicht das Essen, das es für unverdaulich hält, sondern vielmehr die Atmosphäre. Jeder kennt das Gefühl, einen Klumpen im Magen zu haben, wenn er unter Stress steht. Vor allem Kleinkinder, die noch nicht richtig sprechen können, reagieren äußerst sensibel auf das emotionale Klima ihrer Umgebung. Wenn ein Kind keine Hühnersuppe essen möchte, liegt das wahrscheinlich daran, dass es sie einfach nicht mag. Wenn dies von der Mutter jedoch als persönliche Ablehnung verstanden wird, wächst sich die Situation für das Kind zu einem Problem aus mit der möglichen Folge, irgendwann überhaupt nichts mehr hinunterzubekommen. Eine andere Reaktion des Kindes könnte darin bestehen, dass es nachgibt und in Zukunft keine Unterscheidung mehr trifft zwischen dem, was es mag, und dem, was es nicht mag.

Andererseits braucht ein Kind, das sich weigert, Neues zu probieren oder so tut, als ob alles, was man ihm vorsetzt, Gift sei, eine Mutter, die seinen Widerwillen übersetzt und damit handhabbar macht. Auch hier gilt, dass wir durch unsere Reaktionen dem Kind ein Bild von seiner Umwelt vermitteln. Eine Mutter, die ihrem Kind erlaubt, extrem mäkelig zu sein, bestärkt es in seiner Ansicht, dass man nur sehr wenige ausgesuchte Lebensmittel essen kann. Eine Mutter, die sich dem Wunsch ihres Kindes, immer das Gleiche zu essen, nicht widersetzt, lässt sich von ihm tyrannisieren. Sobald sie sich auf seine Wünsche einstellt, wird sie sich nur noch fragen, was es essen wird und was nicht. Sie wird unsicher, was das Kind wiederum misstrauisch hinsichtlich des auf den Tisch gebrachten Essens werden lässt. Darüber hinaus entwickelt sie unter Umständen Schuldgefühle, dass sie ihr Kind nicht gesund ernährt. Die Mahlzeiten werden damit für alle Beteiligten zu einer durch und durch unangenehmen Erfahrung.

Um das alles zu vermeiden, sollte die Mutter bestimmte Regeln aufstellen. Das Kind sollte zum Beispiel zumindest eine kleine Portion von allem, was auf den Tisch kommt, probieren. Eine andere Möglichkeit wäre, dass das Kind eine bestimmte Anzahl von Lebensmitteln auswählen darf, die es nicht mag, andere dafür aber essen muss. So ließe sich beispielsweise ein Kompromiss darüber erzielen, dass Spinat, Bohnen und Kohl nicht auf den Speiseplan kommen, dafür aber andere Gemüsesorten gegessen werden. Mit derartigen Regeln respektiert die Mutter, dass ihr Kind seinen eigenen Geschmack hat, macht zugleich aber auch deutlich, dass es noch viele andere Lebensmittel gibt, die zu probieren sich lohnt. Einmal mehr kommt es auch hier darauf an, dass die Mutter selbst davon überzeugt sein muss, dass das, was sie ihrem Kind gibt, tatsächlich gut ist. Vor dem Hintergrund dieser positiven Einstellung wird auch das Kind mit mehr Genuss essen.

Warten

Kleinkinder leben im Hier und Jetzt, ihr Sinn für Zeit ist extrem subjektiv. Auf etwas zu warten, fällt ihnen sehr schwer, sie möchten immer alles sofort. Ihre Ungeduld kann körperliche Ursachen haben. Wir alle wissen, wie quengelig, schlecht gelaunt und anstrengend ein Kind sein kann, das Hunger hat, und welch wundersame Verwandlung mit ihm vor sich geht, sobald es satt ist. Plötzlich ist es wieder die Freundlichkeit in Person. Ähnlich übellaunig und reizbar verhalten sich Kinder, die eine Krankheit »ausbrüten«. (Weil ich das immer wieder beobachtet habe, bin ich mittlerweile überzeugt, dass schlechtes Benehmen und Reizbarkeit bei einem Kind mit einiger Sicherheit eine physische Krankheit erwarten lassen, ja fast schon als Symptome zu werten sind!)

Die Erfahrung, dass Warten körperliche Schmerzen verursachen kann – wie beispielsweise Hunger –, ist für Kinder also durchaus real. Dennoch müssen sie lernen, dass es in Ordnung ist, wenn man auf die Befriedigung seiner Bedürfnisse wartet, dass man das Warten und die damit einhergehenden negativen Gefühle überlebt. Häufig reagieren Kinder derart ungeduldig, dass auch die Mutter glaubt, das Kind könne es keine Sekunde länger ertragen zu warten. Sie lassen dann alles stehen und liegen, um sich um ihr Kind zu kümmern. Eine Folge davon ist, dass andere Erwachsene das Gefühl haben, dass man sich mit besagter Mutter nicht einmal mehr in Ruhe unterhalten kann, weil sie sich ständig von ihrem Kind unterbrechen lässt. Erlebt das Kind dagegen immer wieder, dass es durchaus erträglich ist, über einen begrenzten Zeitraum hinweg auf etwas zu warten, wird es Vertrauen entwickeln, auch allein zurechtzukommen.

Mütter, die sich als grausam empfinden, wenn sie ihr Kind warten lassen, geben unter Umständen ihren eigenen kindlichen Anteilen nach. Empfindet man Warten selbst als unerträglich, wird man kaum in der Lage sein, seinem Kind ein positives Bild zu vermitteln. Der eigene Konflikt trägt also zu dem des Kindes bei. Auch hier gilt, dass man herausfinden sollte, wessen Gefühle dominieren.

Schuldgefühle sind eine weitere Ursache dafür, warum wir kindlicher Ungeduld nachgeben. Die meisten Mütter dürften schon einmal die Erfahrung gemacht haben, dass sie sich schuldig fühlen, weil sie ihr Kind ausgeschimpft haben, um dann am nächsten Tag festzustellen, dass es eine starke Erkältung ausgebrütet hat. Im Extremfall wird man sogar glauben, das Kind sei erst durch das Schimpfen krank geworden. Dahinter verbirgt sich das Gefühl, dass Neinsagen gefährlich ist. Doch wie wir gesehen haben, ist genau das Gegenteil der Fall. Ein Kind, das nicht warten kann, ist seinen intensiven Emotionen hilflos ausgeliefert und fühlt sich extrem unglücklich. Wenn man Grenzen zieht, hilft man ihm, diese Gefühle unter Kontrolle zu halten. Zieht man sie nicht, wird es sich von einer Wildheit erfüllt fühlen, die nie gezähmt wird, und unterliegt damit dem gleichen Dilemma wie die weiter oben beschriebenen Kinder, die sich allmächtig fühlen.

Destruktives Verhalten

Es ist wichtig, dass das Kind lernt, anderen nicht wehzutun. Sollte es doch jemanden verletzt oder etwas kaputt gemacht haben, sollte man ihm beibringen, dass es sich entschuldigen und den entstandenen Schaden wieder gutmachen muss. Kinder, denen man erlaubt, destruktiv zu sein, sind verunsichert: Sie sind bestürzt über das, was sie getan haben, und fürchten sich zugleich vor dem, was man ihnen im Gegenzug antun könnte. Paul, der gewalttätige kleine Junge, den ich schon mehrfach erwähnt habe, musste einmal geröntgt werden. Während das Aufnahme-gerät immer näher an ihn herangeschoben wurde, begann er plötzlich zu schreien: »Bitte, erschießt mich nicht!« In seiner wahnsinnigen Angst war er felsenfest davon überzeugt, dass die Stunde der Vergeltung nun gekommen sei. Kinder, die wiederholt Gegenstände kaputt machen und alles zerschlagen, was sie frustriert, entwickeln Schuldgefühle. Sie ver-zweifeln an dem Eindruck, dass alles Gute zerstört wird, dass die Welt ein einziger, irreparabler Scherbenhaufen ist. Es ist eine Erleichterung für sie, wenn sie von jemandem daran gehindert werden, andere zu ver-letzen, denn das bedeutet, dass dieser Jemand auch bereit ist, sie selbst zu beschützen. Wenn ein Kind von einer Welle der Wut überrollt wird, fühlt es sich hilflos. Seiner Wut Grenzen zu setzen, ist ein Signal der Fürsorge und ein Ausdruck der Bereitschaft, sich um des Kindes willen seinem Zorn entgegenzustellen.

Aus den Medien kennen wir Berichte über Kinder, die am Rand der Gesellschaft aufwachsen. In ihrem sozialen Umfeld gibt es nieman-den, der sich um sie kümmert oder dafür sorgt, dass sie nicht in Schwie-rigkeiten geraten. Diese Kinder müssen nicht lernen, mit Regeln zu le-ben. Es ist vollkommen gleichgültig, was sie tun oder lassen. Indem man ihrer Haltung des »Ist doch sowieso alles egal« nichts entgegenstellt, überlässt man sie einer ungewissen und düsteren Zukunft.

Umgangsformen

Eine der neuen Aufgaben, vor die sich Kinder zwischen zwei und fünf Jahren gestellt sehen, ist das Erlernen von Umgangsformen. Während man in dieser Hinsicht von Babys im Großen und Ganzen noch nicht viel erwartet, müssen Kleinkinder sich zu benehmen lernen. Betrachtet man es genau, hat auch das Baby schon einen Vorgeschmack davon be-kommen, was es heißt, nett zu anderen zu sein. Es wurde aufgefordert, zu lächeln, zum Abschied zu winken oder etwa nett zu sein, wenn jemand anderer als die Eltern es auf dem Arm hielt. Doch erst im Kleinkindalter wird ein Kind auch dafür ausgeschimpft, wenn es sich nicht benimmt.

Unsere Aufgabe ist es, dem Kind dabei zu helfen, sich anzupassen, ohne dabei sein Selbstbewusstsein zu zerstören. Es ist ein ständiger Balanceakt zwischen dem, was wir für angemessen halten, und dem, was wir vermitteln können. Es ist entscheidend, dass ein Kind lernt, sich in Gesellschaft anderer zu benehmen – und zwar aus dem einfachen Grund, da sonst niemand mit ihm zusammensein will.

Vielleicht halten wir die Kindheit für eine herrliche Zeit der Freiheit, die wir nicht beschneiden wollen. Vielleicht sehen wir aber auch in Kindern nichts anderes als kleine Erwachsene, die sich auch so benehmen sollen und daher entsprechend »dressiert« werden müssen. Unsere eigene Einstellung zu den Freiheiten der Kindheit und der Notwendigkeit, sich in die Gesellschaft einzugliedern, sind entscheidend dafür, mit welchem Nachdruck wir Verhaltensregeln vermitteln. Auch unser eigenes Bemühen, unsere Individualität zu bewahren und zugleich Teil der Gesellschaft zu sein, spielt dabei eine Rolle. Wir sollten die sich herausbildende Persönlichkeit unseres Kindes respektieren, während wir ihm gleichzeitig das Werkzeug an die Hand geben, um im Leben zurechtzukommen. Ein behutsames, aber konsequentes Vermitteln der entsprechenden Regeln ist im Allgemeinen erfolgversprechender als mit Strafen und Verboten zu arbeiten.

Als Eltern sollten wir Wert darauf legen, angemessen behandelt zu werden. Eine Mutter, die ihrem Kind erlaubt, sich ihr gegenüber frech und rücksichtslos zu benehmen, signalisiert damit, dass dies ein angemessenes Verhalten ist. Sie gibt damit jenen Anteilen des Kindes nach, die auf Beleidigung zielen, und behindert es damit in seiner Entwicklung. Darüber hinaus bietet sie ihm ein schlechtes Beispiel: Auch das Kind wird sich nicht durchsetzen können, wenn es von anderen schlecht behandelt wird. Mütter, die nur über ein mangelhaft ausgeprägtes Selbstbewusstsein verfügen oder sich hauptsächlich darüber definieren, immer zur Verfügung zu stehen, haben größere Schwierigkeiten, sich gegen ihr Kind durchzusetzen. Wir sollten uns jedoch immer wieder vor Augen führen, dass nicht nur unser Verhalten gegenüber dem Kind entscheidend ist, sondern auch, welches Verhalten des Kindes uns gegenüber wir zu tolerieren gewillt sind. Manieren und gesellschaftliche Konventionen sind nichts Oberflächliches, sondern zielen auf den Kern menschlicher Beziehungen. Erwachsen zu werden, hat bis zu einem gewissen Grad auch etwas damit zu tun, gezähmt zu werden. In einer rührenden Passage in dem Buch *Der Kleine Prinz* von Antoine de Saint-Exupéry verlangt der Fuchs, gezähmt zu werden. Der kleine Prinz möchte mit dem Fuchs, den er gerade kennen gelernt hat, spielen. Doch der Fuchs antwortet, dass er nicht spielen kann, weil er noch nicht gezähmt ist. Der kleine Prinz ist verwirrt, und so erklärt ihm der Fuchs, dass »zähmen« »sich vertraut machen« heißt. Er fährt fort:

... wenn du mich zähmst, wird mein Leben wie durchsonnt sein. Ich werde den Klang deines Schrittes kennen, der sich von allen andern unterscheidet. Die anderen Schritte jagen mich unter die Erde. Der deine wird mich wie Musik aus dem Bau locken. Und dann schau! Du siehst da drüben die Weizenfelder? Ich esse kein Brot. Für mich ist der Weizen zwecklos. Die Weizenfelder erinnern mich an nichts. Und das ist traurig. Aber du hast weizenblondes Haar. Eh, es wird wunderbar sein, wenn du mich einmal gezähmt hast! Das Gold der Weizenfelder wird mich an dich erinnern. Und ich werde das Rauschen des Windes im Getreide liebgewinnen...
ANTOINE DE SAINT-EXUPÉRY, *Der Kleine Prinz*. © 1950 und 1998 Karl Rauch Verlag Düsseldorf, S. 68–69

Eine Mutter, die ihrem Kind hilft, derartige Beziehungen aufzubauen, wird in seinen Augen immer etwas Besonderes sein.

Unser Platz in der Familie

Im Alter zwischen zwei und fünf Jahren erleben viele Kinder, dass sie noch ein kleines Geschwisterchen bekommen, und sehen sich plötzlich mit der Frage konfrontiert, welchen Platz sie nun innerhalb der Familie einnehmen.

Um die Aufmerksamkeit seiner Eltern teilen zu können, muss sich das Kind sicher fühlen. Es muss wissen, dass es geliebt wird. Es ist die Aufgabe der Eltern, die Verbindung zu ihrem Kind zu bestätigen, wenn es sich durch die Geburt eines Babys verunsichert fühlt.

Lassen Sie mich noch einmal zum kleinen Prinzen zurückkommen, der zu anderen Rosen über die Liebe zu seiner Rose spricht:

Ihr seid schön, aber ihr seid leer ... Man kann für euch nicht sterben. Gewiß, ein Irgendwer, der vorübergeht, könnte glauben, meine Rose ähnle euch. Aber in sich selbst ist sie wichtiger als ihr alle, da sie es ist, die ich begossen habe. Da sie es ist, die ich unter den Glassturz gestellt habe. Da sie es ist, die ich mit dem Wandschirm geschützt habe. Da sie es ist, deren Raupen ich getötet habe (außer den zwei oder drei um der Schmetterlinge willen). Da sie es ist, die ich klagen oder sich rühmen gehört habe oder auch manchmal schweigen. Da es meine Rose ist.
a. a. O., S. 72

Raum reservieren für Geschwister

Untersuchungen haben gezeigt, dass vor allem erstgeborene Kinder dieser Altersgruppe sensibel auf die Geburt eines weiteres Kindes reagieren. Nicht selten verhalten sie sich feindselig gegenüber dem Baby, sind eifersüchtig und besitzergreifend, häufig ist auch ein Rückfall in babyhaftes Verhalten zu beobachten: Sie verlangen wieder nach einem Schnuller, lutschen am Daumen, machen ins Bett. Auch hier ist es wichtig, dass dem Kind erlaubt wird, seinen Gefühlen Ausdruck zu geben. Ein weiterer entscheidender Punkt ist, das Kind spüren zu lassen, dass man es auch trotz seiner negativen Gefühle liebt. Das stärkt sein Vertrauen in seine Beziehung zu den Eltern und hilft ihm, seine oft widerstreitenden Gefühle zu akzeptieren. Vielen Kindern ist anfangs gar nicht klar, dass das neue Baby in ihrer Familie bleiben wird.

Ein Ehepaar, das ich betreute, während ihr Neugeborenes noch auf der Kinderintensivstation lag, war erstaunt darüber, wie gut die dreijährige Tochter Suzy offenbar mit der Tatsache zurechtkam, dass es nun ein Geschwisterchen hatte. Nie machte Suzy Theater, wenn sie ins Krankenhaus fuhren, und auch auf der Station benahm sie sich vorbildlich. Als ihre Mutter aus dem Krankenhaus entlassen wurde, freute sich Suzy jedes Mal, wenn sie mit ihr das Baby besuchen konnte, und beobachtete neugierig, wie ihre Mutter das Kind stillte und ihm die Windeln wechselte. Als das Baby schließlich nach Hause kam, war Suzy ebenfalls begeistert. Am Ende des ersten Tages allerdings fragte sie ihre Mutter, wann sie es wieder ins Krankenhaus bringen würden. Sie hatte ganz offensichtlich nicht damit gerechnet, dass es nun bei ihnen leben würde!

Geschichten wie diese, in denen das ältere Kind das Neugeborene wieder zurückgeben will, könnten viele Eltern erzählen. Und Nein zu sagen zu dem Wunsch, den Säugling wieder loszuwerden, mit aller Konsequenz deutlich zu machen, dass er jetzt zur Familie gehört, ist nicht leicht. Viele Mütter identifizieren sich mit ihrem älteren Kind – vielleicht, weil sie sich in ihrer Kindheit auf ähnliche Weise durch ein neues Baby verdrängt fühlten. Wenn sie selbst das jüngere Kind waren, haben sie vielleicht uneingestandene Schuldgefühle, dass sie damals die Aufmerksamkeit ihrer Mutter auf sich zogen. Nun überkompensieren sie diese Schuldgefühle, indem sie ihrem älteren Kind, stellvertretend für den älteren Bruder oder die ältere Schwester von damals, besondere Aufmerksamkeit schenken. Manche Mütter fühlen sich, ganz ähnlich wie ihr älteres Kind, von diesem neuen, anspruchsvollen und zeitraubenden kleinen Wesen überfordert. Es kann aber auch sein, dass man sich seinem Neugeborenen sehr nah fühlt, mit ihm geradezu eins wird und die Forderungen des älteren Kindes als störend empfindet. All diese Gedanken und Gefühle können das Verhalten der Mutter beeinflussen. Und wieder gilt es, das Kind zu beobachten, zu versuchen, seinen Standpunkt zu verstehen, ihm bei seinen Problemen zu helfen und sie nicht voreilig mit den eigenen gleichzusetzen. In dieser Situation ist es wichtig, dass man Unterstützung von außen – durch den Partner, die eigene Mutter, eine Freundin oder andere Menschen – erfährt. Denn es ist sehr schwer, mit all den widersprüchlichen Anforderungen allein fertig zu werden, ohne sich dabei nicht überfordert zu fühlen.

In dieser Situation Grenzen zu ziehen, bedeutet, dafür zu sorgen, dass jedem Familienmitglied ein fester Platz zukommt, dass alle Gefühle ausgesprochen werden können, ohne dass jedoch in jedem Falle nach ihnen gehandelt werden müsste. Destruktivität erweist sich gerade in diesen Phasen als wenig hilfreich. Indem man dem Kind dabei hilft, in seinem Leben Platz für andere zu schaffen, bereitet man es darauf vor, auch in anderen Zusammenhängen – wie zum Beispiel im Kindergarten oder in der Schule – teilen zu können.

Wenn ein Nein besonders schwer fällt

Unter einigen Umständen fällt das Neinsagen besonders schwer, zum Beispiel in Familien, die aufgrund von Fertilitätsproblemen lange auf ein Kind warten mussten, aber auch bei Adoptiv- und Pflegekindern oder bei Kindern mit einer Behinderung.

Zu einem Kind streng zu sein, nach dem man sich Jahre gesehnt hat, ist in der Tat nicht einfach. Während der Zeit des Wartens und der wiederholten Enttäuschungen machen sich manche Eltern ein Bild von ihrem Wunschkind, hinter dem dann unter Umständen das reale Kind verschwindet. Dieses Bild kann Eltern einerseits blind für die negativen Seiten ihres Kindes machen, sie aber andererseits auch überempfindlich darauf reagieren lassen. In jedem Fall ist die Wahrnehmung leicht verzerrt. Dabei ist es wichtig, dem Kind eine Erlebniswelt zu eröffnen, die so normal wie möglich ist. Denn das Kind hat schließlich nicht Jahre darauf gewartet, zu den Eltern zu kommen und ist auch nicht Teil der elterlichen Geschichte.

Wer Kinder adoptiert oder zur Pflege annimmt, übernimmt auch deren unbekannte Vergangenheit. Selbst wenn man einige Fakten über das Vorleben des Kindes kennt, bleiben Teile seiner Persönlichkeit ein

Geheimnis. Es hilft dem Kind, wenn es spürt, dass es in ein Zuhause kommt, in dem eindeutige Regeln herrschen. Sie bieten ihm Sicherheit und damit einen Ausgleich zu möglicherweise traumatischen Erfahrungen aus der Vergangenheit. Im Hinblick auf die in Ihrem Zuhause geltenden Regeln konsequent zu sein, verschafft dem Kind darüber hinaus ein Gefühl der Zugehörigkeit. Es wird spüren, dass es jetzt ein Teil *Ihrer* Familie ist.

Wenn Sie wissen, dass das Kind eine traumatische Vergangenheit hat, ist es wichtig, an der Überzeugung festzuhalten, dass die dadurch verursachten Verletzungen geheilt werden können. Das Kind erwartet zunächst, dass Sie es genauso behandeln wie jene Menschen, mit denen es in der Vergangenheit zu tun hatte. Misshandelte und vernachlässigte Kinder sind besonders schwierig. Sie zeigen noch extremere Verhaltensweisen als der kleine Jack, von dem ich zu Beginn dieses Kapitels sprach. Oder sie benehmen sich wie Paul und fordern Sie bis an Ihre Grenzen heraus. Vor allem Trennung ist in diesem Zusammenhang ein heikles Thema. Wenn ein Kind gelitten hat, möchten wir ihm instinktiv weiteren Schmerz ersparen. Doch so wichtig es für diese Kinder ist, dass man sich bedingungslos um sie kümmert, so entscheidend ist es, Liebe nicht mit Nachgiebigkeit zu verwechseln. Diese Kinder sind auf der verzweifelten Suche nach einem Erwachsenen, der bereit ist, sich ihrem Widerstand und ihrer Wut entgegenzustellen. In angemessenen Momenten Nein zu sagen, ist für sie außerordentlich hilfreich.

Eltern eines behinderten Kindes fällt es besonders schwer, Grenzen zu ziehen, weil sie sich selbst als grausam, zu anspruchsvoll oder zu streng erleben. Auch hier kommt es wieder darauf an, sein Kind zu beobachten, um herauszufinden, was es bewältigen kann. Wenn Sie es so behandeln, als sei es zu zerbrechlich, um ein Nein zu ertragen, verstärken Sie die behinderten Anteile seiner Persönlichkeit. Wenn Sie es dagegen herausfordern, vermitteln Sie ihm Hoffnung und die Überzeugung, dass es etwas erreichen kann. Selbstverständlich muss dem eine realistische Einschätzung zugrunde liegen, um das Kind nicht an zu hohen Ansprüchen verzweifeln zu lassen. Vor allem in den ersten Lebensjahren wird man nur durch einen tagtäglichen und fordernden Umgang miteinander herausfinden können, wozu das Kind fähig ist. Auf keinen Fall sollte man ein Kind vorschnell als »zu behindert« abstempeln, bevor man ihm nicht die Chance gegeben hat, sich zu erproben.

Der vierjährige Sam beobachtete seine Freunde, die auf einem Fuß zu hüpfen probierten. Dabei hopste er in seinem Stuhl auf und ab. Seine Mutter empfand es als sehr schmerzhaft, ihm dabei zusehen zu müssen, mit welcher Begeisterung er eine Bewegung verfolgte, zu der er selbst nicht in der Lage war. Er signalisierte, dass er aus dem Stuhl steigen und auch hüpfen wollte. Seine Mutter fühlte sich hin und her gerissen: Einerseits wollte sie ihn teilhaben lassen, andererseits sah sie bereits seinen Misserfolg voraus und hätte ihm am liebsten die Enttäuschung erspart, ihn durch irgendetwas anderes abgelenkt. Als seine Begeisterung anhielt, nahm sie ihn schließlich aus dem Stuhl heraus. Während sie ihn an den Händen hielt, gelang es ihm, mit gestreckten Beinen dazustehen und den linken Fuß in die Luft zu heben. Er war genauso begeistert über diese Leistung wie seine Mutter. Er war glücklich, dass er das Hüpfen ausprobiert hatte und fühlte sich für seine Mühe entsprechend belohnt.

Die Mutter war bereit, sich dem Kummer darüber zu stellen, dass sich ihr Sohn nicht so bewegen kann wie andere, und sie war bereit, ihn eine eigene Erfahrung machen zu lassen. Diese Erfahrung wiederum führte zu der Erkenntnis, dass Sam zwar nicht so geschickt ist wie seine Altersgenossen, dafür aber mehr Entschlossenheit und Durchhaltevermögen besitzt.

Angesichts der Furcht, dass die Entwicklung ihres behinderten Kindes zum Stillstand kommen könnte, ist es nur zu verständlich, wenn Eltern versuchen, so viel wie möglich in den ersten Lebensjahren ihres Kindes zu erreichen. Wir wissen, dass man in einem Kind Hoffnung und Energie wecken kann, wenn man Erwartungen stellt. Doch es ist auch wichtig, das Kind in seiner ganzen Persönlichkeit zu betrachten. Möglicherweise muss man auch dem Wunsch, die Behinderung um je-

Von zwei bis fünf 133

den Preis zu überwinden, eine Absage erteilen. Wenn man sich allein auf die Behinderung konzentriert, verliert man das Individuum als Ganzes aus den Augen. Sam hat eine Behinderung, aber er ist nicht nur ein behindertes Kind. Er ist auch Sam, ein Mensch mit einer ganz eigenen Persönlichkeit. Wir haben gesehen, dass Kinder sich ein Bild von sich selbst machen, indem sie sich in unseren Augen spiegeln. Dies ist von um so größerer Bedeutung im Umgang mit behinderten Kindern. Kummer, Schmerz und Trauer darüber, dass wir das Kind verloren haben, von dem wir geträumt haben, sind nicht auszulöschen. Und dennoch ist es unsere Aufgabe, Raum zu schaffen für das Kind, so wie es ist, es als komplexe Persönlichkeit zu sehen und nicht nur seine Behinderung. Das wird es einfacher machen, die in diesem Kapitel angesprochenen Grundsätze zu Regeln und Grenzen anzuwenden und auch dem behinderten Kind ein normales Leben zu ermöglichen.

Hilfe und Unterstützung

Wie wir gesehen haben, können Kleinkinder außerordentlich leidenschaftlich sein. Sowohl in ihrem Verhalten als auch in ihrer Wahrnehmung neigen sie zu Extremen. Damit ganz allein zurechtzukommen, ist nicht einfach. Daher braucht die für die Erziehung hauptverantwortliche Person Unterstützung, jemanden, der eine Außenperspektive einbringt und damit der Beziehung zum Kind die Spannung nimmt. Sich einem Wirbelsturm allein entgegenzustellen, ist schwer. Kleinkinder können einen leicht dazu bringen, dass man sich genauso impulsiv verhält wie sie. In solchen Situationen ist es hilfreich, wenn man jemanden zur Seite hat, der auf der erwachsenen Ebene bleibt.

In diesem Alter wird sich das Kind allmählich auch seiner Stellung innerhalb der Familienhierarchie bewusst. Zu wissen, dass es kein Partner seiner Eltern, sondern deren Kind ist, stellt eine Entlastung dar, auch wenn es sich darüber beschwert. Die Stärke der Erwachsenen gibt ihm eine sichere Ausgangsbasis. Es muss sich bei diesen Erwachsenen nicht zwangsläufig um die leiblichen Eltern handeln, auch wenn das der

Regelfall sein dürfte. Es kann sich dabei auch einfach nur um zwei Menschen handeln, die sich um das Kind kümmern und für es sorgen. In bestimmten Konstellationen könnte der eine der Partner sogar eine Person sein, die dafür bezahlt wird, dass sie das Kind beaufsichtigt. Indem das Kind Teil einer Dreiecksbeziehung wird und die intime Paarbeziehung Mutter-Baby hinter sich lässt, wendet es sich erstmals nach außen und an andere. Es lernt, Beziehungen zu anderen Menschen als der Mutter einzugehen, und wird mit Beziehungen und Situationen konfrontiert, in denen es nicht im Mittelpunkt steht. All dies sind kleine aber wesentliche Bestandteile einer gesunden Entwicklung.

Zusammenfassung

Charakteristisch für die Entwicklung der Zwei- bis Fünfjährigen ist die Tatsache, dass die Umwelt als märchenhaft und magisch erlebt wird. Phantasie und Wirklichkeit werden noch nicht eindeutig voneinander getrennt. Die Welt des Kindes ist ein Mikrokosmos, der sich aus der Familie und kleineren Gruppen von Außenstehenden zusammensetzt. Zu den Hauptthemen, die in dieser Phase Kind und Eltern beschäftigen, gehören der Umgang mit starken Emotionen, die Anpassung an Verhaltensnormen und die Entwicklung von Selbständigkeit. Die Eltern sind noch die wichtigsten Bezugspersonen, die auch zwischen Kind und Außenwelt vermitteln. Die Nähe der Eltern zum Kind ermöglicht ihnen ein größtmögliches Verständnis, bedingt aber manchmal auch eine Vermischung der Wahrnehmungen von Eltern und Kind. Deshalb ist es wichtig, Verhalten und Äußerungen des Kindes zu beobachten, anstatt davon auszugehen, dass es genauso denkt und fühlt wie man selbst. Von den Eltern aufgestellte Regeln und Verbote erzeugen eine Struktur, innerhalb derer das Kind mit Gefühlen umzugehen lernt, seinen Platz in der Familie findet und eigene Ressourcen entdeckt und ausbildet.

Einige dieser Entwicklungen können sowohl für die Eltern wie auch für das Kind schmerzhaft sein, aber es lohnt die Mühe, sich auf sie einzulassen. Je älter das Kind wird, desto stärker wird es nach draußen »in die Welt« drängen und desto häufiger wird es auf sich selbst gestellt sein. Was ihm in diesen Phasen zugute kommen wird, ist nicht die ständige Gegenwart der Eltern, sondern die Fähigkeit, Erfahrungen zu verarbeiten und Erkenntnisse für sich zu bewahren.

Ich zitiere ein letztes Mal aus dem Kleinen Prinzen:

So machte denn der kleine Prinz den Fuchs mit sich vertraut. Und als die Stunde des Abschieds nahe war:

»Ach!« sagte der Fuchs, »ich werde weinen.«

»Das ist deine Schuld«, sagte der kleine Prinz, »ich wünschte dir nichts Übles, aber du hast gewollt, dass ich dich zähme...«

»Gewiss«, sagte der Fuchs.

»Aber nun wirst du weinen!« sagte der kleine Prinz.

»Bestimmt«, sagte der Fuchs.

»So hast du also nichts gewonnen!«

»Ich habe«, sagte der Fuchs, »die Farbe des Weizens gewonnen.«

a. a. O., S. 71

Grundschuljahre

Gut. Dies ist also euer erster Schultag ... Fräulein Knüppelkuh ist eure Rektorin ... Ich möchte euch zu eurem eigenen Nutzen etwas zu Fräulein Knüppelkuh sagen. Sie besteht darauf, dass an der ganzen Schule strengste Disziplin herrscht, und wenn ich euch einen Rat geben darf, so wäre es nur zu eurem Besten, wenn ihr euch in ihrer Gegenwart mustergültig benehmt. Kein Trotz. Niemals widersprechen. Immer parieren. Wenn ihr Fräulein Knüppelkuh gegen euch aufbringt, dann kann sie euch wie eine Mohrrübe durchs Schnitzelwerk treiben.

ROALD DAHL, *Matilda*. Deutsch von Sybil Gräfin Schönfeldt, Copyright © 1989 by Rowohlt Verlag GmbH, Reinbeck, S. 52–53

Eine ganz neue Welt

Im Alter von etwa fünf bis sieben Jahren erlebt jedes Kind den Wechsel von der Familie in die Schule. Manche Kinder haben vorher schon einen Kindergarten oder eine Spielgruppe besucht oder wurden gemeinsam mit anderen Kindern von einer Tagesmutter betreut, andere haben ihre Zeit zu Hause in der Familie verbracht. Welche Erfahrungen auch immer sie bis dahin gemacht haben, die Schule markiert in jedem Fall einen Neubeginn. Eine ganze Reihe von neuen Fähigkeiten werden ihnen abverlangt, und sie haben sich Regeln anzupassen, die sich an der Mehrheit orientieren, individuelle Bedürfnisse müssen zurückgesteckt werden. Jetzt geht es nicht mehr um das Erlernen sozialer Fertigkeiten, sondern auch um die Aneignung von Bildung. In dieser Phase müssen Kinder mit einer ungeheuren Menge von neuen Anforderungen fertig werden. Ihr Umgang mit Regeln, Vorschriften und Verhaltensmaßregeln wird nun besonders wichtig. Wie sie auf ein Nein reagieren, hat entscheidenden Einfluss auf ihre Fähigkeit, sich einzugliedern, neue Freunde kennen zu lernen und dem Unterricht zu folgen.

Eine der größten Sorgen, die Eltern bewegt, wenn ihr Kind in die Schule kommt, gilt der Frage, wie es mit der Lehrerin, den Mitschülern und den schulischen Anforderungen zurechtkommen wird. Die mit jeder Trennung verbundenen Schwierigkeiten, über die wir im zweiten

Grundschuljahre 139

Kapitel sprachen, tauchen hier wieder auf. Das Kind ist möglicherweise verschreckt angesichts der Vorstellung, dass es von nun an halbe Tage von zu Hause fort sein soll und fühlt sich verloren in einer Masse von anderen Kindern. Es muss ohne die Sicherheit eines Vaters oder einer Mutter zurechtkommen, die bei der Aufnahme von Kontakten zu anderen vermittelnd eingreifen könnten. Es macht sich Gedanken über die Beziehung zur Lehrerin. Ist sie wie die Eltern oder eher wie eine Tante, eine Polizistin, eine Helferin? Es fühlt sich erwachsen, weil es jetzt in eine »richtige« Schule geht, und zugleich klein und unsicher angesichts der an ihn gestellten Erwartungen.

Fast alle Kinder fiebern ihrer Einschulung mit Spannung entgegen. Wie wir bereits beim Säugling gesehen haben, stellt jede Entwöhnung nicht nur einen Verlust dar, sondern immer auch eine Öffnung hin zu etwas Neuem. Den meisten Kindern fällt der Übergang in die Schule leicht, sie schlüpfen sogar mit Begeisterung in ihre neue Rolle als Schüler. Sie lieben die mit ihrem neuen Status verbundenen Symbole wie Mäppchen, Pausenbrot, Merkheft für Hausaufgaben und Schulhefte. Mein Neffe bestand in der ersten Woche sogar darauf, jeden Abend seinen Ranzen mit ins Bett zu nehmen!

Die Sorgen der Eltern sind nicht nur auf die Situation des Kindes bezogen, sondern gründen sich auch auf eigene Erinnerungen an die Schulzeit oder die durch die bevorstehende Trennung ausgelösten Emotionen. Schließlich müssen die Eltern ihr Kind nun anderen Personen anvertrauen, die zu einem nicht unerheblichen Teil an der Herausbildung seiner Persönlichkeit mitwirken werden.

Als meine jüngste Tochter in die Schule kam, organisierten einige Mütter aus unserer Nachbarschaft am Tag vor der Einschulung ein Treffen, bei dem sich die Kinder kennen lernen sollten, um an ihrem ersten Schultag zumindest ein paar vertraute Gesichter um sich zu haben. Außerdem schien es uns Müttern sinnvoll, uns ein wenig miteinander vertraut zu machen. Der Gedanke, der hinter diesem Treffen stand, war klar: Wir sahen den Schulbeginn unserer Kinder als potenzielles Problem und wollten uns selbst auf diese Weise die Unsicherheit

140   Eltern müssen NEIN sagen

nehmen. Wie nicht anderes zu erwarten, drehte sich das Gespräch unter den Erwachsenen bald um die eigene Einschulung und die älteren Kinder. Ich war erstaunt, wie schnell wir auf schmerzhafte Trennungen zu sprechen kamen, bis wir schließlich über Krankenhausaufenthalte und ähnliche, in unserer Erinnerung furchtbare Ereignisse redeten. Während die Kinder Freude daran hatten, neue Menschen kennen zu lernen und deren Gesellschaft zu genießen, schienen wir Erwachsenen ausschließlich mit beunruhigenden und erschreckenden Gedanken beschäftigt zu sein. Als wir dies im Laufe des Gesprächs merkten, wurde uns bewusst, wie schwer es uns fiel, unsere Kleinen loszulassen und uns keine Sorgen ihretwegen zu machen. Dass uns in diesem Zusammenhang nur extreme Trennungserfahrungen einfielen, fanden wir erschreckend.

Das Treffen war noch in einer anderen Hinsicht aufschlussreich. Eine der anwesenden Frauen erzählte, dass sie gerne ihren Vornamen von Glynis in Gina ändern würde. Sie hatte den Namen Glynis nie gemocht und meinte, unser Kennenlernen sei eine gute Gelegenheit, um sich einen neuen Namen zu geben. Damit machte sie deutlich, dass jede Veränderung auch neue Chancen in sich birgt. Im Zusammentreffen mit Fremden haben wir die Möglichkeit zum Neuanfang, unbelastet durch irgendein Vorwissen, das man über uns hat. Wenn Kinder eingeschult werden, sind sie für ihre Mitschüler und Lehrer sozusagen »geschichtslos«. Das Bild, das sich andere von ihnen machen, wird nicht durch ihre Vergangenheit, sondern einzig durch ihr Auftreten geprägt. Ein Kind beispielsweise, das ein schwieriges Verhältnis zu seinen Eltern oder Geschwistern hat, kann in der Schule ein positives Image aufbauen. Der unartige Robert, der immer den Clown spielt, entdeckt vielleicht, dass er auch sehr ernsthaft sein kann. Und die stille Gemma stellt möglicherweise fest, dass ihr das Zusammensein mit anderen Kindern großen Spaß macht, und tobt auf einmal ausgelassen auf dem Schulhof. Unser Treffen hatte also genau jene Mischung aus Furcht und Eröffnung von Möglichkeiten zum Vorschein gebracht, die mit jedem Neuanfang verbunden ist.

Diese durchaus widerstreitenden Gefühle sind prägend für das Bild, das wir unseren Kindern von Schule vermitteln. Und sie beeinflussen die Art und Weise, wie wir das Kind im neuen Kontext Schule wahrnehmen.

Regeln in der Schule und zu Hause

Bis zur Einschulung hat sich das Kind in einem relativ kleinen Kreis von Menschen bewegt, die ihm vertraut sind und an deren Verhalten es gewöhnt ist. Es hat gelernt, mit bestimmten Erwartungen und Aufgaben umzugehen. Vielleicht kann es sogar schon ein wenig lesen und rechnen. Wie man in kleinen Gruppen außerhalb der Familie zurechtkommt, dürfte es inzwischen ebenfalls gelernt haben. Mit der Einschulung steigen nun auf einmal die Anforderungen rapide. Obwohl in den meisten Schulen das erste Schuljahr noch ganz unter dem Vorzeichen der Eingewöhnung steht, ist die Umstellung für die meisten Kinder doch sehr drastisch. Auf dem Schulhof spielen sich oft Dramen ab: Nachdem die Kinder im Unterricht still sitzen mussten, lassen sie nun Dampf ab. Ein Gefühl großer Einsamkeit überkommt ein Kind, das sich von den anderen ausgeschlossen fühlt, manche Kinder sehen sich außerstande, ihre Schüchternheit zu überwinden. Während es für Jane die natürlichste Sache der Welt ist, sich zu den Kindern zu gesellen, die »Fangen« spielen, wartet Peter darauf, dass man ihn zum Mitspielen auffordert. Möglicherweise bleibt er dadurch die ganze Pause über abseits stehen, während die anderen Kinder nicht einmal merken, dass er allein ist. Im Kindergarten oder der Spielgruppe waren immer noch Erwachsene da, die Peter integriert hätten. In der Schule haben es Einzelgänger schwerer, hier zählen eher Gruppen.

Das Kind muss lernen, selbstbewusster zu sein und sich gleichzeitig zu beherrschen. Im Kindergarten finden meistens mehrere Aktivitäten zur selben Zeit statt, so dass es relativ laut zugeht. Die Kinder haben weitgehende Bewegungsfreiheit. Sie können sich entscheiden, ob sie malen, mit Lego spielen oder etwas vorgelesen bekommen wollen. Während sie spielen, singen sie vor sich hin oder wippen auf ihren Stühlen. In der Schule müssen sie still sitzen, leise sein, zuhören und sich konzentrieren. Das ist recht viel verlangt. Nur zu leicht vergisst man als Erwachsener, welche Kraft es die Kinder kostet, sich dieser neuen Situation anzupassen.

Regeln spielen in der Schule eine große Rolle. Einige von ihnen werden explizit ausgesprochen wie die, dass man auf den Fluren nicht herumrennen darf. Andere gelten implizit und sind daher für das Kind schwerer zu verstehen. So mag es ihm zwar erlaubt sein, mit seinem Nachbarn zu sprechen, aber ruft es quer durch die Klasse, wird es zurechtgewiesen. Wenn das Kind bisher zum Malen oder Basteln einfach die Stifte oder Scheren benutzt hat, die ihm gerade zur Hand waren, so hat es nun seine eigenen Schreibutensilien, die es in Ordnung halten und jeden Tag mit in die Schule bringen muss. Und schließlich sollte es ein bestimmtes Maß an Selbstdisziplin lernen, da es – anders als das Kleinkind – nicht mehr ständig gesagt bekommt, was es tun oder lassen soll. Ein Kind, das in die Schule geht, muss gewisse Grenzen verinnerlicht und für sich selbst akzeptiert haben.

In der Schule geht es in erster Linie ums Lernen. Das Kind soll die Aufmerksamkeit auf klar umrissene Aufgaben konzentrieren. Wie es damit zurechtkommt, hängt wesentlich von seiner Sozialisation ab. Die Entwicklungspsychologin Eva Holmes schreibt vor dem Hintergrund ihrer Arbeit mit Kindern, die aufgrund zerrütteter Familienverhältnisse in Heimen leben:

Es kann davon ausgegangen werden, dass Grundschulkinder, die in einer Familie aufgewachsen sind, annehmen, ihre Lehrerin, »meine Lehrerin«, äußere ein persönliches Interesse an ihnen, selbst wenn sie die gesamte Klasse anspricht; die Anwesenheit anderer Kinder scheint für sie irrelevant zu sein. Dagegen gehen Kinder, die überwiegend in Gruppen aufgewachsen sind, vom Gegenteil aus; was die Erwachsenen sagen, ist für sie nicht persönlich relevant und kann ignoriert werden.

Um ein Kind dazu zu bringen, innerhalb einer Gruppe zu lernen, muss ihm das Gefühl vermittelt werden, es stehe auch in einer engen Beziehung zum Lehrer. Es muss den Eindruck gewinnen, dass es dem Lehrer – so wie zu Hause den Eltern – wichtig ist. Grundschullehrer, die Schulanfänger unterrichten, berichten von dem Dilemma, in dem sie sich immer wieder befinden, wenn mindestens zehn Kinder vor ihnen sitzen, die alle gleichzeitig eine Geschichte erzählen oder eine Antwort geben wollen. Jedem Aufmerksamkeit zu schenken, auch wenn er nicht zu Wort kommen kann, und auch auf die zu achten, die sich nicht melden, ist schier unmöglich. Ein Kind, das sich meldet und nicht aufgerufen wird, fühlt sich schnell übersehen. Nachdem es zu Hause das ein und alles der Eltern war, kommt es sich nun unsichtbar vor. Das kann zu inneren Konflikten führen, zu dem Gefühl, wieder Kleinkind und gleichzeitig reifer und erwachsener sein zu wollen.

Behandle mich nicht immer wie ein Baby

Von der frühen Kindheit bis hinein in die ersten Schuljahre spielt das Erlernen von Regeln eine bedeutende Rolle im Leben des Kindes. Es spürt zugleich die Notwendigkeit wie die Abneigung, sie zu befolgen. Sobald Kinder eingeschult sind, beginnen sie auch zu Hause ständig zu fragen, ob sie dieses oder jenes tun dürfen. Es irritiert Eltern, wenn ihr Kind zu Hause fragt: »Kann ich auf Toilette gehen?« Die Kleinen tun, als ob sie selbst für banale und alltägliche Dinge erst um Erlaubnis fragen müssten. Dahinter steckt nicht nur das Bedürfnis nach Struktur, sondern auch der Versuch, die beiden Bereiche Schule und Zuhause in Einklang zu bringen, die Grenzen dessen auszuloten, was wo erlaubt ist. Dabei kommt es auch schon einmal vor, dass die Mutter mit dem Namen der Lehrerin angesprochen wird und umgekehrt.

In den Schulstunden müssen Kinder auf die Lehrerin hören; sie müssen sich anpassen, mehr Regeln als zu Hause befolgen und sich in die Klasse eingliedern. Gelingt ihnen das, kommen sie mit einem Gefühl der Unabhängigkeit und des berechtigten Stolzes nach Hause, das anerkannt werden sollte. Behandelt man sie dagegen weiterhin wie ein »kleines Kind«, müssen sie den Eindruck erhalten, ihr noch unsicheres »Erwachsenwerden« würde heruntergespielt. Also lehnen sie sich dagegen auf. Der Satz »Behandle mich nicht immer wie ein Baby« fällt in den ersten Schuljahren immer wieder. Das Schulkind will die Babyjahre hinter sich lassen, es will zu den »Großen« gehören. In seinen Augen ist »ein Baby sein« gleichbedeutend mit albern, schmutzig und ungezogen. Erwachsene verstärken diese Haltung noch, wenn sie ein Kind mit Sätzen wie »Du benimmst dich wie ein großes Baby« kritisieren. In bestimmten Situation wird sich das Kind immer noch hilflos wie ein Baby vorkommen – dann auch so behandelt zu werden, stellt sein Bemühen, selbstständig zu sein, fundamental in Frage. Daher müssen sich Eltern an diesem Punkt zurückhalten, sie müssen Nein sagen zu der gewohnten Vorstellung von »unserem Kleinen« und stattdessen die Entwicklung des Kindes anerkennen.

Ein Kind, das Schwierigkeiten in der Schule hat, beginnt möglicherweise zu Hause gegen Regeln zu rebellieren, weil es den Eindruck hat, dies dort gefahrlos tun zu können. Ein anderes Kind war vielleicht den ganzen Tag über in der Schule sehr »brav« und führt sich, kaum ist es zu Hause, schreiend und tobend wie ein Dreijähriges auf. Wieder andere Kinder wollen, dass man sie zu Hause wie ein Baby behandelt – sie fallen in längst überwundene Muster zurück und wollen »bemuttert« werden, indem sie darum bitten, dass man ihnen zum Beispiel das Essen auf dem Teller klein schneidet.

Ist das ein und dasselbe Kind?

Die meisten Kinder verhalten sich in der Schule vollkommen anders als zu Hause. Wenn die Eltern dann zum Beispiel mit der Lehrerin sprechen, kommt es ihnen so vor, als würde nicht über ihr Kind geredet.

Peter war fünf Jahre alt und gerade eingeschult worden. Wenn seine Mutter ihn von der Schule abholte, machte er jedes Mal einen schlechtgelaunten, reizbaren Eindruck. Auf dem Nachhauseweg verlangte er regelmäßig etwas zu essen und zu trinken, als ob er es nicht einmal die zehn Minuten bis nach Hause aushalten könnte. Er jammerte, weinte, quengelte und klammerte sich an den Arm der Mutter. Seine Mutter, die sich den ganzen Vormittag auf ihn gefreut hatte, verlor bald die Geduld und machte sich Sorgen über sein Verhalten. Warum benimmt er sich wie ein verwöhntes Hätschelkind? Warum kann er nicht diese paar Minuten warten? Wie um alles in der Welt kommt er nur die ganzen Stunden in der Schule zurecht? Benimmt er sich gegenüber seinen Lehrern etwa auch so? Sie ging dazu über, ihm etwas zu trinken und zu essen mitzunehmen, wenn sie ihn abholte. Das schien ihn für eine Weile zu beschwichtigen, doch schon bald brachten ihn andere Dinge aus der Fassung. Er wurde ungeduldig, wenn sie nicht gleich verstand, was er meinte, oder sich zu wenig für das interessierte, was er aus der Schule erzählte. Er war extrem mürrisch und müde, während seine Mutter den Eindruck hatte, dass sie ihm nichts recht machen konnte. Seine Laune wurde auch nicht besser, wenn sie nach Hause kamen: Peter hatte Wutanfälle, warf sich aufs Sofa, wenn man ihm widersprach, schlug und trat um sich und versuchte sogar ein paar Mal, seine Mutter zu beißen. Extrem besorgt suchte sie um einen Gesprächstermin bei der Lehrerin nach.

Sie erfuhr, dass Peter in der Schule keinerlei Schwierigkeiten machte. Im Gegenteil, er war fleißig und konzentriert bei der Sache und fand in den Pausen Anschluss an andere Kinder. Abgesehen davon, dass er recht schnell müde wurde, konnte die Lehrerin nicht über ihn klagen.

Im Gespräch mit mir wurde deutlich, dass Peters Mutter kaum glauben konnte, wie verschieden sich ihr Sohn zu Hause und in der Schule benahm. Der Peter, der ihr zu Hause begegnete, schien so gar nicht wie ihr Sohn zu sein. So wie sich Peter in der Schule verhielt, kannte sie ihn. Sie hatte das Gefühl, als ob sie *ihren* Peter verloren hatte, jenen kleinen Jungen, mit dem sie so viel Zeit verbracht hatte, mit dem sie gespielt und gemalt hatte, mit dem sie in den Park und zu Freunden gegangen war. Manchmal fragte sie ihn sogar: »Wo ist nur mein Peter geblieben?«

Um zu verstehen, was zwischen Mutter und Sohn geschah, versuchten wir uns vorzustellen, wie Peter diese Veränderung erlebte. So wie sie ihn und die Nähe zu ihm vermisste, musste auch Peter sich einigermaßen verloren fühlen. Die Mama, die immer da gewesen war, wenn er sich weh getan oder jemand ihn traurig gemacht hatte oder wenn er eine Frage stellen wollte, war in der Schule nicht da. Gleichzeitig machte ihm die Schule Spaß, dort lernte er neue Freunde kennen und hatte Kontakt zu Gleichaltrigen. Es schien, als ob er sich in den Stunden, die er in der Schule verbrachte, zusammenreißen konnte, teils, weil er sich dort wohl fühlte, teils, weil er den Ehrgeiz hatte, gut zu sein. Hinzu kam, dass ihm sein Zuhause einen sicheren Rückhalt gab, so dass er offen auf seine Lehrer zugehen konnte. Doch nach einem langen Tag in der Schule war er müde und verletzlich. Außerdem erinnerte ihn das Wiedersehen mit seiner Mutter jedes Mal daran, dass er sie vermisste, wofür er unbewusst ihr die Schuld gab. Wie konnte sie von ihm verlangen, dass er stundenlang ohne sie auskam? Diese Empfindungen überwältigten ihn jedes Mal wieder, wenn er sie sah. Man könnte sagen, dass die unabhängigen Anteile des Fünfjährigen dafür verantwortlich waren, dass er in der Schule gut zurechtkam, und die abhängigen, kindlichen (babyhaften) Anteile die Oberhand gewannen, wenn er nach Hause kam. Diese Aufspaltung ist nicht ungewöhnlich in den ersten Schuljahren und tritt häufig auch in späteren Jahren in Stresssituationen oder Zeiten des Übergangs immer wieder auf.

Was konnte getan werden, um Peter und seiner Mutter zu helfen? Zunächst galt es herauszufinden, wie Peter in der Schule zurechtkam. Eltern, deren Kind sich ihnen gegenüber ruppig und unhöflich benimmt, übersehen leicht, dass sich das Kind möglicherweise in einer Zwangslage befindet. Wir stellten fest, dass Peter in der Schule eigentlich recht glücklich war. Die Sorge seiner Mutter, dass er sich im Unterricht genauso verhielt wie zu Hause, war grundlos. Das war zwar eine Erleichterung, intensivierte aber gleichzeitig ihr Verlustgefühl. Sie war ein wenig eifersüchtig auf die Lehrerin, über die Peter nur in den höchsten Tönen sprach und die er offenbar sehr mochte. Das Bild der »guten

Grundschuljahre 147

Versorgerin«, das seine Mutter von sich selbst hatte, wurde untergraben. Sie fühlte sich ersetzt und das erschwerte es ihr, mit der Situation umzugehen. Dann sprachen wir darüber, unter welchen Bedingungen Kinder gut in der Schule und mit ihren Lehrern zurechtkommen. Peters Biografie und die Art und Weise, wie seine Mutter mit ihm umging, ließen deutlich erkennen, dass ihm sein Zuhause Sicherheit und damit eine gute Ausgangsbasis bot. Ich betonte, dass er daraus die Zuversicht und das Vertrauen bezog, das er in der Schule gegenüber anderen zeigte. Die gute Beziehung, die seine Mutter zu ihm hatte, war Voraussetzung dafür, dass er auch mit der Lehrerin gut zurechtkam. Die Erkenntnis, dass sie ihm die Mittel an die Hand gegeben hatte, um auch ohne sie zurechtzukommen, tat ihr gut. Jetzt musste sie sich nicht mehr zurückgestoßen fühlen, sondern sah, dass sie ihrem Sohn in seiner Entwicklung half. Als wir darüber sprachen, dass sie beide das Gefühl hatten, den jeweils anderen verloren zu haben, trug auch dies zu ihrem positiveren Bild von sich selbst bei: Sie wurde von ihrem Sohn geliebt und vermisst. Und damit wurde es ihr möglich, sich mehr für Peters Gefühle von Verletztheit und Enttäuschung zu öffnen. Ihrer beider Alltag hatte sich verändert und ihre Beziehung musste dieser Veränderung Rechnung tragen.

Nachdem wir gemeinsam die Gefühle entwirrt und Erklärungen gefunden hatten, verbesserte sich die Situation. Peter kam zwar immer noch mürrisch aus der Schule, doch seine Mutter war nun darauf vorbereitet und begegnete seiner Müdigkeit und seinem Hunger, indem sie ganz einfach für ihn da war. Sie fühlte sich nicht mehr in Frage gestellt, und er bezog Kraft aus ihrer Geduld. Mit der Zeit strengte ihn die Schule weniger an, vielleicht kostete es ihn nicht mehr so viel Mühe, sich zusammenzureißen, und er wirkte etwas entspannter.

Das Beispiel zeigt, dass Sorgen, Trennungen und das Gefühl des Abgewiesenwerdens uns so verletzen können, dass wir den anderen aus dem Blick verlieren. Wir geraten in einen Teufelskreis aus Enttäuschung und Kritik und entfernen uns paradoxerweise immer weiter voneinander, während wir zugleich die verlorene Nähe betrauern.

Wir sagen Nein und setzen dadurch Grenzen, um Wachstum und Entwicklung unseres Kindes zu fördern. Folglich müssen wir auch in der Lage sein, uns Veränderungen zu stellen. Doch nicht immer nimmt eine Entwicklung den von uns erhofften Verlauf. Dann ist es unsere Aufgabe, uns selbst Grenzen zu setzen und uns zurückzuhalten, um dem Kind nicht unsere Vorstellungen aufzuzwängen. Wir müssen dem Kind zugestehen, dass es seinen eigenen Weg findet, um mit neuen Erfahrungen fertig zu werden.

Die scheinbar unvereinbaren Seiten eines Kindes zu akzeptieren, kann sehr anstrengend sein. Es ist schwierig, den Sechsjährigen, der zuweilen so ruhig und erwachsen ist, mit dem fordernden Baby in Einklang zu bringen, das er manchmal zu sein scheint.

Clare, die gerade fünf geworden ist, war mit ihren Eltern und älteren Geschwistern in Italien im Urlaub. Sie besuchten Museen, aßen in Restaurants und waren viel unterwegs. Die Eltern waren beeindruckt, wie gut Clare alles mitmachte. Das einzige Problem war, dass Clare alle mit ihrer neuen Mickey-Mouse-Figur aufregte, für die die ganze Familie zu sorgen hatte. Sie mussten für Mickey einen Platz im Café finden, dafür sorgen, dass er sich wohl fühlte, oder ihm übersetzen, was in der fremden Sprache gesagt wurde. Clare geriet in Panik, als Mickeys Decke verschwunden war. Die ganze Familie wurde allmählich immer ärgerlicher über Clares ständige Wünsche für Mickey und hätte am liebsten geschrien: »Hör endlich auf, das ist doch nur ein Spielzeug!« Erst als ihnen klar wurde, dass Clares Sorge um Mickeys Wohlergehen ein Zeichen ihrer eigenen Unsicherheit war – weit weg von zu Hause, ihrem eigenen Bett, ihrem gewohnten Tagesablauf – fühlten sie sich weniger genervt. Sie hatten Mitgefühl mit Clare, die ihr Gefühl der Entwurzelung nicht direkt zur Sprache gebracht hatte. Sobald ihnen bewusst war, dass sie sich eigentlich um Clare kümmerten, wenn sie für Mickey sorgten, kamen alle wesentlich besser mit der Situation zurecht.

Während der Grundschuljahre schwanken Kinder ständig zwischen Selbständigkeit und Abhängigkeit. Mal sind sie ganz verständig, dann wieder bekommen sie einen Wutanfall, mal fühlen sie sich sicher, dann wieder extrem unsicher. Für die Eltern ist es nicht leicht abzuwägen, wann sie ihr Kind in seiner Unabhängigkeit unterstützen und wann sie seinem Bedürfnis nach Schutz und Hilfe nachkommen sollen, ohne es zugleich wieder zu einem Baby zu machen. Wann und wie wir Nein sagen, ist in dieser Phase besonders wichtig. Mit einem Nein können wir das Kind erniedrigen oder ihm ein Gefühl von Sicherheit geben. Entsprechend der in diesem Buch vertretenen These, dass Grenzen die Entwicklung nicht behindern, sondern eher befördern, sollten Eltern die Perspektive des Kindes im Blick behalten und sich darüber bewusst sein, welche Wirkung ihr Nein für das wachsende Selbstbewusstein des Kindes hat.

Vernunft und Logik

Die Franzosen sagen, dass Kinder mit sieben Jahren das *l'âge de raison*, das Alter der Vernunft erreichen und damit in der Lage sind, rational und bewusst zu handeln. Und tatsächlich kann man Kinder in diesem Alter erleben, die ihre Ansichten mit großer Ernsthaftigkeit vertreten und diskutieren. Sie brüsten sich mit ihrer Logik und hassen es, wenn man sie für unvernünftig oder gefühlsbetont hält. Diese Entwicklung sollte man anerkennen, um ihre sich allmählich herausbildende unabhängige Persönlichkeit zu stärken. Zugleich gibt es aber immer noch eine Kluft zwischen der vernünftigen und der leidenschaftlichen, eher kindlichen Seite. Als meine Tochter Holly fünf Jahre alt war, hatte sie mit ihrer besten Freundin Sassy einen furchtbaren Streit über den Ursprung der Welt. Während Sassy daran festhielt, dass Gott das Universum erschaffen habe, vertrat Holly mit der gleichen Standhaftigkeit die These vom Urknall. Sie wurden richtig ärgerlich aufeinander, als ob es zu beweisen gelte, wer von ihnen »etwas weiß«, und nicht um den Ursprung des Menschen ginge.

Jeder dürfte schon einmal gehört haben, wie Kinder Fragen erörtern, von denen sie eigentlich nur wenig oder gar nichts verstehen, die für sie aber offenbar von Bedeutung sind – Kinder begreifen sich über die Diskussion als Bestandteil der gedanklichen und sprachlichen Welt. Darüber hinaus wollen sie ernst genommen werden und das Sicherheit vermittelnde Gefühl des Rechthabens erleben. Dabei greifen sie auf eine mitunter recht eigenwillige Logik zurück. Joanne, eine Schulfreundin meiner sechsjährigen Tochter, war sich absolut sicher, dass es in England keine Elefanten gibt. Als die anderen Kinder widersprachen, sie hätten diese aber im Zoo gesehen, weigerte sich Joanne, ihnen zu glauben. Ich wurde als Schiedsrichter eingeschaltet und versuchte diplomatisch zu erklären, dass die Elefanten zwar nicht aus England stammten, es aber tatsächlich einige in Zoos gäbe. So behielten alle Recht. Doch das reichte Joanne noch nicht, die nun ihr letztes und schlagendstes Argument ins Feld führte. Sie wüsste, dass es keine Elefanten in England gäbe, weil die Friseurin ihrer Mutter das gesagt hätte. Etwas verwirrt fragte ich, wieso denn die Friseurin eine derartige Autorität auf dem Gebiet der Elefanten sei. Joanne antwortete: »Sie weiß mehr als du, weil sie älter ist!« Allen Kindern wird gesagt, dass die Erwachsenen – »die Großen« – Recht haben. Es war also nur folgerichtig, dass Joanne dieses Argument als äußerst logisch empfand.

Fragen wie »Wer hat Recht?«, »Was ist fair?« und »Was gerecht?« beschäftigen Kinder dieses Alters in zunehmendem Maß. Je entschiedener sich das Kind von den Baby-Aspekten seiner Persönlichkeit – das heißt von den gefühlsbestimmten, ungestümen Anteilen – verabschiedet, desto größeren Wert legt es auf seine Fähigkeiten, zu argumentieren und zu diskutieren. Eine Meinungsverschiedenheit kann ihm daher wie ein Angriff auf seine Integrität erscheinen. Und wenn es glaubt, missverstanden worden zu sein, fühlt es sich extrem irritiert, als ob es mit jeder Faser seines Seins in Frage gestellt worden sei. In dieser Phase lernt das Kind, sich in eine Gemeinschaft einzufügen und entwickelt ein Gewissen. Im allgemeinen versuchen Kinder geradezu verzweifelt, »gut« zu sein, und tadeln sich und andere streng, wenn sie »böse« waren. Diese Aufspaltung in gut und böse wird, wie Bruno Bettelheim schreibt, durch die Erwachsenen unbewusst noch verstärkt. Seiner

Meinung nach herrscht eine allgemein verbreitete Abneigung, Kinder darüber aufzuklären, dass für einen großen Teil des Unheils dieser Welt unsere Natur verantwortlich ist – die Neigung des Menschen zu aggressivem, unsozialem, egoistischem, zornigem und ängstlichem Verhalten. Stattdessen wollen wir unsere Kinder glauben machen, dass alle Menschen von Natur aus gut sind. Doch Kinder wissen, dass *sie* nicht immer gut sind; und selbst wenn sie es sind, würden sie häufig vorziehen, es nicht zu sein. Dies steht im Widerspruch zu dem, was Eltern sagen, und macht daher das Kind in seinen eigenen Augen zu einem Ungeheuer.

Dies ist der Grund, warum Auseinandersetzungen in diesem Alter emotional derart stark aufgeladen sind. Häufig geht es für das Kind gar nicht so sehr um das vordergründig diskutierte Thema, sondern vielmehr um die Infragestellung der eigenen Persönlichkeit. Dessen muss man sich bei einer Auseinandersetzung mit dem Kind bewusst sein. Erlebt es Widerspruch als momentan und sachlich angemessen oder als Verurteilung seiner Person? Und umgekehrt, erleben wir ein inakzeptables Verhalten unseres Kindes als Ausrutscher oder löst es in uns Bedenken hinsichtlich seiner Persönlichkeit aus?

Konflikte

Konflikte entzünden sich in dieser Phase häufig an Themen wie festen Essens- und Schlafenszeiten, Fernsehkonsum, Hausaufgaben, pünktlichem Aufstehen, Vergleichen mit Geschwistern und Freunden. Ich werde im Folgenden anhand von Beispielen versuchen darzulegen, was in der jeweiligen Situation im Kind und in seinen Eltern vorgeht, und Wege aufzeigen, wie mit dem Konfliktstoff umgegangen werden kann. In jedem Konflikt geht es auch um Beziehungen: das, was jede Partei in die Auseinandersetzung einbringt, hat einen Einfluss auf die andere. Daher ist es unumgänglich, dass wir als Eltern in Auseinandersetzungen zuweilen nicht nur unserem Kind Grenzen setzen, sondern auch uns selbst zurückstellen müssen.

Rivalität unter Geschwistern

Sobald es in die Schule kommt, verbringt das Kind weitaus weniger Zeit zu Hause, in einer vorwiegend durch die Familie definierten Welt. Nun muss es sich in größere Zusammenhänge integrieren. Wie findet es seinen Platz? Erkämpft es sich einen führenden Platz und macht sich mit seiner Frechheit zu einem bewunderten Vorbild der anderen? Tyrannisiert es die anderen, um seine eigene Angst zu besiegen? Hat es zu Hause die Rolle des »Kleinen« inne, so dass es glaubt, sich in der Schule seine Stellung erkämpfen zu müssen? Hält es sich eher beobachtend zurück, anstatt mitzumachen? Hat es Schwierigkeiten mitzukommen, fürchtet es stehen gelassen zu werden? Jedes Kind reagiert auf die neue Situation anders. Aufgabe der Eltern ist es, das Kind bei diesem Übergang zu unterstützen.

Manchmal spiegeln Schwierigkeiten in der Schule nur wider, was sich zu Hause abspielt. Dann wiederholen Kinder in der Schule die Kämpfe, die sie mit ihren Geschwistern führen. Umgekehrt kann auch das Kinderzimmer zur Bühne werden, auf der in der Schule anstehende Konflikte geprobt werden. Die Beziehung des Kindes zu seinen Geschwistern wird angespannter, Rivalitäten ausgeprägter. Im zweiten Kapitel haben wir gesehen, welche Schwierigkeiten Kleinkinder haben können, sich an ein neues Baby zu gewöhnen oder ihren Platz innerhalb einer Familie mit älteren Geschwistern zu finden. Im Grundschulalter geht die Notwendigkeit, sich in eine neue Gruppe von Gleichaltrigen einzugliedern, mit Gefühlen der Verunsicherung einher, die sich auch auf Zuhause übertragen können. Nicht selten beklagen sich Kinder in diesem Alter darüber, dass die Eltern die anderen Geschwister bevorzugen würden. Als Erwachsener sollte man sich vor Augen führen, dass das Kind sich jetzt auch außerhalb des Hauses behaupten muss und nach Bestätigung sucht, dass es in der Familie nach wie vor einen sicheren Platz hat.

Der achtjährige George ist das mittlere von drei Kindern. Seine Mutter verbringt viel Zeit mit seiner drei Jahre alten Schwester, während sein

13-jähriger Bruder an den Wochenenden mit seinen Freunden weggehen darf. George fühlt sich ausgeschlossen und hat häufig Streit mit seiner Mutter. Er findet es unfair, dass sie nicht mit ihm spielt, ihm aber auch verbietet, mit seinen Freunden wegzugehen. Er ist unzufrieden und schlägt seine kleine Schwester oder hängt sich wie eine Klette an seinen älteren Bruder.

George glaubt, dass seine Geschwister Privilegien genießen, während ihm nichts erlaubt wird. Er steckt in einer schwierigen Phase: Er ist zu alt, um von seiner Mutter so umsorgt werden zu müssen wie seine kleine Schwester, und noch zu jung, um längere Zeit mit seinen Freunden weggehen zu dürfen. Seine Mutter muss ihm angemessene Grenzen setzen. Diese könnten darin bestehen, dass er zumindest partiell sowohl in den Genuss der Privilegien seiner kleinen Schwester als auch der seines großen Bruders kommt. Darüber hinaus wird er aber auch Verbote anerkennen müssen, die nur für ihn gelten.

Gerechtigkeit bedeutet für viele Eltern und Kinder, dass jeder das Gleiche bekommt. Doch es ist offensichtlich, dass Gleichheit in diesem Sinne weder möglich noch angemessen ist. Vielmehr haben Eltern die wesentlich schwierigere Aufgabe, zu entscheiden, was jedem einzelnen Kind gerecht wird. Die Wünsche und Bedürfnisse aller gegeneinander abzuwägen und dabei zuweilen auch zu Entscheidungen zu kommen, die niemanden ganz zufrieden stellen, gehört nun einmal zum Leben.

Es hilft dem Kind, wenn es seine Beschwerden vortragen kann und das Gefühl hat, dass man ihm zuhört. Das heißt allerdings nicht, dass es deshalb automatisch seinen Willen bekommen sollte. Zugleich tut man dem Kind auch keinen Gefallen, wenn man zulässt, dass es seine Geschwister ständig verletzt oder ärgert. Eine Mutter, die ihr Kind davon abhält, andere zu tyrannisieren oder zu dominieren, hilft ihm, seine Aggressivität einzudämmen. Ein Kind, dem erlaubt wird, destruktiv zu sein, fühlt sich, wie wir im zweiten Kapitel sahen, verunsichert. Es ist unglücklich, nicht nur, weil es unartig war, sondern auch, weil es Angst davor hat, dass niemand es beschützen wird, wenn es selbst Hilfe benötigt.

Dies gilt auch für Situationen, in denen die Dominanz weniger offensichtlich ist. Stellen wir uns beispielsweise ein älteres Kind vor, das seine kleine Schwester wie ein Puppenbaby behandelt, sie übertrieben bemuttert, tadelt und zurechtweist. Möglicherweise versucht dieses Kind mit seiner gönnerhaften, herablassenden Art mit eigenen Aggressionen fertig zu werden. Vielleicht ist die Übertreibung der Erwachsenenrolle aber auch der Versuch, sich von den eigenen kindlichen Gefühlen zu distanzieren. In Maßen ist dieses Verhalten vollkommen akzeptabel. Wenn dadurch allerdings das Leben des kleineren Kindes dominiert wird und die Mutter nicht mehr in der Lage ist, das Geschehen zu kontrollieren, dann leiden beide Kinder darunter. Das kleinere wird daran gehindert »flügge« zu werden, das größere entwickelt sich zum Tyrannen.

Problematisch ist auch, wenn ein Kind unbedingt das haben muss, was »alle« haben.

Greg, neun Jahre alt, wurde an mich überwiesen, weil er in der Schule Probleme hatte: Er störte ständig, piesackte seine Mitschüler und lenkte sie von der Arbeit ab. Während unserer Sitzungen wollte er einzig und allein wissen, wer noch zu mir kam. Alles andere schien ihn nicht zu interessieren. Er untersuchte jeden Zentimeter des Zimmers nach Spuren anderer Kinder. Mit Schnüren und Knete baute er raffinierte Fallen auf, um herauszufinden, ob zwischen unseren Sitzungsterminen jemand das Zimmer betrat. Er bedrängte mich geradezu, um aus mir Informationen über andere Patienten herauszulocken. Diese Obsession hatte auch zur Folge, dass er immer wieder die gleichen Spiele spielte, unfähig war, sich auf etwas Neues einzustellen. All seine Gedanken kreisten darum, was andere Menschen taten oder besaßen, so dass er keine anderen Interessen entwickeln konnte. Lange Zeit brachte er immer wieder Samenkapseln mit in unsere Sitzungen, die er öffnete und aufmerksam untersuchte. Es war, als ob er in mir so eine Samenkapsel sah, gefüllt mit Samen, die die anderen Kinder symbolisierten, die mich ausfüllten und für ihn keinen Platz ließen. Dabei war er es, der unser Beisammensein mit anderen anfüllte, indem er an nichts anderes dachte. Es war schwie-

rig, ihm ein Gefühl von Einzigartigkeit zu vermitteln. Da er stets nur frag-
te, was die anderen Kinder während der Sitzungen taten, dauerte es sehr
lange, bis er in der Lage war, gemeinsam mit mir darüber nachzudenken,
was er gerne täte.

Kinder, die sich nicht sicher sind, ob sie einen festen Platz in den Gedanken der Eltern haben, die glauben, die Eltern dächten immer an jemand
anderen, versuchen zwangsläufig, mit anderen Kindern zu konkurrieren
und sie »auszuschalten«. Das führt zu Problemen in der Schule – Greg
griff seine Mitschüler sogar tätlich an. Ein Kind wie Greg fasst ein Nein
als Zurückweisung seiner Person zugunsten anderer auf. Für ihn war es
wichtig, dass ich mein Interesse an ihm immer wieder deutlich machte,
ihm also sagte: »Nein, ich werde dir nicht erzählen, was die anderen hier
bei mir machen, aber es interessiert mich, was du dir vorstellst. Und noch
mehr interessiert mich, was du selbst gerne tun würdest.« Entscheidend
war außerdem, dass ich Verständnis dafür zeigte, wie sehr es ihn quälte,
dass er nichts über die anderen erfuhr, ohne dass ich mein Schweigen
über sie brach. Indem ich nicht über sie sprach, weder ihre Identität noch
ihre Probleme preisgab, vermittelte ich Greg die Sicherheit, dass auch
seine Zeit mit mir geschützt war. Ich erklärte ihm, dass ich es selbst unter extremem Druck nicht zulassen würde, dass er in die Intimsphäre der
anderen Kindern einbrach, und im Gegenzug auch niemand in seine Intimsphäre einbrechen dürfe. So begriff er allmählich, dass seine Zeit bei
mir nur für ihn reserviert war.

In Gregs Fall war es nicht Neugierde, das heißt die unbedingt zu
unterstützende Suche nach Wissen, die ihn nach anderen fragen ließ. Er
versuchte vielmehr andere auszuspionieren, um seine Informationen gegen sie zu verwenden. Ein derartiges Ausfragen kann auch innerhalb der
Familie vorkommen, und wir als Eltern müssen dafür sorgen, dass sich
jedes Familienmitglied seine Privatsphäre erhalten kann. Nicht immer
müssen alle an jeder Unterhaltung teilnehmen. Wenn man lernt, dies zu
tolerieren, hat man viel erreicht. Wie schwer das vor allem in der Pubertät ist, wird in Kapitel vier deutlich werden.

Indem man darauf besteht, dass innerhalb der Familie jeder mit Respekt behandelt werden muss, gibt man dem Kind zugleich ein Mittel an die Hand, um mit Konfliktsituationen in der Schule umzugehen. Wenn man sagt: »Nein, du darfst mich (deine Schwester, deinen Bruder) nicht so behandeln«, veranlasst man das Kind, nach anderen Möglichkeiten zu suchen, um mit Frustrationen oder Ärger fertig zu werden. Man erweitert sein emotionales Vokabular und hilft ihm, angemessene Strategien zu finden, um Provokationen von Gleichaltrigen zu begegnen. Im zweiten Kapitel habe ich deutlich zu machen versucht, dass Eltern, die sich ihre Selbstachtung bewahren, die sich nicht von ihren Kindern beschimpfen und beleidigen lassen, eine Vorbildfunktion erfüllen. Sie demonstrieren, dass sie sich selbst wertschätzen und daher nicht schlecht behandeln lassen. Damit hat das Kind ein Beispiel vor Augen, dem es folgen kann. Wenn es dann in der Schule gehänselt, geschlagen oder ausgeschlossen wird, hat es eine Vorstellung davon, wie man nicht zum Opfer wird. Wir alle kennen Menschen – Erwachsene wie Kinder –, die Spott geradezu anziehen und immer die Rolle des Opfers annehmen. Deshalb ist es so wichtig, schon früh das Bewusstsein zu entwickeln, dass man etwas anderes verdient hat, als sich ärgern und quälen zu lassen. Dies heißt nicht, dass man selbst die Position des Mächtigen und Stärkeren einnehmen und sich zum Tyrannen machen soll. Es geht darum, ein gesundes Selbstwertgefühl zu entwickeln.

Zeitgefühl

Mit der Einschulung bekommt Zeit für das Kind eine größere Bedeutung, bis dahin war sie untrennbar mit dem unmittelbaren Erleben des Kindes verknüpft. Einem hungrigen Baby, das darauf wartet, gestillt zu werden, kommen fünf Minuten wie eine Ewigkeit vor. Ein Dreijähriger, der den ganzen Nachmittag mit einem Freund gespielt hat, kann einen Wutanfall bekommen, wenn er nach Hause gehen soll, weil er das Gefühl hat, doch eben erst bei seinem Freund angekommen zu sein. In der Schule jedoch ist der Tag in erkennbare Zeitabschnitte eingeteilt –

Schulstunden, Pausen, Frühstück. Zwar mag dem Kind eine Schulstunde manchmal länger vorkommen als eine andere, doch es weiß, dass auch sie nur fünfundvierzig Minuten gedauert hat. Darüber hinaus erkennt das Kind nun auch die Regelmäßigkeit des Tagesablaufs. Zur Schule gehen, Mittag essen, Hausaufgaben machen, ins Bett gehen – all das folgt einem wiederkehrenden Muster.

Als Eltern erwarten wir von unserem Kind, dass es allmählich lernt, Aufgaben innerhalb einer bestimmten Zeit zu erledigen. Allerdings scheinen Kinder vor allem dieser Altersstufe eine extrem selektive Auffassung von Zeit zu haben. Wenn sie selbst etwas wollen, muss das in jedem Falle *jetzt* sofort geschehen. Bittet man dagegen sie darum, etwas zu tun, lautet die Standardantwort »Später«, was in Wahrheit fast immer »Nie« bedeutet. Hier zeigt sich einmal mehr, dass sich Kinder dieses Alters in einem Zwischenstadium befinden – nicht mehr Baby, aber auch noch nicht selbstständig sind. Das Schulkind lernt zwar allmählich sich zu beherrschen, aber das Warten fällt ihm immer noch schwer. Wünsche sollen möglichst sofort erfüllt werden. Wenn wir daher das Kind auffordern zu warten, das heißt, Nein sagen zu einer sofortigen Reaktion, verlangen wir von ihm, dass es seinen Wunsch eine Weile aufschiebt oder selbst Möglichkeiten findet, ihn sich zu erfüllen. Es ist wichtig, dass wir das Kind nicht so lange warten lassen, bis sein Wunsch verschwunden ist – damit würden wir seinem Elan einen empfindlichen Dämpfer versetzen. Aber es muss lernen, gewisse Zeitspannen des Wartens auszuhalten. Häufig löst das Warten im Kind Gefühle des Ärgers, des Verlusts und der Hoffnungslosigkeit aus. All diese Gefühle gehören zum emotionalen Repertoire des Menschen, und es ist kein Fehler, wenn das Kind sich mit ihnen vertraut macht. Im Gegenteil, derartige Erfahrungen sind Schritte auf dem Weg zu einer »kompletten« Persönlichkeit.

Zu beobachten, was sich eigentlich in einem wartenden Menschen abspielt, ist höchst interessant. Der Zustand des Wartens ist ambivalent. Man wartet auf etwas, dessen Eintreffen man sich wünscht. Während des Wartens aber kann sich das Erhoffte auch ins Negative wenden. So wollte meine Tochter Holly neulich vor dem Zubettgehen noch ein wenig kuscheln, aber da ich gerade mit etwas anderem beschäftigt war, bat ich sie, noch einen Moment zu warten. Zwanzig Minuten später kam sie wieder zu mir und legte mir wütend einen Zettel vor, auf dem stand: »Es ist jetzt neun Uhr abends. Ich hasse dich!« In der Zeit des Wartens war aus der lieben Mama, mit der sie schmusen wollte, eine böse Mama geworden, die sie hasste. Es dauerte nicht lange, bis wir uns wieder versöhnt hatten und beide das Kuscheln doch noch genießen konnten.

Wiederholte Erfahrungen dieser Art schaffen die Voraussetzung für die notwendige Distanz zwischen Eltern und Kind, die es allen Beteiligten ermöglicht, ein eigenes Leben zu führen. Darüber hinaus lehren uns diese Augenblicke aber auch, wie wir als Erwachsene mit Phänomenen wie Abwesenheit, Warten und Leerlauf umgehen können. Halten wir an dem Guten in einer Person fest, auf die wir warten und die wir vermissen, oder wird sie in unserer Vorstellung zu einem schlechten Menschen? Wie stellt sich uns jemand dar, der uns verletzt? Sind wir in der Lage, uns mit einem Menschen zu versöhnen, wenn er sich uns schließlich wieder zuwendet? Diese Fragen begleiten uns ein Leben lang, und ich werde im Nachwort im Zusammenhang mit Paarbeziehungen noch einmal auf sie zurückkommen. Meine Tochter Holly machte in der oben geschilderten Situation die wichtige Erfahrung, dass Gefühle durchaus ambivalent sein können. Der Psychoanalytiker Ron Britton schreibt dazu: »Wenn wir anerkennen, dass wir einen Menschen zugleich hassen und lieben können, empfinden wir uns als aufrichtig und unsere Beziehungen als gefestigt.«

So gesehen ist Neinsagen also kein Akt der Grausamkeit, sondern ein notwendiger Bestandteil der Eigenständigkeit von Menschen. Nur ein eigenständiger Mensch kann Beziehungen eingehen. Eltern, die jedem Wunsch ihres Kindes nachgeben, vermitteln ihm die Illusion, sie seien Erweiterungen seiner selbst, die sich nur um seine Bedürfnisse zu kümmern haben. Je enger die Beziehung zu einem anderen Menschen wird, desto wichtiger ist es, die Unterschiede zwischen uns und dem anderen zu erkennen und anzuerkennen – nicht alles, was mir gefällt, muss auch dem anderen gefallen. In dem Maße, in dem das Kind lernt, Unterschiede zu tolerieren, nimmt es auch andere Menschen und deren Gefühle wahr. Dies sind Fähigkeiten, die nicht nur für die ersten Jahre in der Schule, sondern für das gesamte spätere Leben wichtig sind. Viele Erwachsene sind nicht in der Lage, mit Unterschieden umzugehen, sondern versuchen stattdessen den anderen sich selbst möglichst ähnlich zu machen. Etliche Probleme in Paarbeziehungen rühren eben daher. Die Grundlagen für die Abkehr vom Egoismus werden in der Kindheit gelegt.

Wenn wir davon ausgehen, dass Zeit eine höchst subjektive Erfahrung ist, bleibt die Frage, wie sich mit den daraus entstehenden Differenzen umgehen lässt. Stellen Sie sich vor, Ihr Kind will mit Ihnen spielen, und Sie haben sich eine halbe Stunde lang mit ihm an den Gameboy gesetzt, bevor Sie nun etwas anderes tun möchten. Das Kind wird böse und wirft Ihnen vor, Sie würden nie mit ihm spielen. Sie antworten, dass Sie genau das doch gerade getan hätten. Das Kind erwidert: »Das zählt nicht, wir haben doch noch kaum gespielt.« Beide Sichtweisen sind emotional wahr. Sie fordern Ihr Kind auf, seine Kleider vom Fußboden aufzuheben und wegzuräumen. Das Kind sagt: »Ja, später.« Als es ins Bett geht, liegen die Sachen noch immer da. Das Kind hat vor, sie wegzuräumen, doch sein »Später« deckt sich nicht mit Ihrem Begriff von »Später«. Ihre Erfahrung sagt Ihnen, dass »Später« für das Kind auch »In ein paar Tagen« heißen kann. Sie müssen also verhandeln.

All diese Unstimmigkeiten gehören zum täglichen Leben und sind Bestandteil von Beziehungen. Dabei geht es hier nicht nur um unterschiedliche Verhaltensweisen, sondern vielmehr um emotionales Verstehen, um die Erkenntnis, dass mein Erleben nicht deckungsgleich ist mit dem meines Gegenübers.

Erwartungen

Wir versuchen andere zu verstehen, indem wir uns in sie hineinversetzen und uns vorstellen, was sie fühlen, sich wünschen und mitteilen wollen. Manchmal jedoch ist der Unterschied zwischen uns und dem anderen zu groß. Selbst angesichts unserer eigenen Kinder fragen wir uns zuweilen: »Wie können sie nur so anders sein als ich?« In diesen Fällen ist es wichtig, dass wir auf das hören, was sie uns tatsächlich sagen, anstatt nur herauszuhören, was wir gerne hören möchten.

Mrs W. machte sich Sorgen, dass aus ihrer zehnjährigen Tochter Zoe ein Stubenhocker, ein ständig vor dem Fernseher sitzendes Kind werden könnte. Mrs W. schaute fern, wenn sie sich am Ende eines anstrengenden Tages entspannen wollte, ohne noch viel nachdenken zu müssen. Dann konnte sie leicht ein paar Stunden vor der Flimmerkiste hängen bleiben; was sie sich ansah, war ihr eigentlich recht egal. Daher wollte sie ihre Tochter am liebsten gar nicht fernsehen lassen, sie war sicher, dass Zoe kein Ende finden und nichts anderes mehr tun würde. Zoe durfte unter der Woche überhaupt nicht fernsehen, worüber es immer wieder zum Streit kam. Doch Mrs W. blieb hart. Ihre Schwester, die Mrs W.'s Ansichten über das Fernsehen nicht teilte und bei der Zoe häufig zu Besuch war, erzählte ihr, dass Zoe in ihrem Haus zwar gern mal eine halbe Stunde fernsah, den restlichen Abend dann aber mit ihren Cousinen spielte. Sie konnte Mrs W. überreden, Zoe auch zu Hause ein bisschen fernsehen zu lassen. Wie ihre Tante vorausgesagt hatte, beschränkte sich Zoes Fernsehkonsum tatsächlich auf einen sehr begrenzten Zeitraum. Danach wandte sie sich mit Eifer anderen Aktivitäten zu.

Mrs W. nahm nur deshalb eine derart strenge Haltung ein, weil sie davon ausging, dass Zoe genauso war wie sie. Obwohl es wichtig ist, konsequent bei seinem Nein zu bleiben, muss man auch in der Lage sein zu erkennen, wann ein Verbot wenig hilfreich oder sogar unnötig ist. In diesem Fall schien es eher darum zu gehen, dass Mrs W. durch ihr striktes Fernsehverbot für Zoe mit ihrer eigenen Unfähigkeit umzugehen versuchte. Tatsächlich war Zoe sehr wohl in der Lage, sich selbst Grenzen zu setzen.

Auch der im folgenden Fallbeispiel beschriebene Junge ist ganz anders als seine Eltern. Beide üben einen Beruf aus und sind daher exzellent organisiert und sehr strukturiert.

Der siebenjährige Billy kommt morgens nie rechtzeitig aus dem Haus. Mal suche er nach einem Schuh, den er verlegt hat, mal muss er noch mal rein- laufen, weil er irgendetwas für die Schule vergessen hat. Seinen Eltern fällt es sehr schwer zu akzeptieren, dass er offenbar so anders ist als sie. Sie wer- den ärgerlich, unternehmen aber nichts, um das Problem zu lösen. Wenn Billy beispielsweise am Abend bis zum Schlafengehen spielt und dann zu müde ist, um noch aufzuräumen oder seine Schulsachen zusammenzu- packen, lassen sie ihm das durchgehen.

Billys Eltern können offenbar nicht nachvollziehen, dass ihr Sohn ein anderes Tempo hat als sie. Sie gehen davon aus, dass er am Morgen ge- nauso funktioniert wie sie. Obwohl Tag für Tag das gleiche Muster ab- läuft, scheinen sie jeden Morgen aufs Neue überrascht zu sein und zu denken: »Das kann doch nicht wahr sein, er kommt schon wieder zu spät« oder »Wie kann mein Kind nur so unorganisiert sein?« Sie kön- nen offenbar nicht akzeptieren, dass Billy Schwierigkeiten hat, sich zu organisieren. Er braucht mehr Zeit, mehr Hilfe oder Kontrolle und muss, um mit allem fertig zu werden, Dinge im Vorhinein erledigen.

Dass man sich durch Ereignisse überraschen lässt, die regelmäßig eintreten und daher doch eigentlich vorhersehbar sein müssten, geht je- dem so. Wir müssen uns in solchen Fällen fragen, warum wir nicht aus unseren Erfahrungen lernen, sondern stattdessen Muster wiederholen, die sich als nicht hilfreich erwiesen haben. Die Unfähigkeit von Billys Eltern, sich von dem Gedanken zu trennen, ihr Sohn sei so wie sie, führt dazu, dass sie ihm abends kein Nein entgegenhalten, wenn er lieber an- dere Dinge machen möchte, statt sich auf den nächsten Tag vorzuberei- ten. Sie müssten erkennen, dass er morgens nicht schnell genug ist, und dafür sorgen, dass er seine Schulsachen am Abend einpackt, selbst wenn das mit einer Konfrontation verbunden ist. Dieser Streit wäre der tägli- chen Frustration und dem von allen als chaotisch empfundenen Durch- einander am Morgen mit einiger Sicherheit vorzuziehen.

Häufiger tritt allerdings der umgekehrte Fall ein, nämlich dass wir auf der Grundlage unserer Erwartungen an das Kind Grenzen ziehen und Verbote aufstellen. Wir sehen einen Anlass für eine Auseinandersetzung, wenn das Verhalten oder die Einstellung des Kindes unseren Erwartungen nicht entspricht. Wir verspüren den Wunsch, Nein zu sagen zu seiner Haltung, um ihm stattdessen unsere überzustülpen. Welche Aspekte seiner Persönlichkeit versucht das Kind zu verwirklichen, welche zwängen wir ihm auf? Welche Maßstäbe legen wir an, um Erfolg zu beurteilen? Vor allem Jugendliche versuchen wir in ihren Fähigkeiten zu fördern und investieren dafür einiges. Doch auch schon in der Grundschule werden Noten vergeben, Hausaufgaben erteilt und Termine gesetzt, so dass die Begriffe Erfolg und Misserfolg hier zum ersten Mal an Bedeutung gewinnen. Verlangen wir von unserem Kind Perfektion oder reicht uns ein »gut genug«? Wollen wir, dass das Kind im Vergleich mit anderen besteht, oder soll es gemessen an seinen eigenen Fähigkeiten sein Bestes geben?

Stellen wir uns ein alltägliches Szenario vor: Eine Mutter versucht, ihrem Kind bei den Mathe-Hausaufgaben zu helfen. Ihre Verzweiflung wächst, je weniger das Kind versteht. Sie begreift nicht, wieso es eine derart einfache Aufgabe nicht bewältigen kann. Sie wird ärgerlich und reagiert, als ob das Kind sich aus lauter Trotz zu lernen weigerte, nur um sie zu provozieren. Das Kind ist verwirrt und hört nicht mehr zu. Auf beiden Seiten herrscht Frustration. Wenn sich derartige Szenen wiederholen, verfestigt sich ein Mechanismus der gegenseitigen Enttäuschung. Die Mutter denkt: »Wenn er mir doch nur zuhören würde«, während das Kind spürt, dass sie enttäuscht ist, und sich selbst für dumm hält. Nicht selten wird das Kind in der Folge protestieren und seiner Mutter sagen, sie solle es in Ruhe lassen.

Unsere Erwartungen können dem Tempo und der Art und Weise entgegenstehen, in der unsere Kinder am besten lernen können. Wenn sie etwas nicht verstehen oder keine Fortschritte machen, überkommt uns das Gefühl der Unzulänglichkeit. Wir machen uns Sorgen, was aus ihnen werden soll. Wir fühlen uns zurückgewiesen, wenn sie unseren Rat nicht annehmen wollen. Es steht also nicht mehr die Sache selbst – hier die Matheaufgabe – im Vordergrund, sondern die Beziehung zwischen Mutter und Kind. Eine Freundin von mir wird von ihrer Familie dafür aufgezogen, dass sie einmal verzweifelt ausrief: »Andere Leute zahlen Tausende von Pfund für meinen Rat. Du könntest ihn umsonst haben und willst ihn nicht!« In solchen Situationen muss die Mutter einen Abstand zwischen sich und dem Kind herstellen. Sie muss sich selbst verbieten, durch ihre Enttäuschung in einen Streit mit dem Kind hineingezogen zu werden. Schließlich ist sie eher als ihr Kind in der Lage, bei der Sache zu bleiben und sich nicht in quälende Fragen über die eigene Kompetenz verstricken zu lassen. Wenn ihr dies gelingt, wird sie dem Kind besser helfen können und sich selbst daran hindern, es unter Druck zu setzen.

Manche Kinder fühlen sich verunsichert, weil sie an ihren Fähigkeiten zweifeln und die ihnen gestellten Aufgaben nicht bewältigen können. Das Gefühl der Überforderung hindert sie am Lernen. Im folgenden Fallbeispiel geht es um den elfjährigen Alex, der wegen seiner Lernschwierigkeiten in den Schulstunden zusätzlich von einer Sonderpädagogin betreut wurde:

Die Kinder kommen in das Klassenzimmer und setzen sich ruhig hin. Alex bleibt stehen und spielt mit ein paar Münzen. Er läuft durch den Raum und hört nicht zu. Die Lehrerin fordert ihn auf sich hinzusetzen. Er setzt sich und hört aufmerksam zu, während sie die Aufgabe erklärt. Er fragt, ob sie auch etwas aufschreiben sollen. Die Lehrerin reagiert verärgert auf seine Frage: »Alex, wir machen das jetzt schon seit drei Monaten, und du weißt immer noch nicht Bescheid! Ich habe keine Zeit, um alberne Fragen zu beantworten!« Alex beginnt wieder mit seinen Münzen zu spielen, indem er sie von einer Hand in die andere wirft. Er blinzelt nervös und wendet den Kopf zur Seite, als ich ihn anspreche.

Alex ist unruhig und nervös. Er zappelt herum, will sich beteiligen. Dies tut er aber auf eine unangemessene Art und Weise, indem er eine Frage stellt, deren Antwort er kennen müsste. Damit verärgert er die Lehrerin. Er lässt sich durch die Situation einschüchtern und ist leicht abzulenken. Seine Angst, die gestellte Aufgabe nicht erledigen zu können, führt dazu, dass er sich nicht mehr konzentriert. Er hört nicht zu und verpasst daher die Aufgabenstellung– ein Handicap, das er nicht wieder gut machen kann. Seine Versagensangst hält ihn vom Lernen ab.

Das nächste Beispiel demonstriert, was mit Kindern passiert, die den geforderten Leistungen tatsächlich nicht entsprechen können. Deutlich wird, welche Schutzmechanismen sie aufbauen und wie ihre Vorstellungskraft funktioniert. Der neunjährige Lee geht zwar in eine Regelschule, wird aber begleitend von einer Sonderpädagogin betreut. Er hat große Schwierigkeiten mit dem Lesen, Schreiben und Rechnen. Im Unterricht wird er ständig getadelt:

Aufgekratzt betritt Lee das Klassenzimmer und begrüßt seine Klassenkameraden laut und mit einigen scherzhaft gemeinten Klapsen und Tritten. Die anderen Schüler versuchen ihn zu ignorieren. Die Lehrerin erklärt die Aufgabe dieser Stunde: Die Schüler sollen an die Bewohner eines imaginären Ortes mit dem Namen »Phantasieland« einen Brief schreiben, in dem sie begründen, warum man sie einmal einladen sollte. Lee lacht und zeigt mit dem Finger auf andere Kinder. Die Lehrerin fordert ihn auf, mit der Arbeit anzufangen, und Tanya, die Sonderpädagogin setzt sich zu ihm. Sie hat nicht viel Platz. In provozierendem Tonfall sagt Lee: »Tut mir leid, aber hier ist kein Platz für dich!« Sie ärgert sich und antwortet: »Tut mir für dich leid!« Er fragt: »Was hast du gesagt, Tanya? Ich tue dir leid?« Sie erklärt ihm, dass sie ihm nicht helfen könne, wenn er ihr nicht Platz mache. Daraufhin schiebt er mürrisch seinen Stuhl zur Seite. Er schlägt Khalid, den Jungen, der neben ihm sitzt. Khalid fragt: »Was machst du denn da?« Lee gibt zurück: »Das war ich nicht, das war Tanya.« Tanya sagt ihm, es sei Zeit, sich auf die Aufgabe zu konzentrieren. Er beginnt auf seinem Stuhl hin und her zu wippen und flüstert seinem Nachbarn etwas zu. Beide kichern. Tanya fordert sie auf, sich ihrer Arbeit zu widmen. Sie fragt Lee, was er den Bewohnern von Phantasieland schreiben will. Er antwortet: »Ich weiß nicht.« Dann wippt er noch heftiger hin und her als zuvor. Die anderen Schüler schreiben jetzt alle, und Lee schaut sich betreten um. Tanya fragt

Grundschuljahre 165

noch einmal: »Lass uns versuchen darüber nachzudenken, was du über Phantasieland sagen könntest.« Er antwortet, dass es diesen Ort gar nicht gibt. Tanya sagt: »Aber wir können es uns doch vorstellen, in unserer Phantasie.« »Aber den Ort gibt es nicht«, wiederholt er. Tanya schlägt vor, dass sie ihn erfinden. Lee wirft einen Blick auf das, was Khalid geschrieben hat, und flüstert ihm etwas zu. Khalid wird sehr böse und sagt Tanya, dass Lee behauptet, er habe seine Mutter mit einer Einkaufstasche voller Kleider aus einem Secondhand-Laden kommen sehen. Khalid ist wütend: »Das ist nicht wahr!« Lee lacht und sagt: »Wenigstens kaufe ich meine Klamotten woanders.« Sie streiten sich und Tanya schimpft mit Lee, weil er Khalid bei der Arbeit gestört und geärgert hat. Lee leugnet das. Tanya versucht ihn wieder zum Arbeiten zu bewegen und beginnt den Brief zu schreiben, um Lee den Anfang zu erleichtern. Er ist erstaunt, wie schnell sie einen Absatz geschrieben hat. Er sagt zu einem anderen Kind: »Guck mal, Tanya schreibt mit Blut. Du weißt doch, man schreibt am besten, wenn man sich das Handgelenk aufschneidet und während das Blut fließt, schreibt man eine Seite nach der anderen.«

Diese Schilderung macht nicht nur deutlich, dass Lee seiner Umwelt extrem auf die Nerven gehen kann, sondern auch, wie sehr er unter der Situation im Unterricht leidet. Als er das Klassenzimmer betritt, fühlt er sich wie ein Held, bekommt aber durch Tanyas Bemerkung »Tut mir für dich leid« einen Dämpfer versetzt. Unübersehbar ist auch, dass er mit seiner Haltung Tanya zu dieser gereizten Bemerkung provoziert. Erst später ist sie in der Lage, überlegter mit ihm umzugehen. Ihre Reaktion ist ein gutes Beispiel dafür, wie schwierig es ist, Kindern, die ständig die Grenzen ausreizen, aufmerksam zu begegnen. Auf Lee wirkt ihre Bemerkung wie ein Schlag in die Magengrube. Er fühlt sich erniedrigt und reagiert, indem er seinen Mitschüler schlägt. Kinder wie Lee neigen dazu, willkürlich, scheinbar ohne jeden Anlass, um sich zu schlagen. Khalid ist verwirrt und fragt ihn, was das soll. Er versteht nicht, warum Lee ihn vollkommen grundlos schlägt. Und doch hat Lees Verhalten einen Sinn: Es hängt mit seinem Ärger über Tanya zusammen und nicht mit

Khalid. Er ist wütend und schlägt auf das erste sich bietende Opfer ein. Aus seiner Verletztheit resultiert, dass er jemand anderen verletzen will. Dafür macht er Tanya verantwortlich und verhält sich damit wie ein kleines Kind, das die Erwachsenen anklagt, wenn es sich weh getan hat: »Warum habt ihr das zugelassen?«

Als Lee die Aufgabe bearbeiten soll, weiß er nicht, wie er beginnen soll. Er verlegt sich auf Verzögerungsstrategien, versucht das Thema zu wechseln und andere Kinder abzulenken. Sobald alle anderen Schüler arbeiten, fühlt er sich isoliert. Als Tanya ihn auffordert, sich Phantasieland vorzustellen, ist er dazu nicht in der Lage. Mit Dingen, die nicht sichtbar und konkret sind, kann er nicht umgehen. Er ist unfähig, seine Phantasie einzusetzen und seine Gedanken wandern zu lassen. Damit ähnelt er den Babys, die ich an früherer Stelle beschrieben habe, die immer aktiv sind und immer beschäftigt werden wollen. Er fühlt sich verloren und nervös. Als er sieht, was Khalid geschrieben hat, kommt er sich unfähig vor und wird neidisch. Deshalb beginnt er, ihn zu quälen. Anscheinend kann er es nicht ertragen, wütend und deprimiert zu sein, und muss deshalb einen anderen verletzen. Er hackt auf Khalid herum, um ihn am Weiterarbeiten zu hindern. Seine Geschichte über Khalids Mutter soll nicht nur Khalid verletzen, sondern ist auch Ausdruck der grausamen, höhnenden Stimme, die er in sich trägt. Er ist nicht in der Lage, so zu arbeiten wie die anderen Kinder und rächt sich, indem er ihnen die an ihm durch Lehrerin und Mitschüler geübte Kritik heimzahlt.

Aus Lees Verhalten, vor allem gegenüber seinen Mitschülern, lässt sich folgern, dass er sich für dumm hält. Er will erreichen, dass sich andere genauso schlecht fühlen wie er. Die hohen, strikten Erwartungen sowie der Spott über seine Unzulänglichkeiten kommen aus seinem eigenen Inneren, werden aber auch von außen, vor allem von seiner Lehrerin geäußert. Er versucht sich vor dem Gefühl der Unfähigkeit zu schützen, indem er sich weder auf die Sonderpädagogin noch auf sonst irgend jemanden einlässt, der ihn daran erinnert, dass er etwas nicht weiß oder kann. Leider hindert ihn dies auch daran, sich für Hilfe zu öffnen. Als er sieht, mit welcher Leichtigkeit Tanya einen Absatz schreibt, stellen sich bei ihm morbide Phantasien von Schnittwunden und Blut ein. Man muss den Eindruck gewinnen, dass Schreiben für ihn ein Albtraum ist, dass man leiden oder vielleicht sogar sterben muss, um schreiben zu können.

Für solche Kinder ist ein Nein absolut niederschmetternd, es klingt für sie genauso wie die gehässige Stimme in ihrem Innern, die sie unablässig kritisiert. Der erste Schritt muss daher darin bestehen, die Selbstachtung dieser Kinder aufzubauen, bevor sie sich dem Lernen öffnen können. In gewisser Weise ist Lee so etwas wie eine ältere Ausgabe des kleinen Paul aus dem zweiten Kapitel. Er kann es nicht ertragen, verletzlich zu sein, und schützt sich, indem er andere verletzt und sich selbst isoliert. Nach außen wirkt er extrem forsch und selbstbewusst und provoziert damit die Menschen in seiner Umgebung zu ärgerlichen, harschen Reaktionen und strengen Verboten. Sie spiegeln seine innere Welt wider, den verachtungsvollen Spielverderber in seinem Innern. Die Herausforderung, vor die sich Erwachsene bei einem Kind wie Lee gestellt sehen, ist die Frage, wie man Grenzen setzen kann, die Sicherheit geben anstatt wie eine Strafe zu wirken. Man muss ihm das Gefühl geben, zwar einiges noch nicht zu können, dass das aber nicht immer so bleiben muss. Wenn er jetzt eine schriftliche Aufgabe nicht zu bewältigen vermag, bedeutet dies nicht, dass er ein totaler Versager ist, den man erniedrigen und lächerlich machen darf. Wichtig ist auch, ihm klar zu machen, dass man zwar versteht, wie er sich fühlt, es aber nicht toleriert, wenn er andere verletzt. Das verleiht ihm die Hoffnung, dass man sich auch dem Teil seiner eigenen Person entgegenstellen wird, der sich über seine Misserfolge lustig macht. Die Probleme eines Kindes wie Lee wachsen sich nicht einfach aus, er braucht sowohl psychologische als auch pädagogische Hilfe.

Das folgende Beispiel zeigt, welchen positiven Einfluss die Stärkung des Selbstvertrauens auf Kinder mit Lernschwierigkeiten haben kann. Die Grenzen, die in diesem Fall gesetzt werden, lassen das Kind nicht klein und dumm erscheinen. Doro ist zehn Jahre alt und erhält in der Schule eine zusätzliche Betreuung durch eine Sonderpädagogin.

Auch sie hat große Schwierigkeiten beim Lesen und Schreiben und neigt dazu, früh aufzugeben und jemand anderem die Aufgaben zu Ende machen zu lassen. Liz, die sie begleitende Sonderpädagogin, schreibt:

Ich erkläre Doro, dass wir eine Geschichte über Drachen lesen und dann einige Fragen darüber zu beantworten haben. Ich lese ihr die Geschichte vor. Aber sie konzentriert sich nicht, sondern spielt mit ihrem Bleistift, rutscht auf dem Stuhl hin und her und versucht, mich abzulenken. Ich sage zu ihr, ich hätte den Eindruck, dass sie sich Sorgen wegen all der Fakten mache, die wir über Drachen wissen müssten, um die Fragen beantworten zu können. Doro antwortet: »Liz, ich glaube, das Problem ist das Verstehen. Ich meine, du weißt, die anderen Kinder können das sehr schnell, weil sie keine Lernschwierigkeiten haben. Ich meine, wenn man intelligent ist – kein Problem, verstehst du?« Ich entgegne ihr, dass sie sich meiner Meinung nach Gedanken mache, weil sie glaube, nicht so intelligent zu sein wie die anderen Kinder und füge hinzu: »Ich denke, deine Probleme haben nichts mit Intelligenz zu tun. Du bist ein intelligentes Mädchen. Und du hast doch auch verstanden, was ich dir über Drachen vorgelesen habe. Wenn ich dir sage, dass Drachen in China freundlich sind und Glück bringen, während sie in England hässlich sind und Schätze bewachen, kannst du das dann verstehen?« Doro nickt. »Siehst du! Du verstehst sehr gut. Mir fällt auf, dass es dir oft schwer fällt, dich auf das zu konzentrieren, was wir machen.« Doro beruhigt sich und bittet mich, weiterzulesen. Nach einer Weile fragt sie, ob sie mir die Geschichte von den Drachen vorlesen darf.

Es wird deutlich, dass Doro glaubt, sie könne die gestellte Aufgabe nicht bewältigen und müsse im Vergleich mit den anderen schlechter abschneiden. Aus anderen Berichten über Doro geht hervor, dass sie leicht aufgibt und oft Liz bittet, die Aufgabe für sie zu erledigen. Doch in der hier geschilderten Situation ist es anders: Nachdem Liz Doros Gefühle ausgesprochen und ihr die Hoffnung vermittelt hat, dass sie den Stoff verstehen und sich an der Aufgabe beteiligen kann, ist Doro in der Lage, sich aktiv einzubringen.

Ich habe drei Beispiele von Kindern mit Lernschwierigkeiten ange-
führt, um deutlich zu machen, was passiert, wenn die Erwartungen der
Erwachsenen nicht mit den tatsächlichen Leistungsmöglichkeiten des
Kindes übereinstimmen. Darüber hinaus zeigen die Beispiele, wie ver-
schieden die einzelnen Kinder mit ihren Schwierigkeiten umgehen. Auch
Kinder mit weniger gravierenden Problemen zeigen ähnliche Verhaltensmuster, so dass wir uns fragen müssen, ob wir sie nicht überfordern. Der
Umgang mit diesen Kindern muss konkret sein; das heißt, man muss ihnen das Gefühl vermitteln, dass man ihnen bei einem ganz bestimmten
Problem hilft und sie nicht be- oder sogar verurteilt. Wir müssen uns der
Unsicherheit bewusst sein, die Kinder empfinden, wenn sie eine Frage
nicht beantworten können. Selbst Erwachsenen fällt es nicht leicht, sich
lange auf etwas zu konzentrieren, das sie kaum verstehen. Auch sie sind
dann nicht bereit, in der Position des Unwissenden zu verharren.

Zu hoch angesetzte oder enttäuschte Erwartungen sind die Ursache für Konflikte und Streitereien. Wir ärgern uns über unser Kind, weil
wir glauben, dass es sich nicht genug Mühe gibt. Das konkret anstehende Problem – die gestellte Aufgabe – rückt in den Hintergrund und wird
überdeckt von einem Beziehungsproblem zwischen dem Kind und den
Eltern oder dem Lehrer. Wenn es uns gelingt, konsequent zu bleiben
und Ablenkungen zu vermeiden, werden wir eher in der Lage sein, bei
der Sache zu bleiben. Das wiederum ermöglicht es uns, die Gründe für
die Lernschwierigkeiten des Kindes zu erkennen (so wie Liz dies bei
Doro tat), die Verbindung zu ihm aufrecht zu erhalten und es nicht mit
seinen Ängsten allein zu lassen. Viele Kinder haben Schwierigkeiten,
sich zu konzentrieren; Konsequenz seitens des Erwachsenen hilft ihnen, bei der Sache zu bleiben. Unter Umständen müssen wir uns aber
auch von unserem eigenen Ehrgeiz verabschieden und dem Lerntempo
des Kindes anpassen.

Sofern wir nicht beruflich mit Grundschulkindern zu tun haben,
wissen wir als Eltern im Grunde genommen recht wenig, welche schulischen Leistungen tatsächlich erwartet werden. Was Kinder heute lernen,
ist keineswegs identisch mit den Lerninhalten unseres Schulunterrichts.

Eltern stellen immer wieder fest, dass die Rückmeldung der Lehrer auf die Leistungen ihrer Kinder von der eigenen Einschätzung abweicht. Spätestens, wenn das Kind in die dritte oder vierte Klasse kommt, ist man versucht, die eigenen Maßstäbe an das anzulegen, was das Kind in der Schule leistet. Unter diesen Voraussetzungen mag man ein Projekt für eher dürftig halten oder ein naturkundliches Experiment als allzu simpel einschätzen. In dieser Situation müssen Eltern dem Drang widerstehen, sich allzu sehr einzumischen und dem Kind die Arbeit abzunehmen. Mit unserem Wunsch, »gute« Eltern zu sein, die ihrem Kind bei den Hausaufgaben helfen, greifen wir in das Lerntempo des Kindes ein und hindern es daran, sich Wissen durch eigene Erfahrung anzueignen. Kinder müssen selbstständig lernen, um die erworbenen Fähigkeiten dauerhaft zu festigen. Wir als Erwachsene müssen lernen, Nein zu sagen zu dem Wunsch, direkt beteiligt zu werden. Ich will damit nicht sagen, dass man Kinder mit ihren schulischen Problemen völlig allein lassen sollte. Vielmehr geht es darum, auf ihre Bedürfnisse zu reagieren, anstatt dem eigenen Bedürfnis nach Kontrolle und Hilfestellung nachzugeben.

Manche Kinder wollen nicht arbeiten, sondern lassen sich am liebsten alles abnehmen. Vielleicht trauen sie sich wie Doro nicht genug zu, vielleicht wollen sie aber auch nur bemuttert werden. Möglicherweise versuchen sie, die Eltern an sich zu binden, indem sie ihre Hilflosigkeit demonstrieren. Sie verfügen über ein erstaunliches Repertoire an Ablenkungsstrategien, um die Eltern daran zu hindern, Nein zu ihrem babyhaften Verhalten zu sagen. Als Eltern sollten wir diesen Ausdruck infantiler Bedürfnisse akzeptieren, zugleich aber auch von ihnen fordern, dass sie bestimmte Ziele zu erreichen versuchen. Es ist denkbar, dass ein Kind all seine Energie aufwendet, um in der Schule »erwachsen« zu sein und sich deshalb zu Hause nur noch in kleinkindliche Verhaltensmuster zurückfallen lassen will. Wenn ein Kind aber immer versucht, Baby zu bleiben, tut man ihm keinen Gefallen, wenn man es auch wie ein Baby behandelt. Man bestätigt damit nur, dass es tatsächlich angenehmer ist, ein Kleinkind zu bleiben.

Grundschuljahre 171

Ähnlich problematisch ist es, wenn ein Kind so behandelt wird, als ob es etwas ganz Besonders wäre – ein kleiner Prinz oder eine Prinzessin. In solchen Fällen erwarten häufig nicht nur die Eltern, sondern auch das Kind, dass jeder es so behandelt.

Die achtjährige Carla ist ein Einzelkind. Sie ist zierlich, recht hübsch und sieht jünger aus, als sie ist. Carla ist ein intelligentes Mädchen und auch außerhalb der Schule sehr aktiv: Sie geht zum Ballet, spielt Tennis und nimmt Geigenunterricht. Ihre Mutter engagiert sich sehr in der Schule, begleitet die Klasse bei Ausflügen und steht immer zur Verfügung, wenn Elternbeteiligung gefragt ist. Carla spricht wie eine kleine Erwachsene, sie tadelt andere Kinder für ihre Unordentlichkeit und kritisiert die Lehrer, wenn sie zu spät kommen. Jedem erzählt sie, wie gut sie in der Schule ist und legt großen Wert darauf, immer artig zu sein. Wenn sie mit einem anderen Kind in Streit gerät, sucht sie schnell Hilfe bei einem Lehrer oder bei ihrer Mutter, falls diese gerade in der Schule ist. Regelmäßig schaltet sich die Mutter dann ein, ergreift für ihre Tochter Partei und schimpft die anderen Kinder aus. Gegenüber ihren Lehrern verhält sich Carla sehr nett und höflich, so dass sie bei ihnen beliebt ist. Bei ihren Klassenkameraden ist sie jedoch höchst unbeliebt.

Aus dem Bericht geht eindeutig hervor, dass dieser Zustand für Carla nicht hilfreich ist. Den Lehrern fällt dies nicht weiter auf, da sie Carla als Schülerin kennen gelernt haben, die für ihr Alter recht reif ist, souverän mit Erwachsenen redet und offenbar wesentlich disziplinierter ist als ihre Mitschüler. Carla hat alles, was man sich wünschen kann, bekommt aber kaum Grenzen gesetzt. Mit ihrem Verhalten als Musterschülerin, die sich immer in den Vordergrund drängt, verärgert sie ihre Klassenkameraden. Sie muss sich immer im Mittelpunkt fühlen und kann sich nicht in Gruppen eingliedern. Die Erwartung, dass alle anderen sie genauso wie ihre Eltern für etwas Besonders halten müssen, erweist sich schließlich als Hindernis. Streng genommen bleibt sie trotz ihrer aufgesetzten Erwachsenenattitüde eigentlich unreif. Der Wunsch der Eltern, für sie nur das Beste zu tun, beraubt Carla der grundlegenden Erfahrung, normal zu sein, ein Kind unter vielen.

Andere Kinder dagegen sind geradezu darauf angewiesen, dass man hohe Erwartungen in ihre Lernfähigkeiten setzt. In einer höchst interessanten Studie wurden Kinder mit etwa gleichen Fähigkeiten in drei Gruppen aufgeteilt und von drei verschiedenen Lehrern unterrichtet. Den Lehrern wurde gesagt, die Kinder der einen Gruppe seien überdurchschnittlich intelligent, die der mittleren durchschnittlich und die der dritten unterdurchschnittlich begabt. Die Studie zeigte, dass die Leistungen der Kinder den so vorformulierten Erwartungen entsprachen. Dieses Ergebnis ist äußerst aufschlussreich für die Arbeit mit Kindern, die aus welchen Gründen auch immer als problematisch eingestuft werden. Es steht außer Frage, dass einige Kinder leistungsstärker sind als andere, die zusätzlich gefördert werden müssen. Doch die Einstufung von Kindern sollte auf der Grundlage sorgfältiger Beobachtung und nicht vor dem Hintergrund von Annahmen oder Vorurteilen erfolgen. Zum Beispiel wird eine überproportional große Zahl von Kindern, die ethnischen Minderheiten angehören, von Lehrern als eher leistungsschwach eingeschätzt. Dies gilt vor allem für Jungen. Darüber hinaus wird hierzulande die Tatsache, dass ein Kind in einer Familie aufwächst, in der eine Fremdsprache gesprochen wird, häufig als Nachteil aufgefasst. Allerdings könnte man dies auch als Vorteil begreifen. Zum Beispiel beherrschen viele Kinder in Indien ohne Schwierigkeiten zwei oder sogar drei Sprachen. Hohe Erwartungen können, wenn mit ihnen kein Druck verbunden wird, für das Kind Hoffnung und Ermutigung darstellen.

Es gibt auch Kinder, die mit großem Interesse lernen und deren eigene Erwartungen die unseren übertreffen. Ein besonders hübsches Beispiel dafür ist Roald Dahls begeisterungswürdige Geschichte von Matilda, jenem hoch begabten Mädchen, das Zuflucht in Büchern, dem Lernen und bei seiner Lehrerin sucht. Ihre Eltern sind Person gewordene Karikaturen von Gier und geistiger Schlichtheit. Die Geschichte ist auch auf ganz normale Familienverhältnisse übertragbar. Wenn die Interessen eines Kindes sehr von denen der Eltern abweichen, werden sie leicht vernachlässigt oder gering geachtet. Das muss noch nicht einmal besonders dramatisch wirken: In einer eher musisch veranlagten Familie kommen naturwissenschaftliche Themen mit aller Wahrscheinlichkeit wenig oder gar nicht zur Sprache. Eltern müssen erkennen, dass die Talente ihres Kindes möglicherweise auf einem anderen Gebiet liegen, deshalb aber nicht weniger Förderung verdienen. Gelegentlich verfügt ein Kind über eine Begabung, die vollkommen aus dem Rahmen des der Familie Vertrauten fällt. Aufgabe der Eltern ist es dann, ihre eigenen Gefühle von Fremdheit und Unsicherheit zu besiegen, um dem Kind zu ermöglichen, dieses unbekannte Terrain zu erkunden. Andere Kinder sind wesentlich besser in der Schule als ihre Eltern und eröffnen sich damit die Möglichkeit, Bildung als Aufstiegschance zu nutzen. In diesem Fall mag zwar die Familie nicht in der Lage sein, dem Kind beispielsweise bei den Hausaufgaben zu helfen, kann es aber durch Ermutigung entscheidend in seinen Bemühungen unterstützen.

Wachsende Unabhängigkeit

Wir müssen flexibel sein und unsere Erwartungen immer wieder neu formulieren. Ein Kleinkind, das mit schmutzigen Schuhen ins Haus gestürmt kommt und Schal, Jacke und Handschuhe einfach auf den Fußboden wirft, wird zwar wahrscheinlich gescholten, aber doch mit großer Nachsicht behandelt werden – die Mutter räumt hinter ihm her, selbst wenn sie schimpft. Verhält sich dagegen ein Zehnjähriger so, macht er sich alles andere als beliebt. Ähnlich hohe Erwartungen werden an Ordentlichkeit, Sauberkeit wie auch an Selbstbeherrschung und Motivation eines Kindes gestellt. Eine Mutter, die ihrem Kind ständig sagen muss, was es zu tun und zu lassen hat, empfindet sich als Nörglerin. Da diese Rolle niemandem gefällt, erwartet man vom Kind, wenn es älter wird, dass es sich von sich aus bestimmten Regeln entsprechend verhält. Die Mutter ihrerseits muss dann lernen, sich mit ihren Vorschriften zurückzuhalten und sich weniger verantwortlich zu fühlen.

Ein unselbständiges, in hohem Maße von seiner Mutter abhängiges Kind, ist in seiner Bewegungsfreiheit eingeschränkt. Es verlangt beispielsweise, dass die Mutter mit ihm spielt oder ihm immer neue Vorschläge macht, was es als nächstes tun soll. Sobald es sich selbst überlassen bleibt, beginnt es zu jammern. Ständig schreit es: »Ich langweile mich.« Phantasie und Kreativität verkümmern. Im ersten Kapitel habe ich deutlich zu machen versucht, dass ein Säugling seine inneren Ressourcen entwickelt, wenn er über einen begrenzten Zeitraum allein gelassen wird. Das gleiche gilt auch für Grundschulkinder: nicht ständig für sie zur Verfügung zu stehen, ist hilfreich für ihre Entwicklung. Es ist unsere Aufgabe, nicht jeden Leerlauf zu füllen, zugleich müssen wir diesen beunruhigenden Zustand aber auch tolerieren. Der Kinderpsychotherapeut Adam Phillips schreibt: »Es ist außerordentlich aufschlussreich, was die Langeweile des Kindes im Erwachsenen auslöst. Als Forderung, manchmal Versagen oder Enttäuschung anprangernde Anklage verstanden, wird sie selten akzeptiert oder einfach nur zur Kenntnis genommen.« Und er fügt hinzu: »Es gehört zu den grausamsten Forderungen der Erwachsenen, dass das Kind Interesse zeigen soll, anstatt sich die Zeit nehmen zu können, um seine eigenen Interessen zu entwickeln.«

Je älter das Kind wird, desto mehr Freiheit will es haben, um auf eigene Faust Entdeckungen zu machen und seine Freunde zu besuchen. Es ist wichtig, dass man dem Kind in diesem Alter Freiräume lässt, dass es zum Beispiel mit dem Fahrrad losfahren oder mit anderen auf der Straße spielen darf. Es muss fühlen, dass es in seinem Leben nicht nur Beschränkungen gibt. Die Bedeutung des Zusammenseins mit anderen Kindern kann gar nicht hoch genug eingeschätzt werden. Eltern sollten also auch Mühen auf sich nehmen, um ihrem Kind zu ermöglichen, die Freunde zu sehen. Das kann zum Beispiel bedeuten, dass sie es zu den Freunden hinfahren, und es kann auch heißen, dass sowohl die Eltern als auch die anderen Geschwister eigene Termine zurückstellen müssen. Wenn das Kind dies erkennt, wird es akzeptieren, dass man ihm an anderer Stelle Grenzen setzt. Es ist nicht leicht für die Eltern, ihrem Kind mehr Selbstständigkeit einzuräumen. Sie müssen sowohl ihm als auch dem Umfeld vertrauen, in dem es sich bewegt. Dies ist gerade in den letzten Jahren immer schwieriger geworden. Doch die Alternative wäre eine Überfürsorglichkeit, die die Phase der Abhängigkeit verlängert, die Lebenstüchtigkeit des Kindes beschneidet und darüber hinaus dem Kind ein Bild von der Welt als einem Ort der Gefahren vermittelt. Nutzen und Risiko müssen sorgfältig abgewogen werden.

Eltern müssen die eher infantilen Bedürfnisse des Kindes mit seinem steigenden Bedürfnis nach Unabhängigkeit in Einklang bringen. Das kann zu Spannungen führen. Was tut man, wenn ein Kind unbedingt ein Haustier haben will; wenn es versichert, dass es in der Lage ist, sich um ein anderes Lebewesen zu kümmern, die Verantwortung zu übernehmen und dafür zu sorgen, selbst wenn es mal keine Lust haben sollte? Stimmt man zu, obwohl man weiß, dass das Kind sich überschätzt? Beharrt man auf der getroffenen Vereinbarung, selbst wenn das Tier nicht richtig versorgt wird? Kümmert man sich selbst um das Tier oder lässt man das Kind die Erfahrung machen, was es heißt, seiner Pflicht nicht nachzukommen – selbst wenn das auf Kosten des Tieres geht? Das sind keineswegs triviale Fragen. Wenn wir als Eltern die Sorge für das Haustier übernehmen, wird das Kind vielleicht nie verstehen, dass es sich nicht genug gekümmert hat und bei nächster Gelegenheit eine ähnliche Bitte vortragen. Wenn man sich dagegen vollkommen heraushält, ist das nicht nur grausam gegenüber dem Tier, man lässt auch zu, dass das Kind destruktiv ist und im schlimmsten Fall sogar ein Lebewesen sterben lässt und in der Folge unter Schuldgefühlen leidet. Möglicherweise befindet man sich schließlich in der eigenartigen Situation, dass man das Kind ständig antreiben muss, die Verantwortung zu übernehmen, die es sich gegen unseren Rat aufgebürdet hat. Doch ihm die Chance erst gar nicht zu geben, wäre unter Umständen auch nicht fair; es ist durchaus denkbar, dass ein Kind die mit einem Haustier verbundenen Aufgaben meistert und daran nicht nur Freude hat, sondern auch erfährt, was es heißt, verantwortungsvoll und erwachsen zu handeln. Die Frage, wann es sinnvoll ist, dem Kind wachsende Vertrauenswürdigkeit zuzugestehen, und wann man immer noch Grenzen setzen sollte, ist nicht leicht zu beantworten. Die vielleicht beste Herangehensweise ist wahrscheinlich eine Mischung aus Optimismus und Vorsicht, bei der man sich bewusst ist, dass sich das Kind ein Ziel gesetzt hat, das es vielleicht nicht ohne Unterstützung erreichen wird.

Ähnliche Probleme stellen sich, wenn Kinder sich ein Hobby wählen, in einen Sportverein oder eine Theatergruppe eintreten, Ballett- oder Musikunterricht nehmen wollen.

Frank, neun Jahre alt, ist ein begeisterter und guter Schwimmer. Er überredet seine Eltern, ihn beim örtlichen Schwimmverein anzumelden, was zur Folge hat, das er nun dreimal in der Woche zum Training muss. Frank liebt die Wettkämpfe, aber hasst das Training. Die Tatsache, dass sein Vater ihn regelmäßig ermahnt, doch hinzugehen, führt ständig zu Streitereien.

Wenn sie dem Wunsch ihres Kindes zugestimmt, seinem Bitten nachgegeben haben, glauben viele Eltern, sie müssten nun auch dafür sorgen, dass das Kind bei dem bleibt, was es sich vorgenommen hat. Ich halte es an diesem Punkt für sinnvoll, dass man überlegt, was Aufhören oder Weitermachen für das Kind bedeutet. Zwingt man es, etwas zu tun, das es inzwischen möglicherweise verabscheut? Oder gibt es nicht vielleicht zu früh auf, so dass man dem entgegensteuern sollte? Ich bin überzeugt, dass derartige Entscheidungen gründlich durchdacht und nicht übereilt gefällt werden sollten. Indem man sich Zeit zum Nachdenken nimmt, zeigt man dem Kind, dass es wichtig ist, die Entscheidung gründlich abzuwägen. Es lernt, dass man dem Drang, etwas aufzugeben, sobald sich Schwierigkeiten einstellen, widerstehen kann, um Standhaftigkeit und Optimismus zu entwickeln. Wenn man allzu leicht aufgibt, findet man nie heraus, ob man nicht doch erfolgreich hätte sein können. Die positive, hoffnungsvolle Haltung wird damit untergraben.

In Franks Fall bestanden seine Eltern darauf, dass er bis zum Ende des Jahres im Schwimmverein blieb. Bis dahin hatte sich herauskristallisiert, dass Frank vor allem Spaß daran hatte, mit seinen Freunden

Grundschuljahre 177

schwimmen zu gehen, und die Eltern hatten sich überzeugt, dass der Verein nicht das Richtige für ihn war.

Anders sein

Was wir von unserem Kind erwarten und was wir ihm erlauben, wird zu einem Teil dadurch bestimmt, was in der entsprechenden Altersgruppe als allgemein angemessen gilt und was wir in anderen Familien beobachten. Ob diese Maßstäbe auch für die eigene Familie zutreffen, muss überprüft werden.

Für Kinder im Grundschulalter spielt es eine sehr große Rolle, was die anderen Kinder machen. Es ist auffällig, dass viele Kinder in diesem Alter zum Beispiel Briefmarken, Fußballbilder oder Poster von Popstars sammeln. Sie wollen die gleiche Musik hören, die gleichen Fernsehsendungen sehen wie ihre Altersgenossen und mit ihnen darüber sprechen, was in ihrer Lieblingsserie passiert. Sie genießen es, Teil einer gemeinsamen Kultur zu sein. All das vermittelt ein Gefühl von Sicherheit in der »Außenwelt«. Und es stärkt den Eindruck des Kindes, dass es kein hilfloses, bedürftiges Baby mehr ist, das seine Mutter um sich braucht, sondern auch ganz gut mit anderen Menschen zurechtkommt. Kinder beobachten und vergleichen und wollen unbedingt so sein wie die anderen. Sie verlieren ein wenig von ihrer Intensität und suchen Zuflucht in Strukturen und Stereotypen. In den Augen von Erwachsenen und Teenagern erscheinen ihre Aktivitäten eher langweilig.

Eltern können ordentlich in Schwierigkeiten geraten, wenn sie nicht der Norm entsprechen. Wie sollen Sie Nein sagen, wenn Ihre Tochter Jenny Ihnen erzählt, dass alle anderen in der Klasse zur Pyjamaparty bei Alice gehen oder dass all ihre neunjährigen Freundinnen alleine einkaufen dürfen? Wie immer sollte man auch hier wiederum den eigenen Standpunkt überdenken und die ihm zugrunde liegenden Motive sorgfältig überprüfen. Rät Ihnen Ihr Instinkt, Nein zu sagen, weil Sie Angst haben, Jenny loszulassen? Machen Sie sich Gedanken, weil Sie Alices Eltern nicht kennen? Gehören Sie einer völlig anderen Kultur als

Alices Familie an? Sie wissen, dass Jenny äußerst schlechte Laune bekommen kann, wenn sie müde ist, und haben deshalb Sorgen, dass sie Schwierigkeiten machen könnte, wenn sie bei ihrer Freundin schläft? Nur wenn Sie sorgfältig jegliches Pro und Contra abgewogen haben, können Sie eine begründete Entscheidung fällen.

Mrs G. hat vier Kinder. Ihr jüngstes, die achtjährige Jane, hat eine Einladung, über das Wochenende mit Freunden aufs Land zu fahren. Mrs G. möchte sie eigentlich nicht mitfahren lassen, weil sie sich Sorgen macht, dass sich Jane nachts fürchten wird. Und sie hat keine große Lust auf eine stundenlange Autofahrt, sollte Jane es nicht mehr aushalten und abgeholt werden wollen. Aber Jane ist so begeistert von der Aussicht auf dieses Wochenende, dass ihre Mutter sie mitfahren lässt. Tatsächlich genießt Jane das Wochenende und kann es kaum erwarten, wieder einmal wegzufahren. Mrs G. ist überrascht, weil sie in Jane immer ihre Kleine gesehen hat, die noch den Schutz der Familie braucht. Vor allem vor dem Zubettgehen war sie normalerweise besonders anhänglich, so dass Mrs G. der Überzeugung war, sie würde in einem fremden Haus nicht zur Ruhe kommen. Sie ist erleichtert, dass es Jane gefallen hat, zugleich aber auch ein bisschen traurig über den Verlust ihres Babys und die Erkenntnis, dass damit eine Phase endgültig abgeschlossen ist.

Deutlich wird, dass Mrs G. bereit war, ihrem Wunsch zu widerstehen, Jane weiterhin an sich zu binden, und sie stattdessen neue Erfahrungen machen ließ. Die Mutter hat dabei durchaus gemischte Gefühle: Sie hat eine selbstständigere und geselligere Tochter gewonnen, aber das Baby verloren, das seine Mutter braucht, um glücklich zu sein.

Die zehnjährige Lucia ist zur Geburtstagsfeier ihrer Freundin Naomi eingeladen, bei der sich die Kinder ein Video ansehen wollen, das Lucias Mutter, Mrs T., für zu grausam hält. Mrs T. will nicht, dass ihre Tochter den Film sieht und fragt sich nun, ob sie Lucia verbieten soll, zur Party zu gehen. Oder sollte sie besser mit Naomis Eltern sprechen, damit sie ein anderes Vi-

Grundschuljahre 179

*deo aussuchen. Lucia will auf keinen Fall, dass ihre Mutter sich einschaltet,
es wäre ihr unendlich peinlich. Mrs T. weiß, dass Lucia Horrorfilme ziem-
lich nahegehen, und ist sich unsicher, was sie machen soll. Lucias Wunsch
dazuzugehören, ist derart stark, dass Mrs T. sie schließlich zu der Geburtstagsfeier gehen lässt. Noch Wochen später schreckt Lucia nachts aus fürchter-
lichen Albträumen hoch. Mrs T. wünscht, sie hätte sich durchgesetzt und
ihrem Gefühl vertraut.*

In diesen Fragen Entscheidungen zu fällen, ist äußerst schwierig. Nur
allzu leicht missdeutet man eine Situation und zieht falsche Schlüsse. Die
meisten Eltern verzichten auf ein Nein, wenn sie das Gefühl haben, dadurch ihr Kind zu isolieren. Und doch gibt es Situationen, in denen wir
uns durchsetzen müssen. Der Preis, der in dem oben beschriebenen Fall
gezahlt wurde, ist nicht sehr hoch. Vielleicht hat Lucia aus der Situation
gelernt, dass ihr nicht alles gut tut, was die anderen machen. Wenn wir bei
einem Nein bleiben, wo andere Eltern Ja sagen, zeigen wir unserem Kind,
dass es in Ordnung ist, wenn man nicht ebenso verfährt wie alle anderen.
Dies wird ihm später helfen, auch allein dem Druck zu widerstehen, der
von Gleichaltrigen ausgehen kann – es wird Nein sagen können zu Dingen wie Sex oder Drogen, die als »richtig cool« gelten. Wir versetzen es
in die Lage, sich zu überlegen »Will *ich* das wirklich?« Der Preis, den man
dafür zahlt, dass man nicht für sich selbst einsteht, kann hoch sein.

Auf Konflikte reagieren

Unter der Woche ist Ihr Kind jetzt mindestens fünf Stunden täglich aus
dem Haus. Wenn Sie fragen, was es in der Schule gemacht hat, wird es
Ihnen höchstwahrscheinlich nur eine knappe Antwort geben – bei Kindern dieses Alters besonders beliebt ist ein lakonisches: »Nicht viel«.
Und selbst wenn das Kind viel über die Schule erzählt, erhalten Sie damit nicht unbedingt zuverlässige Informationen. Bis jetzt hatten Sie immer Kontakt zu den Personen, die Ihr Kind betreut haben. Mit der Ein-

schulung jedoch müssen Sie sich das erste Mal ganz auf das verlassen, was es ihnen erzählt, um sich ein Bild davon zu machen, wie es ihm ergangen ist. Und es stellt sich nun die Frage, wie Sie mit Schwierigkeiten umgehen sollen, von denen das Kind erzählt: Zum Beispiel, dass Lehrer X es hasst und immer auf ihm herumhackt oder Sharon sich über es lustig macht. Vielleicht bittet das Kind Sie, in die Schule zu kommen und mit dem Lehrer oder Sharon zu reden, damit sie aufhören. Es könnte aber auch sein, dass es genau das auf keinen Fall will. Es ist wenig hilfreich, wenn wir als Erwachsene in solchen Situationen genauso verärgert oder verletzt reagieren wie das Kind. Wenn Sie in der Schule anrufen, um sich über Sharon zu beklagen, machen Sie die Situation möglicherweise nur noch schlimmer. Mit unserer Reaktion auf die Berichte des Kindes geben wir ihm ein Beispiel dafür, wie Menschen interagieren und mit Konflikten umgehen. Darüber hinaus können wir ihm helfen, zwischen Fühlen und Handeln zu differenzieren.

Hanne, sieben Jahre alt, kam weinend nach Hause: Ihr Lehrer hatte sie dafür getadelt, dass sie ein anderes Kind geschlagen hatte. Sie erklärte ihrer Mutter, dass Rebecca, ihre Banknachbarin, sie den ganzen Morgen über geärgert und ihre Stifte und den Radiergummi versteckte hätte. Deshalb hätte Hanne sie schließlich mit dem Lineal geschlagen, was der Lehrer bemerkt hatte. Trotz Hannes Rechtfertigung hätte der Lehrer nur sie bestraft und sie in strengem Tonfall dafür getadelt, dass sie ein anderes Kind geschlagen hatte. Ihre Mutter stimmte ihr zu, dass es unfair war, allein Hanne die Schuld zu geben. Doch sie erklärte ihrer Tochter auch, dass es nicht erlaubt sei, jemanden zu schlagen. Gemeinsam sprachen sie über Möglichkeiten, wie Hanne auf Rebecca hätte reagieren können. Hanne musste lernen, andere, zulässige Mittel zu finden, um mit ihren Gefühlen umzugehen und sie nicht auszuagieren.

Wie wir bereits im ersten Kapitel gesehen haben, ist es wichtig, schwierige oder schmerzliche Erfahrungen zu übersetzen. Wenn wir als Erwachsene überreagieren, vermitteln wir dem Kind den Eindruck, die Außenwelt sei gefährlich und voll von potentiellen Feinden. Viele der Familien, die in eine Erziehungsberatungsstelle kommen, funktionieren auf der Basis, dass sie nur innerhalb des Familienkreises und des eigenen Zuhauses sicher sind. Jeden Außenstehenden sehen sie als störend, wenn nicht gar als Bedrohung an. Dadurch berauben sie sich der Möglichkeit, sich von anderen – seien es Lehrer, Freunde oder sogar Bücher – helfen zu lassen. In extremen Fällen kann es zu Schulverweigerung kommen. Kinder, die Angst vor der Schule haben, brauchen Eltern, die Vertrauen in die Schule haben, die daran glauben, dass die Schule Gutes zu bieten hat und für das Kind keine Gefahr darstellt. Wenn sich Eltern von den negativen Gefühlen ihres Kindes überwältigen lassen, sind sie nicht mehr in der Lage, dem Kind eine alternative Sichtweise zu vermitteln. Indem sie sich die Angst ihres Kindes zu eigen machen, stimmen sie seiner Version vom Schulleben zu, anstatt ihm die Hoffnung zu geben, dass Schule auch anders sein kann.

Andererseits ist es auch problematisch, wenn man den Kummer des Kindes nicht ernst nimmt. Es ist gut möglich, dass Sharon, die vorgebliche Tyrannin, wirklich in ihre Schranken gewiesen werden muss, oder Lehrer X tatsächlich Schwierigkeiten mit Ihrem Sohn hat. Es geht darum, dem Kind zuzuhören, anstatt einfach ja zu sagen und seine Erzählungen bedingungslos zu akzeptieren.

Zuhören

Möglicherweise sind die Berichte Ihres Kindes über seine Erlebnisse in der Schule für Sie selbst so schmerzlich, dass Sie wütend werden – wütend auf die, die Ihrem Kind Schmerz bereiten, vielleicht aber auch wütend auf das Kind, weil es Sie dem Schmerz aussetzt. Folglich werden Sie ärgerlich, sagen dem Kind, es solle nicht jammern, sondern sich zusammenreißen, schließlich sei das alles nicht so schlimm. Diese Kommentare mögen berechtigt sein. Doch man sollte sich klar machen, woher sie kommen, um sich in die Lage zu versetzen, bewusst und nicht aus dem Gefühl des Schmerzes heraus zu handeln.

In den ersten beiden Kapiteln haben wir gesehen, dass sich der Kummer eines anderen auf uns übertragen kann, so dass wir uns genauso aus der Fassung gebracht fühlen wie er. Eigene schmerzliche, vergessene oder verdrängte Gefühle kommen an die Oberfläche. Wenn man an den Berichten des Kindes Anteil nimmt, als ob das Erzählte einem selbst zugestoßen sei, hat man nicht die nötige Distanz, um die Situation in all ihren Aspekten zu erfassen. Die Erinnerung an Zeiten, die man als schwierig oder schmerzlich empfunden hat, überrollt einen, alte Emotionen und Kämpfe werden wiederbelebt. Was für das Kind vielleicht nur ein unangenehmer Moment war, wird zu einem Trauma aufgebauscht. Wir müssen aufpassen, dass wir uns nicht von den Schmerzen des Kindes überwältigen lassen. Wenn wir ihm aufmerksam zuhören und wahrnehmen, wie es sich fühlt, zugleich aber distanziert genug bleiben, um seine Berichte interpretieren und beurteilen zu können, sind wir in der Lage, ein negatives Erlebnis zu »entgiften« und eine andere Sichtweise zu vermitteln. Dies hilft dem Kind, das Erlebnis als Hindernis zu sehen, das es überwinden kann. Wenn uns das nicht gelingt, tragen wir unter Umständen nur dazu bei, dass die Verunsicherung und die Sorge des Kindes noch größer werden.

Mr L. war als Kind ein kleiner, eher schwächlicher Junge gewesen, den die größeren Kinder piesackten und ärgerten. Er sah sich als Opfer und war unfähig, sich gegen seine Peiniger zu wehren. Er hatte mit seinen Eltern und Lehrern darüber gesprochen, doch nur zurückhaltend, da er die ihm von den anderen angedrohte Rache fürchtete. Als er nun von seinem siebenjährigen Sohn Mark hörte, dass er in der Pause von Roger geschlagen worden sei, wurde er sehr zornig. Er kannte Rogers Eltern und wollte sie anrufen, um sich über das Verhalten ihres Sohnes zu beschweren. Mark bat ihn, das nicht zu tun und versuchte ihm zu erklären, dass Roger ihn eigentlich gar nicht hatte schlagen wollen. Die Erinnerung an die Angst, die er selbst als Kind davor gehabt hatte, andere zu »verraten«, trieb Mr L. zu handeln an, und er glaubte, dass es Mark genauso ging wie ihm. Er war aber auch böse auf Mark, weil er ihm nicht erlauben wollte, den Schläger zu bestrafen. Er durchlebte noch einmal seine eigenen Erfahrungen und versuchte, Mark den Schutz zu bieten, den er selbst nicht gehabt hatte. Er wollte der starke, beschützende Papa sein, nach dem er sich als Kind gesehnt hatte. Außerdem wollte er sich an den Tyrannen der Vergangenheit rächen, indem er den der Gegenwart bestrafte. Doch schließlich gab er nach und schaltete sich nicht ein. Ein paar Tage später, als beide Familien gemeinsam ausgingen, brachte Mr L. das Gespräch darauf, dass Roger seinen Sohn geschlagen hatte. Rogers Eltern erzählten, was sie von ihrem Sohn gehört hatten. Demzufolge waren die Jungen offenbar in Streit geraten und hatten sich gegenseitig verprügelt. Am nächsten Tag hatten sie ihren Streit beigelegt und waren wieder die besten Freunde.

Es wäre wenig hilfreich gewesen, hätte Mr L. aus dem Gefühl der Wut heraus Rogers Eltern angerufen. Er hätte sich mit seinen Freunden genauso gestritten wie zuvor Mark mit Roger. Auch wenn ihm dies nicht bewusst war, hatte die Tatsache, dass jemand seinem Sohn weh getan hatte, in ihm Gefühle ausgelöst, die er empfunden hatte, als er selbst in Marks Alter war. In dem Moment hörte er emotional auf Vater zu sein, sondern empfand wieder wie als Kind. Er hatte Schwierigkeiten zu erkennen, dass Marks Erfahrung eine andere war, und Mark das zu geben, was er brauchte. Mark bat ihn nicht um Hilfe bei einem äußerlichen Problem, um Schutz vor einem Tyrannen, sondern um die Möglichkeit, über das zu sprechen, was ihn wirklich beschäftigte, nämlich der Streit mit einem Freund.

Doch auch ein umgekehrtes Szenario ist denkbar. Eltern, die den Widrigkeiten des Lebens trotzen, sind manchmal unfähig, den Hilfeschrei ihres von anderen Kindern tyrannisierten Kindes zu hören. Der Gedanke »Ich bin mit allem fertig geworden« macht sie blind für die Tatsache, dass ihr Kind nicht zurechtkommt.

Auch ganz andere Faktoren können sich unserer Fähigkeit, die Erlebnisse des Kindes wahrzunehmen, in den Weg stellen.

Mr und Mrs S. sind als Flüchtlinge nach England gekommen. Während sie in ihrem Heimatland beide hochqualifizierte Berufe ausübten, müssen sie sich in England mit schlecht bezahlten Jobs durchschlagen. Ihre Kinder haben sich einigermaßen integriert und sind gut in der Schule. Allerdings erzählt Mary, neun Jahre alt, dass sie in der Schule geärgert und gequält wird. Die anderen Kinder ziehen sie an den Haaren, beschimpfen sie und machen ihr das Leben schwer. Sie traut sich kaum noch in die Schule. Die Eltern sind darüber sehr unglücklich, fühlen sich aber hilflos. Sie schalten sich nicht ein und überlassen es Mary, mit der Situation allein fertig zu werden.

In diesem Fall erinnert Marys Kummer ihre Eltern an die weitaus größere Angst, die sie in ihrem Heimatland empfanden, als sie ständig fürchten mussten, gefangengenommen und gefoltert zu werden. Die Erinnerung verstört sie und sie wollen sie so schnell wie möglich hinter sich lassen. Hinzu kommt, dass ihr Status in England nicht gesichert ist. Ständig müssen sie bei den örtlichen Behörden vorstellig werden. Sie haben Angst, dass ihre Position noch unsicherer werden könnte, wenn sie sich an die Schule wenden, um sich zu beschweren. Sie wollen nicht als Unruhestifter gelten. Abhängigkeit von und zugleich Dankbarkeit gegenüber dem System, in dem sie jetzt leben, macht es ihnen unmöglich, die Schule zu kritisieren. Außerdem wünschen sie sich, dass möglichst alles normal läuft und nichts ihr Boot zum Kentern bringt. Daher sind sie ärgerlich auf Mary. Sie glauben, dass sie die anderen Kinder provoziert und verlangen von ihr, die Situation selbst zu klären. Was ihre Tochter ihnen aus der Schule erzählt, können sie nicht nachvollziehen und reagieren damit in einer Weise, die Mary davon abhält, sich ihnen anzuvertrauen. Die Gefühle der Eltern sind verständlich, aber überhaupt nicht hilfreich für Mary. Bedauerlicherweise sind die Lösungen, die wir für unsere Schwierigkeiten finden, nicht immer auch die besten für alle anderen Familienmitglieder.

Wie aus den geschilderten Fällen deutlich geworden sein mag, kommt es darauf an, dem Kind zuzuhören und sich zugleich bewusst zu machen, was in uns ausgelöst wird. Wir müssen versuchen, unsere eigenen Gefühle und die des Kindes voneinander zu trennen, um herauszufinden, wie wir am besten helfen können. Es ist nicht leicht, festzustellen, was emotional zu uns gehört.

In der Gegenwart bleiben

Die Beschäftigung mit den emotionalen Reaktionen, die das Kind in uns auslöst, berührt ein außerordentlich komplexes Thema. So wie ein Nein für das Kind weitaus mehr als lediglich simple Grenze oder Ausdruck einer anderen Meinung bedeuten kann, reagieren auch wir als Erwachsene auf das Verhalten des Kindes immer vor dem Hintergrund unserer persönlichen Biografie. So erhalten Ereignisse eine Bedeutung, die weit über die Gegenwart hinausreicht.

Mit der Einschulung macht man sich auch Gedanken darüber, wie sich das Kind in Gruppen eingliedert, wie es sich ohne die elterliche Kontrolle benimmt. Viele Eltern machen sich nicht nur Sorgen darüber, wie das Kind zurechtkommt, sondern auch über das Licht, das sein Verhalten auf sie selbst wirft. Beispielsweise zeigen Kinder beim Essen manchmal recht eigene Vorstellungen von Tischmanieren: Sie rülpsen, schneiden Fratzen, schaukeln auf dem Stuhl, unterbrechen die Unterhaltung der Erwachsenen, stehen ungefragt auf und laufen umher. Anstatt sich mit der konkreten Situation zu befassen, neigen die Eltern dazu, in ihrer Vorstellung das Verhalten des Kindes auch auf andere Situationen zu übertragen und sich alle möglichen schrecklichen Szenen auszumalen. Die Folge sind Strafpredigten der Art: »Ich hoffe, so benimmst du dich nicht bei anderen Leuten. Was sollen die denn von dir denken? Wie kannst du in der Schule etwas lernen, wenn du dich so leicht ablenken lässt? Wir haben dir doch gute Manieren beigebracht, hat das denn gar nichts gefruchtet? Wenn du weiter mit dem Stuhl schaukelst, wirst du noch hinfallen und dir weht tun, das wird dir eine Lehre sein!« Das Kind wird nicht mehr nur für sein schlechtes Benehmen getadelt, vielmehr hat man den Eindruck, als ob auf einmal seine ganze Zukunft von diesem einen Moment abhinge. Es geht nicht um das, was gerade passiert, sondern darum, was passieren wird: Wird sich das Kind immer so verhalten, wird aus ihm je ein zivilisierter Mensch werden? Zugleich stellen sich auch die Eltern ganz grundlegend in Frage: Haben wir vollkommen versagt?

Ich benutze ein banales Beispiel, um deutlich zu machen, was durch derartige Konflikte ausgelöst werden kann, die in der einen oder anderen Form in jeder Familie auftreten. Eine Reaktion wie die oben beschriebene ist nicht hilfreich, sie hindert uns daran zu erkennen, was wirklich vor sich geht, und richtet sich stattdessen auf die Zukunft. Entsprechend unangemessen ist dann unser Umgang mit der Gegenwart. Doch wie ließe sich anders mit derartigen Situationen umgehen? Eine Möglichkeit wäre es, sich bewusst zu machen, was jetzt mit dem Kind passiert und was es in uns auslöst, um beides auseinanderhalten zu können. So sind wir in der Lage, die Relationen zu wahren und nach einer angemessenen Lösung zu suchen.

Schuld

Häufig sind es Schuldgefühle, die uns daran hindern, Nein zu sagen. Wir überkompensieren das Gefühl, unseren Kindern etwas vorzuenthalten.

Mrs K. hat zwei Kinder, den fünfjährigen Adam und die dreijährige Natasha. Als ihr Sohn geboren wurde, hatte sie zu arbeiten aufgehört, seit kurzem arbeitet sie jedoch im Unternehmen ihres Mannes, der dringend eine weitere Arbeitskraft benötigte. Morgens bringt sie zunächst in aller Frühe Adam in die Schule, danach Natasha in den Kindergarten, um dann schließlich den einstündigen Weg zu ihrem Arbeitsplatz zurückzulegen. Mrs K. beschreibt sehr eindringlich, wie schmerzhaft es für sie ist, Adam ganz allein auf dem Spielplatz der Schule zurückzulassen, da er immer der Erste ist. Er ist gerade erst eingeschult worden und fühlt sich noch sehr unsicher. Das Bild des kleinen Jungen, der einsam und verloren unter einem Schuppendach inmitten des riesigen Pausenhofs steht, verfolgt Mrs K. Am Nachmittag holt eine Tagesmutter die Kinder von der Schule ab, die sie seit ihrer Geburt kennen. Mrs K. kommt zur gleichen Zeit nach Hause wie die Kinder. Sie hat alles so organisiert, dass die Kinder möglichst wenig unter der Situation leiden. Wenn die Kinder zu Hause sind, ist sie auch zu Hause. Genau genommen steht sie nur dann nicht zur Verfügung, wenn die Kinder in der Schule oder im Kindergarten sind. Und trotzdem hat sie Schuldgefühle, weil sie so beschäftigt ist. Sobald sie den hektischen Tagesanfang hinter sich gelassen hat, macht ihr die Arbeit großen Spaß. Doch der ständige Zeitdruck, die mangelnde Flexibilität, die Sorge, was sie tun soll, wenn die Kinder einmal krank werden, all dies setzt ihr schwer zu. Wenn sie darüber spricht, benutzt sie Begriffe wie »Schuld«, »Angst«, »Sorge«. Kommt sie abends nach Hause, will sie wieder gutmachen, dass sie sich nicht ganz und ausschließlich den Kindern widmet. Sie will, dass zwischen ihnen Harmonie herrscht.

Diese Erfahrung teilen viele berufstätige Mütter. Selbst Frauen, die nur arbeiten, während ihre Kinder in der Schule sind, haben ein schlechtes Gewissen, dass sie sich nach der Arbeit noch mit anderen Dingen beschäftigen müssen, zum Beispiel der Hausarbeit oder Telefonanrufen. Es ist schwer, sich gegen die Erwartung des Kindes zu stellen, dass man sich nur ihm widmen sollte, wenn man zu Hause ist. Und viele Mütter sind überzeugt, dass ihr Kind Recht hat, wenn es sie als gemein oder böse bezeichnet. Sie sehen sich selbst als böse Mütter und versuchen, den Schaden wieder gutzumachen, den sie in ihren Augen angerichtet haben. Die Folge davon ist, dass zu allem ja gesagt wird, um dem Zorn und der Kritik des Kindes aus dem Weg zu gehen. Dies gilt um so mehr, wenn die Mutter voll berufstätig ist und ihr Kind durch andere Leute betreuen lassen muss.

Aber auch Väter, die durch ihre Arbeit so eingespannt sind, dass sie ihre Kinder nur am Abend oder den Wochenenden sehen, neigen dazu, immer nachzugeben. Das traditionelle Bild des strengen, Disziplin einfordernden Vaters gilt heute nicht mehr. Kaum ein Kind hört noch den Satz: »Warte nur, bis dein Vater nach Hause kommt.« Im Gegenteil, häufig sind die Mütter dafür zuständig, Grenzen zu ziehen und Verbote durchzusetzen. Ob eine Mutter »nur« Hausfrau ist, die sich den ganzen Tag den Anforderungen der Kindeserziehung widmet, oder unter dem Druck steht, Beruf und Familie miteinander zu vereinbaren, das Neinsagen fällt in jedem Falle schwer. Es ist so viel einfacher, Ja zu sagen, um den Familienfrieden zu erhalten oder die eigenen Schuldgefühle zu unterdrücken. Doch leider begegnet man damit weder den eigentlichen Bedürfnissen des Kindes noch besänftigt man dauerhaft die Selbstvorwürfe darüber, dass man nicht genug Zeit für sein Kind hat.

Schuldgefühle spielen auch auf einer weniger abstrakten Ebene eine Rolle.

Sophie, zehn Jahre alt, macht ihre Hausaufgaben vor dem Fernseher. Ihre Mutter fordert sie auf, das Gerät abzuschalten. »Aber das ist meine Lieblingsserie«, protestiert das Mädchen. Mrs M. lässt sie weitergucken, sagt ihr aber, dass sie das für eine Ablenkung hält und nicht glaubt, dass Sophie auf diese Weise ordentlich wird arbeiten können. Sophie versichert ihrer Mutter, dass sie schon fast fertig mit den Hausaufgaben sei und sowieso nur etwas abschreiben müsse. Als Mrs M. die Hausaufgaben durchsieht, stellt sie fest, dass Sophie zahlreiche Flüchtigkeitsfehler gemacht, einige Wörter vergessen, andere doppelt geschrieben hat. Mrs M. ärgert sich über sich selbst, weil sie sich nicht durchgesetzt hat. Sie sagt Sophie, dass sie am nächsten Tag nicht fernsehen dürfe. Sophie fängt an zu weinen und sagt, sie sei gemein, alle anderen Kinder dürften fernsehen. Am nächsten Tag komme eine ganz entscheidende Folge, die sie auf keinen Fall verpassen dürfe. Mrs M. kommt sich grausam vor, und als am nächsten Tag ihre Tochter wieder zu betteln beginnt, gibt sie schließlich nach.

Banale Auseinandersetzungen wie diese finden in jeder Familie statt. Mrs M. wollte Streit mit ihrer Tochter vermeiden und ließ ihr daher ihren Willen. Als sie merkte, dass die Hausaufgaben darunter litten, war Mrs M. verärgert und hatte ein schlechtes Gewissen. Sie reagierte darauf, indem sie ihrer Tochter Fernsehverbot und damit eine relativ harte Strafe erteilte. Es wird deutlich, dass sie Schwierigkeiten hat, konsequent Grenzen zu setzen, so dass es Sophie problemlos gelingt, ihre Mutter umzustimmen. Am Ende gibt es also gar kein Verbot. Von gar keinem Verbot zu einem sehr strikten Verbot überzugehen, kann nicht funktionieren. Mrs M. bleibt schließlich wieder nur ein schlechtes Gewissen und das Gefühl, grausam zu sein. Ein Kompromiss hätte so aussehen können, dass Sophie die Serie sehen darf, ihre Hausaufgaben dann aber zu einem anderen Zeitpunkt ohne Ablenkungen machen muss. Es wäre vielleicht zu einem Streit gekommen und hätte ein striktes Nein seitens der Mutter bedeutet, aber Mrs M. hätte das gute Gefühl gehabt, zumindest *einem* Wunsch ihrer Tochter nachgekommen zu sein. Sie wäre sich weniger gemein vorgekommen und das wiederum hätte es ihr erleichtert, konsequent zu sein.

Eine unübersehbare Rolle spielen Schuldgefühle nach Trennungen oder Scheidungen. Fast immer haben beide Eltern ein schlechtes Gewissen, was dazu führt, dass sie kaum noch Grenzen setzen.

Der achtjährige Terry ist das einzige Kind von Mr und Mrs C., die sich getrennt haben. Ihre Beziehung zueinander ist freundschaftlich, Terry lebt bei seiner Mutter und verbringt jedes zweite Wochenende beim Vater. Außerdem telefoniert er täglich mit ihm. Sie kamen in meine Sprechstunde, weil Terry immer wieder Wutanfälle hatte, extrem fordernd war und allen das Leben zur Hölle machte, wenn er seinen Willen nicht bekam. Sein Vater bezeichnete sich selbst als »Softi«, der seinem Sohn nichts verbieten kann. Außerdem glaubte er, dass Terry ihn lieb haben würde, wenn er selbst lieb zu ihm war. Er wollte nur das Beste für Terry und war sehr verstört, dass sein Sohn unglücklich zu sein schien. Er hatte ausgeprägte Schuldgefühle, weil er nicht mehr mit seinem Sohn zusammenlebte, und sah sich kaum in der Lage, ihm etwas abzuschlagen. Auch Mrs C. wusste sich nicht mehr zu helfen, bei jeder Gelegenheit kam es zum Machtkampf zwischen ihr und Terry. Sie war verärgert über ihren Ex-Mann, dessen nachgiebige Haltung es ihr um so schwerer machte, konsequent zu sein. Als die drei gemeinsam bei mir waren, machte Terry den Eindruck, als ob er mit den Auswirkungen seines Verhaltens sehr zufrieden war. Er hatte erreicht, dass seine Eltern täglich miteinander über ihn sprachen. Er hielt nicht nur den Kontakt zwischen ihnen aufrecht, sondern lud ihn auch noch emotional auf. Indem er ihre Aufmerksamkeit auf sich konzentrierte, konnte er die völlige Trennung verhindern. Seine Gefühle über den Verlust seiner Eltern als Ehepaar wurden nicht offen ausgesprochen, vielleicht nicht einmal gespürt. Er bestand darauf, dass es ihm prima ging. Er, so war er überzeugt, hatte kein Problem, sondern sie. Es schien, als ob er mit seinem Schmerz nur fertig wurde, indem er seinen Eltern Schmerz zufügte, ihnen Schuldgefühle vermittelte und sie davon abhielt, ein eigenständiges Leben zu führen und neue Beziehungen aufzubauen. Darüber hinaus zerstörte er die Möglichkeit, sich bei einem von beiden wirklich zu Hause zu fühlen, indem er dafür sorgte, dass sowohl sein Zusammensein mit dem Vater als auch mit der Mutter immer von Konflikten geprägt war. Seine Eltern machten sich viele Gedanken über die Auswirkungen, die die Scheidung auf ihren Sohn hatte, und beide unternahmen sie alles nur Erdenkliche, um weiterhin für ihren Sohn da zu sein – ihre Wohnungen lagen nicht weit voneinander entfernt und Terry konnte jederzeit mit dem jeweils abwesenden Elternteil telefonieren. Und trotzdem, indem sie sich weigerten, ihrem Sohn gegenüber konsequent aufzutreten, ließen sie zu, dass er allen Beteiligten die miteinander verbrachte Zeit verdarb.

Manchmal sind Kinder in ihrem eigenen Unglück oder Zorn so gefangen, dass sie versuchen, alles Gute zu verderben – sich selbst und allen anderen. Es ist Aufgabe der Eltern, auf dieses Verhalten zu reagieren, bevor es zu einem zerstörerischen Muster wird. Mr C. war nicht in der Lage, auch den fünften Telefonanruf seines Sohns innerhalb von zwanzig Minuten abzulehnen, weil er davon überzeugt war, dass es für Terry wichtig war, so oft mit ihm zu sprechen. Er war nicht fähig, sich zu distanzieren und sich klar zu machen, dass er doch gerade eben erst mit ihm gesprochen hatte. Sein schlechtes Gewissen, dass er Terry verletzt, ihn auf gewisse Weise verlassen hatte, lähmte sein Denken. Ganz normale Grenzen, die er selbstverständlich gezogen hatte, während er noch zu Hause lebte, waren nun nicht mehr gültig. Das Fehlen von Grenzen ermutigte Terry, zum Tyrannen zu werden und sich und allen anderen das Zusammensein zu verderben. In dem Versuch, sich selbst und Terry Leid zu ersparen, gaben seine Eltern ihm nach. Doch dieses Verhalten wandte sich gegen sie selbst, so dass jeder Kontakt zu einer Konfrontation wurde. Strikte Grenzen hätten Terry geholfen, damit zurechtzukommen, dass sich sein

Leben geändert hatte und die Trennung seiner Eltern nicht bedeutete, dass sie nicht mehr für ihn da waren. Er hätte die Gelegenheit erhalten müssen, über den Verlust zu trauern. Und sie hätten sich seiner Wut darüber stellen müssen. Aber alle versuchten stattdessen, so zu tun, als ob sich nichts geändert hätte und Terry weiter so leben könnte wie bisher. Damit wurde die Wahrheit verdrängt. Terrys Mäkelei und seine ständigen Forderungen stellten den Versuch dar, die durch die Trennung der Eltern entstandene Lücke zu füllen und die Tatsache zu ignorieren, dass er nicht mehr mit beiden unter einem Dach lebte. Seine Angst, zurückgewiesen zu werden, wurde insofern real, als schließlich jeder Elternteil froh war, wenn er ihn an den jeweils anderen abgeben konnte.

Schuldgefühle sind auch die Ursache dafür, dass wir glauben, unsere Kinder müssten im materiellen Überfluss leben. Heutzutage quellen die Kinderzimmer über von Spielzeug und Kleidern. Selbst die ärmsten Familien können sich diesem Sog nicht entziehen. Während ich in einer vom Sozialamt unterhaltenen Erziehungsberatungsstelle arbeitete, stellte ich mit Erstaunen fest, wie viel Geld die Mütter für ihre Kinder ausgaben. Die Folge davon ist, dass Kinder mit dem Gefühl aufwachsen, alles sei immer verfügbar und Nachschub eine Selbstverständlichkeit. Sie benehmen sich so, als ob sie die Dinge wirklich »dringend bräuchten«, und rühren damit an unsere Sorge, ihnen nicht genug – materielle Dinge, Zeit, Aufmerksamkeit oder Liebe – zu geben. Wir wollen Ersatz schaffen für etwas, das wir ihnen vielleicht nicht gegeben haben, und überhäufen sie mit Gegenständen.

Dadurch enthalten wir dem Kind allerdings eine grundlegende Erfahrung vor. Wenn Kinder etwas wollen, glauben sie, es auch zu brauchen. Als Erwachsene sind wir in der Lage, hier einen Unterschied zu machen. Durch unsere Haltung lernt auch das Kind zwischen Wunsch und Bedürfnis zu unterscheiden. Das ist wichtig, damit das Kind nicht auf immer dem Diktat ebenso sehnlicher wie unerfüllbarer Wünsche ausgeliefert ist. Darüber hinaus lässt das Wechselspiel von Bekommen und Wegwerfen im Kind nie das Gefühl für das Besondere aufkommen. Wenn ein kaputtes Spielzeug sofort durch ein neues ersetzt wird, nimmt man Kindern die Möglichkeit, den Verlust zu spüren und sich davon zu erholen. Das Spielzeug kann keine emotionale Bedeutung erlangen, das Kind ist nicht in der Lage, eine tiefere Beziehung dazu herzustellen. Und auch der Sinn für die Realität wird dadurch getrübt – die Einsicht, dass etwas, das man kaputt macht, beschädigt wird und nicht mehr funktioniert.

Noch aus einem anderen Grund ist es sinnvoll, dass ein Kind nicht alles bekommt, was es will: Es lernt, eine gewisse Leere, eine Lücke zu ertragen. Wenn alle Lücken immer sofort gefüllt werden, bleibt kein Raum für Kreativität. Wenn ein Kind alles mögliche Spielzeug hat, braucht es seine Vorstellungskraft nicht einzusetzen, um zu improvisieren und so zu tun, »als ob«. Dann bleibt ein Karton ein Karton, anstatt sich in ein Puppenhaus zu verwandeln, ein Stock gehört in den Garten, anstatt zu einem Dirigentenstab, Gewehr oder was auch immer zu werden. Wenn Kinder jederzeit den passenden Gegenstand zur Verfügung haben, werden sie sehr »prosaische« Menschen, die keinen Sinn für Symbole, Zeichen oder Phantasieprodukte haben.

Darüber hinaus, und dies ist noch entscheidender, wird das Gefühl der Unerträglichkeit der Leere verstärkt. Wir vermitteln den Eindruck, als ob es furchtbar ist, etwas nicht zu haben. Wir sagen dem Kind, dass es ist, was es hat. Wenn ein Kind seine Bedeutung mit dem verbindet, was es besitzt, wird sein Selbstbewusstsein immer in Gefahr sein. Wenn es dagegen ertragen kann, dass es bestimmte Dinge nicht hat, gewinnt es an Selbstvertrauen. Es lernt, dass sein kostbarster Besitz es selbst, seine Persönlichkeit ist, die ihm niemand wegnehmen kann. Es ist dieses Gefühl der Selbstachtung, des um seiner selbst willen anerkannt zu werden, das Menschen in Zeiten des Unglücks zu überleben hilft. Als Erwachsene begegnen wir genug ehrgeizigen Menschen, die diese Sicherheit nicht haben.

Spiegeleffekte

Es ist schwer, seinen Standpunkt durchzusetzen, wenn man das Gefühl hat, dadurch unfreundlich zu wirken. Während der Grundschulzeit sind Kinder in der Lage, ihren Eltern wirklich »unter die Haut zu gehen«.

Wir gehören einer Generation an, der man beigebracht hat, Kinder zu »respektieren«. Das heißt, dass wir ihnen alles erklären, und dann von ihnen erwarten, dass sie uns zustimmen! Wir wollen per Konsens herrschen. Damit weigern wir uns anzuerkennen, dass sie anders sind als wir und negieren in gewisser Weise ihren Kampf, sich im Leben zurechtzufinden. So mancher Siebenjährige ist in der Lage, seiner Mutter in Erziehungsfragen Inkonsequenz nachzuweisen und ihr das Gefühl zu vermitteln, dass sie unlogisch handelt und eindeutig im Unrecht ist. Eltern lassen sich dadurch leicht in die Defensive drängen und gehen als Verlierer aus dem Streit hervor. Für die Entwicklung des Kindes ist es wichtig, dass es rebellieren und hinterfragen kann, dass es einen eigenen Standpunkt finden und ausdrücken darf. Doch es ist auch genauso wichtig, dass der Erwachsene zu seiner eigenen Position steht und sich nicht auf den Machtkampf mit einem Siebenjährigen einlässt. Damit dies gelingt, muss man nachdenken, bevor man einen Standpunkt bezieht. Ist man von dem überzeugt, was man dem Kind gegenüber vertritt? Wenn man sich dessen sicher ist, fällt es auch viel leichter, konsequent zu bleiben und seinen Standpunkt zu wahren.

Ich habe bereits beschrieben, wie sich das Kind in den Augen seiner Mutter spiegelt. In gleicher Weise findet sich auch die Mutter in dessen Augen wieder. In der Phase, in der Kinder lernen, Regeln und Konventionen zu internalisieren, übernehmen sie häufig auch den Habitus ihrer Eltern. Außerdem haben sie sich die Weltsicht ihrer Eltern angeeignet und auch deren Art, wie man mit Problemen umgeht. Ich glaube, es verstört uns, dass wir Aspekte unserer selbst in unseren Kindern wiederfinden, vor allem, wenn es sich um Eigenschaften handelt, die wir an uns nicht mögen. Ein Kind, das ständig streitet, nie ein Thema ruhen lassen kann oder vor Widrigkeiten schnell zurückweicht, ist vielleicht genauso wie seine Eltern. Wenn das so ist, dann neigen Eltern dazu, mit mehr Strenge darauf zu reagieren.

Wie wir gesehen haben, neigen wir dazu, zu regredieren und unseren Kindern auf deren jeweiliger Entwicklungsstufe zu begegnen, wenn wir böse auf sie sind. Mit Säuglingen geraten wir in Panik, mit Kleinkindern haben wir das Äquivalent eines kindlichen Wutanfalls und mit Grundschulkindern werden wir streng, ein wenig arrogant und herrisch. Dies geschieht nicht zwangsläufig, doch wenn das Verhalten unseres Kindes uns wirklich »unter die Haut« geht, kehren wir häufig auf diese Ebene zurück. Ich habe dahinter zu kommen versucht, was die Altersgruppe der Fünf- bis Zehnjährigen an sich hat, das uns so sehr irritiert, und bin zu dem Schluss gekommen, dass es mit dem Versuch zu tun haben muss, ihrem Bild vom Erwachsensein nachzueifern. Unter Umständen versuchen wir das unser ganzes Leben. Viele Erwachsene behaupten, sie seien nie erwachsen geworden, jedenfalls nicht richtig, als ob sie die ganze Zeit ihrer Umwelt nur etwas vorgespielt hätten. Anscheinend bleibt das aus unserer Kindheit stammende Bild vom Erwachsenen in uns erhalten – das Bild einer extrem vernünftigen, aufmerksamen, kontrollierten Person, die immer Recht hat. Das Kind, das streitet, nicht zuhört oder gehorcht, bedroht das Bild, das wir von uns selbst als Erwachsene haben und zwingt uns in einen harten und trotzigen Kampf um diese Position. Im Umgang mit Säuglingen oder Kleinkindern wird unsere Rolle als Eltern nicht in Frage gestellt. Von älteren Kindern und erst recht von Teenagern dagegen kann unsere Position angegriffen werden. Wir stellen uns plötzlich die Frage: »Wer ist hier eigentlich die Mutter?« Unser Selbstvertrauen wird unterminiert und anstatt wie Eltern zu handeln, das heißt im Interesse unseres Kindes und unserer selbst, werden wir zu Pseudo-Erwachsenen und damit wie das Kind, das sich aufführt wie seine Eltern.

Sanktionen

Wir haben gesehen, dass dies ein Alter ist, in dem Logik, Gerechtigkeit und Fairness eine bedeutungsvolle Rolle spielen. Die Kinder lernen, sich Regeln zu fügen. Sie müssen davon überzeugt sein, dass es dafür Gründe gibt. Es steht außer Frage, dass Regeln und Grenzen sinnvoll sind, doch wie man sie durchsetzen kann, ist nicht so leicht zu bestimmen.

Meine zehnjährige Tochter Holly bat mich darum, in meinem Buch deutlich zu sagen, dass Erwachsene ein Nein freundlich vortragen und nicht so viel schreien oder schimpfen sollten. Sonst, so sagt sie, »hören Kinder einfach auf zuzuhören«. Ich stimme ihr zu. Ich habe davon gesprochen, dass Grenzen einem Kind Sicherheit verleihen und seine »emotionalen Muskeln« dehnen. Entscheidend für die Frage der Durchsetzung von Regeln sind Ausgewogenheit und Motivation. Wenn man ein Nein aus Vergeltung oder als Beschwichtigungsmaßnahme äußert, wird man kaum sein Ziel erreichen. Und auch wenn das Nein mehr dem eigenen Bedürfnis als dem des Kindes entspringt, läuft es wahrscheinlich ins Leere. Wenn man dagegen glaubt, dass es gut für das Kind ist, ist man selbst überzeugt und wirkt auch so nach außen.

Selbstverständlich ist es häufig nötig, seinem Standpunkt mehr Nachdruck zu verleihen, zum Beispiel durch eine Strafe.

Gerald, sechs Jahre alt, wurde sehr böse, als sein Freund Jim bei ihm zu Hause spielte. In seiner Wut zerbrach er einen Spielzeuglaster. Nachdem sein Freund gegangen war, war Gerald sehr niedergeschlagen und wollte einen neuen Laster haben. Seine Mutter beschloss, das kaputte Spielzeug nicht sofort zu ersetzen, damit Gerald die Folgen seines Handelns begriff. Außerdem sagte sie ihm, dass er eine Woche lang keine Freunde zu sich nach Hause einladen dürfe, da er sich so schlecht benommen habe.

Die meisten Kinder rechnen mit wesentlich härteren Strafen, als die Erwachsenen sie schließlich erteilen. Und so sollte es sein. Strafen nutzen nur dann, wenn sie die Entwicklung des Kindes befördern. Strafen, die das Kind verängstigen oder zur Unterwerfung zwingen, richten Schaden an. Was ein Kind stärkt, ist das Gefühl, dass seine Eltern sich über es Gedanken machen und bereit sind, um seinetwillen auch Zeiten des Streits und der Kämpfe durchzustehen. Das heißt, dass die Strafe in sinnvoller Relation zu dem Fehlverhalten stehen sollte, so wie im Fall Geralds. Sie sollte konkret sein und nicht eine generelle Verurteilung des Kindes darstellen. Sie sollte hart genug sein, um das Kind zum

Nachdenken zu bringen, und gleichzeitig nicht so verstörend, dass sie das Lernen behindert. Sie sollte sich mit der Überzeugung des Erwachsenen decken, so dass er an ihr festhalten kann, gleich ob er dadurch unter Druck gerät oder sich unbeliebt macht.

Wichtig ist auch, dass die Strafe etwas mit dem Kind zu tun hat und nicht mit einem selbst. Wenn man einem Kind sagt, dass sein Verhalten einen krank mache, so lastet man ihm eine unfaire Bürde auf, eine Verantwortung, die nicht seine ist. Manchmal sagt man Dinge wie: »Du bringst mich noch ins Grab, wenn du so weitermachst«. Das ist schlichtweg Unsinn. Das Kind ist für sein Verhalten verantwortlich, wir aber tragen die Verantwortung dafür, wie wir uns fühlen.

Wir wollen uns für gute Eltern halten können und erwarten, dass unsere Kinder uns auch genauso sehen. In Konfliktsituationen ist es schwer, den Überblick zu behalten. Wenn wir Nein sagen und das Kind sich uns widersetzt, uns anklagt, wir seien furchtbar, dann glauben wir, dass wir tatsächlich die schlechten Eltern sind, als die das Kind uns sieht. Wir müssen bereit sein, uns unbeliebt zu machen, und überdies in uns selbst so gefestigt sein, um an dem Wissen festzuhalten, dass wir so schlecht doch nicht sind.

Zusammenfassung

Mit der Einschulung bewegt sich das Kind nicht länger vorrangig im Kreis der Familie. Es muss sich in eine andere Gruppe eingliedern und mehr als zuvor bestimmte Erwartungen erfüllen. Seine Welt ist jetzt bestimmt durch Regeln und Aufgaben. Nein zu sagen ist eine Möglichkeit, um Grenzen zu ziehen und eine Trennung zwischen Wünschen, Gedanken und Handlungen einzuführen. Innere und äußere Kontrolle spielt in dieser Altersgruppe eine entscheidende Rolle. Grundschulkinder mögen Regeln und feste Strukturen. Sie helfen dem Kind, sich von seinen infantileren Gefühlen zu distanzieren, die in Schach gehalten werden müssen, damit es sich konzentrieren und lernen kann. In diesem Alter experimentieren Kinder gerne mit Sprache, sie lernen zu argu-

mentieren und ihre intellektuellen Fähigkeiten einzusetzen. Das Kleinkind musste lernen, zu laufen, zu rennen, mit kleineren Gegenständen
umzugehen, zu sprechen und sich mit anderen zu verständigen. Zwischen fünf und zehn arbeitet das Kind auf einer größeren Leinwand und
mit sicherer Hand. Es muss selbständig Freundschaften schließen, Konflikte austragen, seinen Platz in Gruppen finden. Damit es in der Lage
ist, all dies zu tun, sich für neue Menschen, neue Gedanken, neue Fähigkeiten, neues Wissen zu öffnen, muss es eine sichere Ausgangsbasis haben. Es muss sich als eigenständiges Wesen spüren, an sich selbst glauben und überzeugt sein, dass die Welt da draußen ihm etwas zu bieten
hat. Indem wir in dem hier von mir angesprochenen weiten, übertragenen Sinn Nein sagen, helfen wir ihm, ebenso einen Sinn für sich wie
auch für uns zu entwickeln und die Fähigkeit auszubilden, sich auf ihm
eigene Weise zu der Welt in Beziehung zu setzen.

Jugendliche

Ich glaube nicht, dass es auf mich ankommt,
aber manchmal sind selbst
Himmel und Erde für mich zu klein.

KUJO KAKEDO

Eine Zeit der Verwandlung

Historisch gesehen, hatte die Adoleszenz als Zeit des Übergangs vom Kindsein zum Erwachsenensein in den meisten Kulturen keinen Stellenwert. Sobald Kinder die Geschlechtsreife erlangt hatten, schlüpften sie übergangslos in die Rolle von Erwachsenen: Die Mädchen gebaren und die Jungen arbeiteten. In den modernen westlichen Gesellschaften dagegen verschwimmen die Grenzen zwischen Kind, Teenager und Jugendlichem immer mehr. Darüber hinaus scheint die Phase der Adoleszenz immer länger zu dauern. In psychotherapeutischen Kategorien lässt sich selbst jemand mit Anfang zwanzig noch als heranwachsend bezeichnen, wenn er – weil er zum Beispiel als Student zu Hause lebt – immer noch von seinen Eltern oder einem Elternteil abhängig ist. Selbstverständlich gibt es große Unterschiede in dieser Altersgruppe nicht nur zwischen jungen und älteren Heranwachsenden, sondern auch zwischen den Geschlechtern. Die Psychologie beschreibt die Adoleszenz als kritische Phase, in der das Kind nach einer ruhigeren Phase der Konsolidierung zu den dramatischen Konflikten der frühen Kindheit zurückkehrt, die durch die sich entwickelnde Sexualität noch weiter verschärft werden. Häufig wird die Adoleszenz als Hürde bezeichnet, die es zu überwinden gilt. Und mit dem Begriff »Teenager« verbindet man landläufig auch immer die Vorstellung von Problemen und Auseinandersetzungen

Jugendliche   201

innerhalb der Familie. Doch diese Phase birgt die Möglichkeit zu einer einschneidenden Entwicklung des Jugendlichen. Und auch für Eltern kann es sehr bewegend und spannend sein, zu beobachten, wie aus dem Kind ein Erwachsener wird.

Das Thema des Neinsagens wird jetzt komplexer: Sollen wir noch Verbote erteilen, und wenn ja, in welcher Form? Wir müssen uns nun selbst striktere Grenzen setzen, um die Entwicklung des Kindes zu fördern. In stärkerem Maße als zuvor müssen wir loszulassen lernen, damit das Kind seine eigenen Erfahrungen und Entdeckungen machen kann. Die zentrale Frage, die den Jugendlichen beschäftigt, ist die nach seiner Identität: »Wer bin ich?«

In meinem Körper lebt ein Fremder

Die ersten Jahre der Adoleszenz von etwa 12 bis 14 beschreiben eine Phase tiefgreifender Veränderungen. Zu keiner anderen Zeit, außer während der Entwicklung im Mutterleib, wächst das Kind derart schnell heran. Sexualität wird zu einem beherrschenden Thema. Häufig klagen Eltern, sie hätten das Gefühl, ihr Kind habe sich verändert, sei ihnen geradezu fremd geworden. Dabei vergessen sie, dass sich das Kind möglicherweise selbst fremd geworden ist. Der Körper verändert sich auf dramatische Weise, damit einhergehend erwachen die widersprüchlichsten Gefühle. Die Hormone spielen verrückt, was zur Folge hat, dass sich das Kind in einem Moment den Tränen nahe fühlt und im nächsten schon wieder in Hochstimmung ist. Extreme Emotionen sind an der Tagesordnung. Für Jugendliche dieses Alters sind ihr Körper, ihre Empfindungen und ihr Aussehen ein zentrales Thema. Wie sehe ich aus, wie sehen mich andere? Vertrautes wird auf einmal fremd. Einige der Veränderungen sind allzu offensichtlich und werden von den Erwachsenen auch noch regelmäßig kommentiert. Der Junge, bei dem gerade der Bartwuchs eingesetzt hat, oder das Mädchen, dessen Körper weibliche Rundungen annimmt, werden mit entsprechenden Bemerkungen begrüßt: Wie sehr sie doch gewachsen seien, aus dem Kind sei ja auf einmal ein junger Mann oder eine junge Frau geworden! Eine als sehr intim empfundene Erfahrung wird für alle sichtbar. Mädchen werden nicht nur mit den sichtbaren Veränderungen ihres Körpers konfrontiert, sondern auch mit dem Einsetzen der Menstruation und dem Bewusstsein, dass sie ab jetzt Mutter werden können. Sie müssen mit der Tatsache zurechtkommen, dass ihr Körper bereit ist für die Übernahme erwachsener Verantwortung, während sie sich selbst eigentlich noch viel zu unreif fühlen. Jungen sind sich dessen weniger bewusst, haben dafür aber häufig Zweifel an ihrer Potenz, die von ihnen mit Eroberung und Leistung gleichgesetzt wird. Hinzu kommt, dass sie die eigenartige Erfahrung des Stimmbruchs verarbeiten müssen: Nicht selten wird diese Erfahrung als dramatisch empfunden, als ob eine andere Person plötzlich und unvorhersehbar aus dem eigenen Körper hervorbricht.

Jugendliche fühlen sich häufig deprimiert, ohne sich ihren Zustand selbst erklären zu können. Wenn man ein enges Verhältnis zu seinem Kind hat, wird es sich einem vielleicht mit Äußerungen anvertrauen wie »Ich bin traurig«, »Ich fühle mich einsam«, »Keiner in der Schule mag mich«, »Alle lachen mich aus«, um dann festzustellen »Aber ich weiß nicht warum«. Selbst wenn die Fakten dagegen sprechen – Freunde rufen an, das Kind wird bewundert, seine Gesellschaft von den anderen gesucht –, sind die Empfindungen von Unsicherheit und Isolation für den Jugendlichen nur allzu real.

Rätselhaft sind auch die extremen Gefühlsschwankungen. Die Stimmungen des Jugendlichen und sein Selbstbild schwanken wie Äste im Sturm. Er fühlt sich zerrissen, er weiß selbst nicht, worauf er sich verlassen kann – wird er morgen glücklich oder vollkommen niedergeschlagen sein? Und auch die Eltern wissen nicht, wen sie jeweils vor sich haben. Hat Suzy gut Laune, so dass ihre Mutter gefahrlos mit ihr über die Unordnung in ihrem Zimmer reden kann? Oder wird sie die Kritik in tiefe Depression stürzen?

Weil der Jugendliche zwischen Unabhängigkeit und relativ reifem Verhalten einerseits und Infantilität andererseits hin und her schwankt, erwischen ihn die Eltern leicht auf dem falschen Fuß. Spricht man das

Kind in ihm an, beschwert er sich, man solle ihn nicht bevormunden und ihm doch endlich mal etwas zutrauen. Behandelt man ihn dagegen wie einen Erwachsenen, fühlt er sich möglicherweise unter Druck gesetzt und nicht genug umsorgt. Dieser Zwiespalt zeigt sich selbst in banalen Alltagssituationen. Stellen Sie sich vor, Ihre Tochter möchte wissen, wann ein Film im Kino läuft. Sie schlagen ihr vor, doch selbst anzurufen und sich die Zeiten durchgeben zu lassen. Ihre Tochter beschuldigt Sie, Sie würden sie wie eine Erwachsene behandeln, die Mütter ihrer Freundinnen würden nie so etwas verlangen. Wenn Sie dann später wissen wollen, mit wem Ihre Tochter ins Kino geht und wie sie nach Hause kommt, sagt Sie Ihnen, sie sei doch kein kleines Kind mehr und Sie sollten endlich aufhören, sie ständig zu bemuttern. Als Erwachsener muss man den Eindruck gewinnen, immer das Falsche zu sagen und nie beide Aspekte im Jugendlichen – den kindlichen und den erwachsenen – zugleich ansprechen zu können. Diese Unberechenbarkeit vermittelt der ganzen Familie den Eindruck, sich auf äußerst dünnem Eis zu bewegen. Nein zu sagen und Grenzen zu setzen, ist in dieser Phase sehr schwierig, und viele Eltern glauben, in diesem Punkt völlig zu versagen.

Das Zuhause: eine sichere Ausgangsbasis

In dieser Zeit der Veränderungen, der Unsicherheit und Bewegung fühlt sich das heranwachsende Kind manchmal außer Kontrolle. Es ist jetzt also besonders wichtig, dass wir uns nicht von seinen Gefühlen überwältigen lassen. Im ersten Kapitel habe ich davon gesprochen, dass die Mutter ihr Baby »zusammenhalten« und seine Ängste in handhabbare Emotionen übersetzen kann. Diese Fähigkeit ist auch im Umgang mit Heranwachsenden entscheidend, nimmt nun aber eine andere Form an. Verlieh das Baby seinem Kummer durch Weinen Ausdruck, konnten Sie es einfach in den Arm nehmen und trösten. Der Teenager dagegen zeigt seinen Kummer auf ganz andere Weise. Er ist wütend, provokativ, ängstlich, traurig, durcheinander – die ganze Bandbreite der Emotionen stürmt auf ihn ein. Manchmal hilft es, mit ihm zu reden und in einer Krisensituation einfach für ihn da zu sein. Aber wichtiger noch ist ein Zuhause, das ihm das Gefühl von Sicherheit und Geborgenheit vermittelt. Unsere Fähigkeit, Regeln aufzustellen und an ihnen festzuhalten, selbst zu wissen, was wir für angemessen oder unangemessen halten, trägt dazu bei, dass der Jugendliche das Gefühl hat, eine sichere Ausgangsbasis zu besitzen, von der aus er »die Welt« erkunden kann. Entscheidende »Schlüsselqualifikationen« für die Eltern von Heranwachsenden sind Stärke und Flexibilität.

Wenn sich unsere Kinder unsicher und verletzlich fühlen, können wir sie nicht nur im konkreten Sinne, sondern auch »mental« in den Arm nehmen, um ihnen Zuversicht zu vermitteln. Die Eltern müssen jetzt neue Aspekte ihres Kindes akzeptieren und ihr Bild von ihm korrigieren, so wie das Kind dies selbst auch tun muss. Ich habe bereits deutlich zu machen versucht, dass unser Selbstbild wesentlich durch die Spiegelung im Blick des Anderen geprägt wird. Wer wir sind, erfahren wir auch durch die Reaktionen unseres Gegenübers und die Emotionen, die wir in ihm auslösen. Jugendliche, die einen permanenten Persönlichkeitswandel durchleben, machen es auch den Eltern schwer, ein eindeutiges Feedback zu geben. Den Eltern kommt nämlich die schwierige Aufgabe zu, sich einem »neuen« Kind zu öffnen und zugleich das Kind, das sie kennen, nicht zu vergessen.

Ein sicheres Fundament ist für den Jugendlichen die Gewissheit, dass seine Eltern ihm voller Zuversicht vertrauen, und er für sie trotz all der neuen Entwicklungen, weiterhin die Person bleibt, die sie bisher gekannt und geliebt haben. Ein wichtiger Beitrag, den wir als Eltern zu leisten vermögen, besteht zudem darin, dass wir die Suche des Kindes nach seiner eigenen Identität begrüßen. Und auch die vielen Masken, die es anlegen muss, bis es herausgefunden hat, wer es ist, sollten wir akzeptieren – in dem sicheren Wissen, dass es im Kern seiner Persönlichkeit gut ist. Das mag manchmal schwer fallen, scheint mancher Teenager doch einfach nur noch rebellisch, ungepflegt oder ungesellig zu sein. Doch nur wenn das Kind diese positive Vision von sich in den Augen seiner Eltern sieht, wird es sich selbst wertschätzen und die richtigen Entscheidungen für seine weitere Entwicklung fällen können. Selbstverständlich plädiere ich damit nicht dafür, sich gegenüber Problemen und Schwierigkeiten taub zu stellen oder eine erpresserische Haltung nach dem Muster einzunehmen: »Wenn ich dir vertraue, dann darfst du mich auch nicht enttäuschen.« Worum es mir geht, ist ein Grundvertrauen, das sich aus der Zuversicht nährt, dass Sie Ihr Bestes für das Kind getan haben. Jetzt ist die Zeit gekommen, dass es sich allein erprobt.

Vernünftige Grenzen

In den vergangenen Kapiteln wurde deutlich, dass Strukturen, Regeln und Grenzen dem Kind Sicherheit geben. Der Jugendliche beginnt nun gegen Regeln anzukämpfen, Grenzen empfindet er als frustrierend und zuweilen sogar lähmend. Bedeutet das, dass wir von nun an alles erlauben sollten? Der Jugendliche will gegen Grenzen anstürmen und Regeln brechen. Einmal mehr haben Eltern einen Drahtseilakt zu meistern. Auf der einen Seite brauchen Heranwachsende Eltern, gegen die sie kämpfen, mit denen sie sich streiten können. So wie der Säugling gegen die Hand seiner Eltern tritt, um herauszufinden, wie stark er ist und wie weit er sich strecken kann, braucht der Jugendliche ein gewisses Maß an Widerstand, um seine Grenzen auszutesten. Es ist wichtig, dies zuzulassen und nicht zu versuchen, eine »gute« Mutter zu sein, wenn Ihr Kind gerade die »böse« Mutter braucht, um gegen sie anzukämpfen. Der Jugendliche fängt Streit an, um herauszubekommen, was er selbst denkt. Er lehnt den Standpunkt der Eltern ab, um seinen eigenen Weg zu finden. Wenn wir darauf bestehen, dass unsere Kinder einer Meinung mit uns sind oder doch zumindest einsehen, dass wir auf ihrer Seite stehen, helfen wir ihnen nicht, selbständig zu werden. Einen Konflikt auszutragen, macht sie dagegen stark.

Andererseits gibt es natürlich auch Situationen, in denen Eltern klar und deutlich Nein sagen *müssen*. Manchmal fordert der Jugendliche ein Verbot seiner Eltern geradezu heraus. Möglicherweise hat er Angst oder macht sich wegen irgendetwas Sorgen, will aber vor anderen nicht das Gesicht verlieren oder sich selbst nicht eingestehen, dass er vielleicht doch nicht ganz so abenteuerlustig ist.

Die zwölfjährige Shabana war von ihren Schulfreundinnen gefragt worden, ob sie mit ihnen am Sonntag zu einem Flohmarkt in einem nicht ganz ungefährlichen Stadtteil gehen wolle. Die Aussicht auf dieses Abenteuer fand sie spannend, zugleich aber auch ein bisschen furchterregend. Je länger sie ihre Mutter bat, sie gehen zu lassen, desto deutlicher wurde, dass sie mit gemischten Gefühlen an das Unternehmen dachte. Sie wollte sich darauf freuen, hatte in Wahrheit aber Angst davor. Ihre Mutter erlaubte ihr nicht, zu dem Markt zu fahren. Shabana war böse mit ihr und beschuldigte sie, überängstlich und unfair zu sein. Am Sonntag jedoch war sie fröhlich und anhänglich. Sie war ganz offensichtlich erleichtert darüber, ihren Freundinnen sagen zu können, dass sie gerne mitgekommen wäre, ihre Mutter es ihr aber verboten hatte.

Das Kind kann nach außen weiterhin behaupten, mutig und zu allem bereit zu sein, während der Mutter die Rolle des Spielverderbers zugewiesen wird, die damit aber dem heimlichen (manchmal auch offen ausgesprochenen) Wunsch des Kindes entspricht. Ähnliches spielt sich ab, wenn Sie Ihr Kind ins Bett schicken, weil Sie sehen, dass es müde und erschöpft ist. Oder wenn es abends mit wesentlich älteren Freunden ausgehen will und Sie darauf beharren, dass die geltenden Regeln eingehalten werden, auch wenn sich die älteren Begleiter vielleicht nicht danach richten werden.

Jugendliche argumentieren mit Leidenschaft, sie fordern ihre Eltern geradezu zum Streit heraus. Es ist wichtig für sie, ein Echo auf ihre Emotionen in der Stimme der Erwachsenen zu hören. Wenn man ihnen mit Gleichmut begegnet, erhalten sie den Eindruck, ihnen nicht richtig zugehört wird. Wir sollten uns also von ihrem Widerstand aus der Ruhe bringen und von ihren Emotionen bewegen lassen. Es kommt entscheidend darauf an, wie wir mit der Infragestellung der Regeln umgehen und wie wir Verbote formulieren.

Wir werden nicht in der Lage sein, unseren Standpunkt konsequent zu vertreten, wenn wir uns selbst nicht sicher sind, was richtig ist für unser Kind. In solchen Grauzonen neigen wir zum Nachgeben. Für den Jugendlichen ist es in derartigen Situationen wichtig, dass wir seine Äußerungen ernst nehmen und versuchen, uns eine Meinung zu bilden. Dies verleiht ihm das Gefühl, dass wir ihm gegenüber offen sind und nicht stur an bestimmten Maßstäben festhalten. Es ist also besser, Flexibilität zu zeigen, anstatt einfach nachzugeben, weil wir einen Konflikt vermeiden oder uns nicht unbeliebt machen wollen.

Was wir in diesem Alter unseren Kindern vor allem zu bieten haben, ist unsere Meinung. Jugendliche können sich uns in einer Art und Weise widersetzen und uns herausfordern, wie es jüngere Kinder noch nicht beherrschen. Sie können von zu Hause weglaufen, sie können sich und uns verletzen. Regeln werden eher befolgt, wenn man sie verstanden hat. Und sie werden durch gegenseitige Rücksichtnahme verstärkt. Ein Kind, das spürt, dass es seinen Eltern wichtig ist, wird eher in der Lage sein, ihre Entscheidungen zu respektieren. Und umgekehrt werden Eltern, die sicher sind, dass ihr Kind offen und ehrlich mit ihnen umgeht, eher dazu bereit sein zuzuhören. Trotzdem gibt es Situationen, in denen Regeln durchgesetzt werden müssen, in denen man dem Jugendlichen Privilegien entziehen oder ein Ausgehverbot erteilen muss. Als letztes Mittel sollte vielleicht auch auf die Hilfe eines Außenstehenden zurückgegriffen werden.

Wie sehen Jugendliche selbst das Thema Regeln und Grenzen? Ich habe mit vielen Teenagern über dieses Buch gesprochen und war überrascht darüber, wie deutlich sie zum Ausdruck brachten, dass sie von ihren Eltern eindeutige Regeln erwarten. Ich halte ihre Äußerungen durchaus für repräsentativ.

• Sie wünschten sich, dass ihre Eltern sie vom Rauchen und Trinken abhalten, indem sie einfach sagen: »Das ist nicht gut für dich.« Eltern sollen also ihre Kinder vor dem beschützen, was »schlecht« für sie ist. Das heißt nicht, dass die befragten Jugendlichen immer den Erwartungen ihrer Eltern entsprachen, aber sie wollten, dass die Eltern Position beziehen. Darüber hinaus fanden sie viele Regeln vernünftig. Eltern, die darauf bestehen, informiert zu sein, treffen damit eine Aussage über ihr Kind. Wenn sie zum Beispiel wissen wollen, wo der Jugendliche hingeht und wann er wieder zu Hause ist, gewähren sie ihm innerhalb eines bestimmten Rahmens Freiheit. Sie bringen zum Ausdruck, dass räumliche und zeitliche Grenzen wichtig sind. Der Grund für diese Grenzen ist die Sorge um die Sicherheit des Kindes. Dadurch erhält das Kind das Gefühl, dass man sich kümmert. Wenn bestimmte Bedingungen nicht erfüllt sind, sollten Sie Ihrem Kind ruhig verbieten, auszugehen. Es wird zwar nicht kampflos aufgeben, sondern Sie beschuldigen, dass Sie ihm nicht vertrauen. Aber Sie selbst müssen beurteilen, ob dies richtig ist oder ob Sie das Verbot zum Wohl des Kindes und zu Ihrer eigenen Beruhigung erteilen. Trotz aller Proteste und Umstimmungsversuche an den eigenen Maßstäben festzuhalten, gibt dem Kind das Gefühl, dass Sie bereit sind, für seine Sicherheit auch Konflikte in Kauf zu nehmen und Gefahren von ihm abzuwenden – gleich ob ein anderer oder ob Ihr Kind selbst sich ihnen aussetzt. Das vermittelt dem Kind Selbstachtung und das Gefühl der Geborgenheit.

- Außerdem erwarten die Jugendlichen, dass ihre Eltern ihnen vertrauen und sich von ihnen auch umstimmen lassen, wenn sie gute Argumente vortragen. Das heißt, sie schätzen Flexibilität. Auch hier gilt also wieder: Wenn Sie Ihrem Kind Zeit und Aufmerksamkeit widmen, um ihm zuzuhören, vermitteln Sie ihm das Gefühl, dass Sie sich mit ihm beschäftigen, anstatt einfach willkürliche Regeln aufzustellen. Ihr Nein bringt dann Ihre Sorgen zum Ausdruck. Wenn das Kind weiß, dass Sie Ihre Meinung ändern könnten, wird es Sie unter Druck setzen. Häufig halten Eltern nur deshalb an ihrem strikten Nein fest, weil sie langwierige Diskussionen vermeiden wollen. Wenn Sie dagegen zuhören und sich der Diskussion stellen, wird Ihre endgültige Entscheidung, gleich ob sie nun Ja oder Nein lautet, einen Bezug zu der Auseinandersetzung haben, die zwischen Ihnen und dem Kind stattgefunden hat. Vielleicht fühlen Sie sich anschließend unwohl und vielleicht hält Ihr Kind Sie für ungerecht. Tatsächlich aber haben Sie seine Argumente in Erwägung gezogen und erst auf dieser Grundlage Ihre Entscheidung gefällt. Damit geben Sie Ihrem Kind auch ein Beispiel: Wenn man alles durchdacht hat, kann man sogar einen unpopulären Standpunkt einnehmen.

- Die Jugendlichen fanden es wichtig, dass Regeln möglichst früh eingeführt werden, damit man sich in der Pubertät nicht mehr damit auseinandersetzen muss. Zu den von ihnen angeführten Beispielen gehörten unter anderem das zuverlässige Erledigen der Hausaufgaben und das Helfen im Haushalt. Sie warnten davor, die Einhaltung von Regeln durch »Bestechung« erreichen zu wollen: »Wenn man jemandem einmal Geld dafür gibt, dass er etwas tut, will er immer wieder bezahlt werden!« Sie sprachen auch davon, dass es oft schwierig sei zu unterscheiden, wann ein Nein zu ihrem eigenen Wohl ausgesprochen wird und wann es ein Zeichen von mangelndem Vertrauen in sie ist. Viele der Jugendlichen gaben zu Protokoll, dass sie angesichts eines Verbots häufig das Gefühl hätten, ihre Eltern würden ihnen nicht vertrauen oder sie nicht wirklich lieben. Auch das Gefühl, im Vergleich mit älteren Geschwistern unfair behandelt zu werden, war ihnen nicht unbekannt. Die Jugendlichen forderten allgemein gültige Regeln und erwarteten von ihren Eltern, sich in Verbotsfragen einig zu sein. Sie bedauerten diejenigen Jugendlichen, deren Eltern überängstlich reagieren und die ihre Kinder dadurch daran hindern, Teil einer Gruppe zu sein. Und sie hatten die Erfahrung gemacht, dass es ihnen selbst nicht leicht fällt, Nein zu sagen, besonders gegenüber anderen Jugendlichen, die allgemein beliebt sind und die man beeindrucken will. Anscheinend ist es einfacher, einem Fremden etwas abzuschlagen, als Menschen, die man mag oder von denen man selbst gemocht werden will.

Die durchaus vernünftigen und durchdachten Bemerkungen der Jugendlichen zum Thema Grenzen stehen in auffälligem Kontrast zu den Erfahrungen, die viele Eltern und Kinder im Laufe von Auseinandersetzungen machen. Zugleich wird deutlich, dass die Adoleszenz nicht nur die so oft beschriebene kritische Phase ist, in der alle Regeln und Grenzen in Frage gestellt werden. Es ist auch eine Zeit, in der die Jugendlichen ethische Grundsätze formulieren und sich Gedanken darüber machen, wie sie als Erwachsene – und spätere Eltern – sein wollen, welches Leben sie einmal führen möchten. Die Adoleszenz ist eine Zeit großer Möglichkeiten.

Konsequent bleiben

Obwohl die Bedeutung von Regeln und Grenzen von Eltern wie Jugendlichen anerkannt wird, fällt es zuweilen schwer, konsequent zu bleiben.

Mr und Mrs P., beide berufstätig, haben zwei Töchter im Alter von 16 und 15 Jahren. Mr P. hat beruflich häufig im Ausland zu tun, so dass die Erziehung der Kinder vor allem Mrs P. Aufgabe ist. Sie kommt aus einem Elternhaus, in dem sehr strenge Regeln herrschten, in der Kindheit hatte sie geradezu Angst vor ihrem Vater. Als ihre eigenen Kinder klein waren, wiederholte sie das ihr vertraute Muster und erzog die Mädchen nach strikten Regeln. Pünktlich um sechs Uhr abends lagen sie im Bett, das Haus war immer aufgeräumt, nie lag Spielzeug herum. Die Mutter eines anderen Kindes aus der Spielgruppe der Töchter stellte einmal fest, dass »im Vergleich zu den beiden unsere Kinder wie wilde Tiere aussehen«. Mrs P. erzog die Kinder so, wie sie selbst erzogen worden war, obwohl sie ihre Kindheit nicht genossen hatte. Aber sie wusste nicht, wie sie es hätte anders machen sollen.

Als ihre Töchter in die Schule kamen, veränderte sich Mrs P.'s Einstellung und sie begann, an ihren bisherigen Erziehungsgrundsätzen zu zweifeln. Schließlich war sie selbst als Kind mit ihnen nicht glücklich ge-

wesen. Sie versuchte, sich mehr an anderen zu orientieren, wurde nachsichtiger und hörte vor allem auf, ihre Kinder mit einem Klaps zu bestrafen. Allerdings hatte sie auch das Gefühl, dass ihr nun keine Mittel mehr zur Verfügung standen, um Verbote durchzusetzen. Solange die Kinder noch recht klein waren, stellte das kein großes Problem dar. Es waren intelligente Mädchen mit einem starken Charakter, die ihrer Mutter wortreich widersprachen, als sie älter wurden, so dass es zu heftigen Auseinandersetzungen kam, bei denen sich alle Beteiligten lauthals anschrien. Es gab so gut wie keine Hierarchie oder Respekt füreinander. Gründete sich der Gehorsam der Kinder in den ersten Jahren auf Angst vor der Stärke der Mutter, so waren nun alle gleichgestellt und auch gleichermaßen unglücklich.

Die Situation wurde unerträglich, als Paula, die älteste Tochter, 16 wurde und Mrs P. die ewigen Konflikte einfach nicht mehr aushielt. Zur Überraschung aller schloss Paula die zehnte Klasse mit einem guten Zeugnis ab. Trotzdem bestand sie darauf, eine Lehre zu beginnen und aus dem Haus der Eltern auszuziehen. Es gab zahlreiche Diskussionen über die Vor- und Nachteile dieser Entscheidung. Die Eltern waren beide überzeugt, dass Paula zu jung war, um schon allein zu leben. Außerdem würde sie ihre Schulfreunde verlieren und sich in einer Gruppe von Menschen, die aller Voraussicht nach wesentlich älter waren als sie, isoliert fühlen. Sie machten sich auch Sorgen über die Gefahren, die damit verbunden waren, dass Paula in Zukunft mit Männern zu tun haben würde, die älter waren als die Jungen, die sie von der Schule kannte. Paulas Argumente bezogen sich weniger auf das, was sie durch das Alleinleben gewinnen würde, sondern mehr auf das, was sie hinter sich lassen wollte. Sie klagte darüber, wie sie zu Hause behandelt wurde und wie unglücklich sie bei den Eltern war.

Obwohl die Eltern wussten, dass es nicht die beste Lösung war, erlaubten sie ihrer Tochter schließlich auszuziehen, um die nervenaufreibenden Auseinandersetzungen zu beenden. Sie versuchten sich damit zu rechtfertigen, dass sie Paula nicht ewig vorschreiben konnten, was sie zu tun und zu lassen hatte. Sie könne mit ihrem Leben schließlich anfangen, was sie wolle. Heute ist Paula, wie nicht anders zu erwarten, sehr unglücklich über diese

Entscheidung und verübelt es ihren Eltern, sich nicht gegen sie durchgesetzt zu haben, sie nicht gezwungen zu haben, noch eine Weile in der Familie als Kind zu leben, das noch nicht reif war für die Verantwortungen des Erwachsenenlebens.

Dieser recht dramatische Fall macht deutlich, welche Risiken es mit sich bringt, wenn man nicht von Anfang an vernünftige Grenzen setzt. Aus ihrer eigenen Kindheit fehlte Mrs P. die Erfahrung mit konsequent, aber freundlich durchgesetzten Verboten. In ihren Augen waren Grenzen nichts Hilfreiches, sondern Regeln, denen man einfach zu gehorchen hatte. Es war ihr überhaupt nicht bewusst, dass sie ihren Kindern etwas Gutes tat, wenn sie konsequent blieb. Zudem war sie der Ansicht – von ihrem vielbeschäftigten, häufig abwesenden Mann alleingelassen –, streng durchgreifen zu müssen, um dem Chaos vorzubeugen. Die Kinder wiederum hatten das Gefühl, dass sie Angst vor ihnen hatte, und klagten, ihre Mutter liebe sie nicht. Dieses Gefühl aufrichtigen Kummers verwandelten sie dann in eine Waffe, die sie gegen die Mutter einsetzen konnten. Als Mrs. P. klar wurde, dass sie den Erziehungsstil ihrer Eltern nicht länger kopieren konnte, sah sie sich vor das Problem gestellt, keine Alternative zu kennen. Sie befand sich plötzlich in der Rolle eines Kindes, das noch nicht weiß, wie es mit einer neuen Situation fertig werden soll. Folglich war sie auch nicht in der Lage, den Kindern ein erwachsenes Pendant zu bieten, sondern nahm sozusagen die Position des dritten Kindes ein. Im schlimmsten Fall fühlen sich Kinder in einer solchen Konstellation geradezu verwaist. Hätte sich Mrs. P. ihrer Tochter in deren eigenem Interesse konsequent entgegengestellt, hätte sie ihr Kind in ihrer Position als Heranwachsende unterstützt. So aber wurde Paula zu einer Pseudo-Erwachsenen, die voreilig in die Welt geworfen wurde.

Um sinnvolle, vernünftige Regeln aufstellen und konsequent durchsetzen zu können, müssen wir Grenzen als hilfreich erfahren haben. Die innere Zuversicht, die daraus resultiert, teilt sich den Kindern mit.

Die Rolle der Eltern

Manche Probleme Heranwachsender im Umgang mit anderen Menschen rühren daher, dass Eltern ihre Rolle als Eltern nicht ausfüllen.

Der zwölfjährige Hari, ein intelligenter Junge, zeigte Verhaltensauffälligkeiten in der Schule. Auch zu Hause konnte er seine Wut kaum kontrollieren – er schlug Türen zu, brüllte und widersetzte sich allen Regeln. In der Schule hatte er ständig Streit. Der Therapeutin erzählte er, dass er in der Schule tyrannisiert werde, seinen Eltern aber nichts gesagt habe, da er nicht glaube, dass sie damit umgehen könnten. Offensichtlich traute er ihnen nicht allzu viel zu. Er war wesentlich intelligenter als seine Eltern, und sie gaben seinen Wünschen häufig nach, um sich keiner Konfrontation auszusetzen. Sobald sie versuchten, sich in ihrer Position als Eltern gegen ihn durchzusetzen, schrie er sie buchstäblich nieder, bis sie hilflos aufgaben. Während der Sitzungen ergriff er immer wieder das Wort, wenn die Therapeutin sich eigentlich an seine Eltern gewandt hatte. Innerhalb der Familie hatte er nicht die Position eines Kindes inne. Er wusste alles über das Geschäft seiner Eltern, über ihre Schulden, die Kreditraten.

Obwohl man auf den ersten Blick annehmen könnte, dass Hari eine privilegierte und starke Position einnahm, war er in Wahrheit überfordert. Wie die kleinen Tyrannen, über die ich im zweiten Kapitel geschrieben habe, fühlte sich Hari zutiefst verunsichert und verängstigt. Er glaubte, verantwortlich zu sein, und fühlte sich dieser Aufgabe nicht gewachsen. Im Laufe der Therapie wurde versucht, das Gleichgewicht wiederherzustellen und seine Mutter und seinen Vater wieder in ihrer Rolle als Eltern zu etablieren. Hari musste zwar seine Führungsposition abgeben, konnte dafür aber wieder Kind sein und sich in einem angemesseneren Tempo entwickeln.

Wenn Teenager zu viel Verantwortung tragen, kann dies nicht nur ihre psychische Entwicklung beeinträchtigen, sondern auch physische Symptome hervorrufen.

Der 14-jährige David, ein sensibler, intelligenter Junge, hatte zuweilen Schwindelanfälle und starke Kopfschmerzen. Sein familiärer Hintergrund war instabil, und er wuchs in einer rauen Umgebung auf. Seine Mutter benahm sich eher wie eine Heranwachsende, hatte drei Kinder aus drei verschiedenen Beziehungen und zog ständig um, ohne Rücksicht darauf zu nehmen, dass ihre Kinder dadurch immer wieder die Schule wechseln und Freunde zurücklassen mussten. Im Leben der Kinder gab es keine richtige Vaterfigur, obwohl die Mutter fast immer einen Partner hatte. David nahm es auf sich, den Mann im Haus zu spielen. Er war der Beschützer seiner Geschwister und fühlte sich dafür verantwortlich, dass das Familienleben wenigstens einigermaßen geregelt ablief. Es fiel ihm schwer, zu seiner Mutter Nein zu sagen, und er übernahm viele ihrer Pflichten. Mit seinen Kopfschmerzen konnte er sich Zuwendung sichern, die er emotional nicht einzufordern vermochte. Krank zu sein, war wie eine Zuflucht, die einzige Möglichkeit, umsorgt zu werden. Wir hielten es für das Beste, mit seiner Mutter über diesen Zusammenhang zu sprechen, damit David die Last der Verantwortung abgenommen würde. Doch leider weigerte sie sich, an den Sitzungen teilzunehmen – ihr fehle schließlich nichts. Sie sah nicht ein, dass Davids Probleme etwas mit Gefühlen oder gar mit ihr selbst zu tun hatten. Folglich wurde David weiterhin medikamentös behandelt, wenn die Belastungen zu groß wurden. Die Symptome zeigten sich natürlich auch weiterhin.

Manchmal finden Emotionen nur noch durch den Körper Ausdruck. In dem geschilderten Fall lastete die Mutter, die von eigenen kindlichen Bedürfnissen und der Unfähigkeit bestimmt war, sich um ihre Kinder zu kümmern, die Verantwortung, die sie als Erwachsene hätte übernehmen müssen, ihrem Sohn auf. Sie war unfähig, sich selbst Grenzen zu setzen. In anderen Konstellationen, wenn zum Beispiel in einer Familie der Vater fehlt, versucht das Kind, sich in die Rolle des Erwachsenen zu drängen. Die Mutter sollte sich dem konsequent widersetzen und dem Kind verbieten, diese für ihn unangemessene Rolle zu spielen. Das ist nicht einfach und erfordert Mut.

Zuweilen fühlen wir uns unseren Kindern und ihrem Erleben auch derart nahe, dass wir nicht mehr zwischen unseren eigenen und ihren Gefühlen unterscheiden können.

Neil, elf Jahre alt, wurde an die Kinder- und Jugendpsychiatrie überwiesen, weil er den Übergang in die weiterführende Schule als außerordentlich problematisch erlebte und den Schulbesuch zu verweigern begann. Er ist das älteste von vier Kindern und hat daher nicht die Erfahrung machen können, wie ein älteres Geschwister vor ihm diesen Übergang problemlos meistert. Beide Eltern haben in der Vergangenheit unter Depressionen gelitten und sind eher nachgiebige, konfliktscheue Menschen. Die Mutter ist sehr in ihrem Beruf engagiert, so dass sich meistens der Vater, der nachts arbeitet, um die Kinder kümmert. Wenn man ihn beim Spielen mit seinen Kindern beobachtet, macht der Vater den Eindruck, selbst ein großes Kind zu sein. Die Eltern versuchen, Neil zu ermutigen, selbständig zu werden und haben ihm einen Hausschlüssel gegeben. Doch Neil möchte den Schulweg gar nicht alleine zurücklegen. Er klammert sich geradezu an seinen Vater und weigert sich immer häufiger, in die Schule zu gehen. Wenn man ihn dazu zwingt, bricht er förmlich zusammen und hat Wutanfälle wie ein Zweijähriger. In der Schule lässt er sich immer wieder ins Krankenzimmer bringen, obwohl ihm nichts fehlt. Er zeigt auf jede nur erdenkliche Art, dass er nicht erwachsen werden will. Seine Eltern machen sich häufig Sorgen um ihn und verstärken damit die Vorstellung ihres Kindes, dass die Außenwelt gefährlich ist. Sie sind überängstlich und wenn er sich wie ein kleines Kind benimmt, behandeln sie ihn auch so.

Die Therapeutin unterstützte die Eltern darin, strenger und konsequenter zu werden. Sie sprach mit ihnen über Möglichkeiten, wie man die Schule und das Erwachsenwerden für Neil attraktiver machen könnte. Außerdem versuchte sie im gemeinsamen Gespräch, die Ängste und Sorgen der Eltern von denen Neils' zu trennen. Die Eltern redeten mit Neils' Klassenlehrer und konnten sich davon überzeugen, dass ihr Sohn in der Schule sehr gut aufgehoben war. Auch in diesem Fall wird deutlich, dass es sehr von den eigenen Erfahrungen und Vorstellungen der

Eltern abhängt, ob sich eine neue Schule und eine neue Umgebung dem Kind als attraktiv oder unsicher darstellt. Es ist wichtig, dass wir die Realität des Kindes nicht durch unsere eigene Wahrnehmung überdecken. Neils' Eltern jedenfalls begannen, Vertrauen in die Schule zu setzen. Und ihren Sohn konnten sie zur Rückkehr in den Unterricht überreden. Für den Schulweg kauften sie ihm ein Fahrrad, und allmählich fühlte er sich immer besser in der Lage, mit der neuen Situation umzugehen.

Der Wunsch, den Kindern stets nahe sein zu wollen, kann dazu führen, dass man nur selten Position bezieht und unter Druck leicht nachgibt. Dahinter steht die Angst, dass ein Streit gleichzusetzen ist mit Verlust von Nähe, mit einem Riss in der Beziehung. Zu streiten, böse aufeinander zu sein, scheint eine zu hohe Belastung darzustellen. Gleichzeitig verübeln es sich Eltern jedoch, wenn sie immer wieder nachgeben. Und auch der Heranwachsende ist unzufrieden, weil er zu dem Schluss kommen muss, dass seine Eltern offenbar die Mühe scheuen, sich mit ihm auseinander zu setzen. Wenn die Eltern nicht Nein sagen oder zu ihrem Nein nicht stehen, wird er sich schließlich wie ein Tyrann oder permanenter Nörgler fühlen.

Vor allem ältere Teenager glauben zudem zu wissen, was ihre Eltern denken, und fühlen sich häufig schuldig, weil sie selbst einen anderen Standpunkt einnehmen. Sie wollen ihre Eltern nicht verärgern, sich aber auch nicht schuldig fühlen. Das subtil mitschwingende Gefühl der Ausbeutung, Manipulation und emotionalen Erpressung untergräbt die Beziehung zwischen Eltern und Kind wesentlich eher als die offene Auseinandersetzung. Konflikte zu umgehen, beraubt uns der Erfahrung, dass Unstimmigkeiten überwunden werden können. Das Gespenst des Streits hängt für immer drohend über uns, wenn wir nie gestritten und uns wieder versöhnt haben.

Ein Grund, warum Eltern davor zurückschrecken, Nein zu sagen, besteht in dem Wunsch, das Selbstbild von sich als einen freundlichen und verständnisvollen Menschen aufrecht zu erhalten. Wenn dies allerdings dazu führt, dass sich der Jugendliche immer häufiger gegenüber den Eltern durchsetzt, werden sie sich schnell ausgenutzt fühlen. Unter Umständen zieht man auf diese Weise auch einen infantilen Menschen groß, der glaubt, alles mit Leichtigkeit erreichen zu können, weil er sich der Unterstützung seiner Eltern immer gewiss sein konnte. Eine recht komische Szene aus der amerikanischen TV-Serie *Friends* illustriert, was ich meine: Rachel, eine junge Frau in den Zwanzigern, will von zu Hause ausziehen und ihr Leben selbst in die Hand nehmen. Sie mietet mit ein paar Freunden eine Wohnung und als sie mit Tüten und Kartons beladen von einer Einkaufstour zurückkehrt, wird sie von ihnen gefragt, wie sie das alles bezahlt habe. Triumphierend wedelt sie mit ihrer Kreditkarte, bis ihr klar wird, dass ihr Vater für die Rechnungen aufkommt.

Gegenwärtig herrscht offenbar die Tendenz vor, dass junge Leute relativ lange, teilweise bis Mitte zwanzig, bei ihren Eltern leben. Meiner Meinung nach ist dies zum Teil in der Unfähigkeit der Eltern begründet, dem Wunsch der Kinder zu widersprechen, so lange wie möglich bei den Eltern zu bleiben. Indem die Eltern ihre schon erwachsenen Kinder umsorgen, nehmen sie ihnen die Chance, sich selbst durchzuboxen und auf eigenen Füßen zu stehen.

Die 15-jährige Nadia lebt bei ihrer Mutter. Nadias Eltern sind geschieden, und Nadia hat die letzten Jahre damit verbracht, quer durch Europa von einem Elternteil zum anderen zu pendeln. Inzwischen haben beide Eltern wieder geheiratet und neue Familien gegründet. Meine Kollegin und ich hörten erstmals von Nadia, als ihre Mutter, Mrs M., und deren Ehemann zu einer Paartherapie zu uns kamen. Sie sprachen über die wachsende Distanz, die sich in letzter Zeit zwischen ihnen entwickelt hatte, und die Schwierigkeiten, sich über die Erziehung dieses Kindes aus erster Ehe zu einigen. Sie gaben sich gegenseitig die Schuld für die Probleme mit Nadia und konnten sich offenbar vor allem in Fragen von Regeln und Verboten nicht einigen. Mr. M. warf seiner Frau vor allem vor, dass sie Nadia alles durchgehen ließe, weil sie Schuldgefühle wegen des Scheiterns ihrer ersten Ehe habe. Mit ihrem verstörten und zugleich zerstörerischen Verhalten beherrschte Nadia die gesamte Familie. Sie stahl, blieb abends lange weg, log und war allgemein

sehr unzuverlässig. Obgleich uns aus den Berichten klar wurde, wie furcht-
bar Nadia sich benahm, waren wir doch betroffen darüber, wie erschreckend
und traurig es für sie sein musste, sich bei ihrer Mutter und deren zweitem
Mann nicht willkommen und geborgen fühlen zu können.

Heranwachsende testen unsere Grenzen aus: Wie viel wird sich der Erwachsene gefallen lassen, bevor er den Jugendlichen fallen lässt? Dieses
Verhalten ist bei benachteiligten Kindern, die beispielsweise im Heim
oder bei Pflegeeltern aufwachsen oder immer wieder zwischen verschiedenen Familien hin und her geschoben werden, zwar besonders ausge-
prägt, aber bis zu einem bestimmten Grad an jedem Kind zu beobachten. Dahinter steht die Frage: »Wie sehr liebst du mich wirklich?«

Nadias Draufgängertum war nur oberflächlich, darunter verbarg
sich deutlich erkennbar ein Gefühl tiefen Kummers. Als es uns gelang,
mit den Eltern darüber zu sprechen, dass sie sich nur ungern mit diesem
Kind aus erster Ehe herumschlugen und manchmal wünschten, Nadia
würde nicht bei ihnen leben, konnten wir auch zur Sprache bringen, dass
Nadias Verhalten nicht allein auf Unzuverlässigkeit zurückzuführen war.
Ihnen wurde klar, dass Nadias Gefühl, sie sei bei ihnen nicht willkommen,
einen realen Hintergrund hatte: Sie waren tatsächlich verärgert über ihre
Gegenwart und wollten sie häufig loswerden, weil sie sich zwischen sie
stellte. Durch unser Gespräch gelang es ihnen, sich ihre eigenen Gefühle
einzugestehen und darüber nachzudenken, wie sie Nadia in ihre neue
Familie integrieren konnten und welche Rolle Mr. M. einnehmen sollte.

Nachdem wir ihre Gedanken und Gefühle hinsichtlich der Grün-
dung einer neuen Familie auf dem Fundament der alten entwirrt hatten,
konnten die Eltern sich auch darüber verständigen, wer die Verantwortung für Regeln und Verbote übernehmen sollte. Sollte alles, was Nadia
betraf, Mrs M. überlassen werden oder wollten sie sich mit der Vorstellung anfreunden, dass in der neuen Familie auch neue, eigene Regeln
galten? Es gelang ihnen, durch ihr Verhalten und durch Gespräche Nadia zu zeigen, dass sie selbstverständlich immer Mrs M.'s Tochter bleiben würde. Doch so wie ihr eine Rolle innerhalb der Familie zukam, hat-

te auch ihr Stiefvater seinen Platz in diesem Gefüge. Als sich die Beziehung stabilisierte, trafen sie schließlich auch eine Übereinkunft mit Nadias Vater: In Zukunft sollte es klare Absprachen darüber geben, wann Nadia sich bei wem aufhielt. Dahinter stand das Ziel, dass Nadias Besuche bei dem Vater gemeinsam geplant wurden, anstatt wie bisher Teil eines verzweifelten Krisenmanagements zu sein, bei dem das Kind von einem Elternteil zum anderen weglief oder weggeschickt wurde, wenn Vater oder Mutter es wieder einmal nicht mehr länger mit Nadia aushielten.

Die Frage, welchen Platz der Heranwachsende innerhalb der Familie einnimmt, ist in dieser Phase ständig virulent. Ist er eine Art Pensionsgast? Ist er das Kind seiner Eltern? Oder spielt er die Rolle des älteren Geschwisters, das sich um die Jüngeren zu kümmern hat? Ist er da, um jemanden zu schützen, einen Partner oder ein Elternteil zu ersetzen? Die Rollendefinition wird in fast allen Familien zum Thema und führt häufig zu Auseinandersetzungen. Eltern müssen Eltern sein, und das Kind muss die Sicherheit haben, dass sie für ihr Kind da sind und immer seine Eltern bleiben, wie auch immer es sich verhält. Um ihre Rolle als Eltern ausfüllen zu können, müssen sie sich nicht nur für ihre Familie verantwortlich fühlen, sondern auch eine Vorstellung davon haben, was für eine Art von Familie sie sein wollen. Ein Kind, das spürt, dass die Regeln so schwach sind, dass es sie zum Einsturz bringen kann, fühlt sich unsicher und verängstigt. Es wird destruktiv statt kreativ. Die Fähigkeit der Eltern Nein zu sagen und konsequent zu bleiben, stellt ein Sicherheitsnetz für den verunsicherten Teenager dar.

Eine eigene Identität

In der Adoleszenz versucht der Jugendliche erstmals, sich als unabhängiges Individuum zu begreifen. Das Zuhause ist nicht mehr der einzige Orientierungspunkt, die Eltern sind nicht länger die Menschen, denen das Kind nachzueifern versucht. Die Eltern stehen nicht mehr im Zentrum, sondern werden durch Schule und Freunde ersetzt. Um unabhängig zu werden, müssen sich Teenager aus der bis dahin engen Beziehung zu den Eltern lösen. Es ist sehr schwer, sein Verhalten und Denken innerhalb einer Beziehung zu verändern. Man muss sich an anderen Menschen orientieren, um neue Fähigkeiten einzuüben. Selbst als Erwachsene gelingt es uns kaum, eine andere Beziehung zu unseren Eltern aufzubauen. Häufig verhalten wir uns in ihrer Gegenwart immer noch so, wie wir das als Kind getan haben, obwohl wir uns im Zusammensein mit anderen Menschen vollkommen anders benehmen.

In der Adoleszenz findet also eine Orientierung an Vorbildern außerhalb der Familie statt. Der Teenager sucht nach Ideen und Ideologien, Religionen, politischen Systemen, Moden und Idolen, an denen er sich überprüfen kann. Einige dieser Vorbilder wird er unter anderen bei Erwachsenen finden – Politikern, Lehrern oder Schriftstellern –, andere kommen aus der Welt der Unterhaltung, des Kinos oder der Musik, wieder andere sind Freunde aus der Schule oder der Nachbarschaft. Möglicherweise ist der Jugendliche zum ersten Mal allein verantwortlich dafür, mit wem er Umgang pflegt. Er kann (und will) sich nicht mehr darauf verlassen, dass seine Eltern Besuche von Freunden organisieren. Und auch Konflikte muss der Jugendliche jetzt zu einem großen Teil allein bewältigen, da seine Eltern nicht mehr bei jeder Gelegenheit in seiner Nähe sind. Er trifft mit anderen Jugendlichen zusammen – im Bus, im Kino, im Park, beim Einkaufen, an der Straßenecke oder wo auch immer. Dadurch entstehende Probleme muss er allein oder gemeinsam mit seinen Freunden lösen. Er muss selbständig werden. Es ist niemand in seiner Nähe, der ihn an die Regeln erinnern wird, die jetzt in seinem Innern verankert sein müssen. Warnungen vor Gefahren und Risiken oder die Ermahnung zur Rücksichtnahme gegenüber anderen muss er bis zu diesem Zeitpunkt internalisiert haben. Denn zugleich ist der Jugendliche jetzt dem Einfluss Gleichaltriger ausgesetzt, die andere Verhaltensstandards vertreten.

Ob der Teenager auf die elterliche Stimme aus seiner Kindheit hört oder nicht, unterliegt jetzt seiner Entscheidung. Manchmal wird dies der Fall sein, in anderen Situationen nicht. Die Eltern müssen ihm die Freiheit lassen, selbst zu wählen. Sie müssen mit ihren Kindern wachsen und sich verändern, sich – ähnlich wie in der Zeit nach der Geburt des Kindes – neu definieren lernen. Sie müssen sich von dem Bild des kleinen Kindes verabschieden, um dem Jugendlichen zu helfen, ein junger Erwachsener zu werden. Loslassen ist immer schwierig, in jeder Phase des Lebens.

Die meisten Teenager benötigen nun viel Freiraum, um ihren Platz in einer Gruppe von Gleichaltrigen zu finden. Manchen fällt dies leichter, wenn sie sich für eine gewisse Zeit von der Familie distanzieren, da es anfangs eine zu hohe Anforderung ist, unabhängig zu sein und zugleich die frühere Nähe aufrecht zu erhalten. Eltern beobachten, dass ihr Kind, das bis vor kurzem noch mit ihnen zusammensein wollte, wenn es aus der Schule kam, um gemeinsam zu essen, fern zu sehen und zu reden, jetzt schnurstracks in sein Zimmer geht und erst wieder auftaucht, wenn man es ruft. Stundenlang telefoniert es mit seinen Freunden oder trifft sich mit ihnen irgendwo außer Haus. Die ganze Familie spürt, dass sich der Heranwachsende in einem Kreis von Menschen bewegt, zu dem die Familie nicht gehört. Ratschläge, was man anziehen, mit wem man sich treffen oder was man tun soll, sind nicht länger gefragt. Viele Eltern fühlen sich regelrecht ausgeschlossen.

- *Claudia, Mutter von Julian (zwölf) und Charlotte (13), saß zwischen ihren Kindern am Esstisch, die sich kichernd über irgendwelche Freunde unterhielten. Es gab Geflüster über mögliche Freunde für Charlotte und Mädchen, die angeblich in Julian »verknallt« waren. Claudia bekam nur einzelne Fetzen ihrer Unterhaltung mit und fühlte sich schrecklich ausgegrenzt. In dem aufgeregten Gespräch ihrer Kinder war für sie kein Platz.*
- *Paul bemerkte, dass seine 14-jährige Tochter Tracy unglücklich und den Tränen nahe war, doch sie wollte ihm nicht sagen, was los war. Stattdessen sprach sie mit ihrer Mutter und erzählte ihr, sie habe Streit mit ihren Freundinnen gehabt. Deshalb sei sie so verzweifelt. Zugleich bat sie aber die Mutter, dem Vater nichts davon zu erzählen, weil sie Angst hatte, dass er sie dann für ein albernes Kleinkind halten könnte.*

- Der 15-jährige Richard war schon immer ein stiller Junge gewesen und vertraute sich auch seinen Eltern nur selten an. Als er noch klein war, genoss er es, mit der Familie zusammen zu sein, und nahm an allen Aktivitäten teil, ohne sie allerdings selbst zu initiieren. Ab und zu ließ er es zu, dass man mit ihm schmuste. Als er älter wurde, suchte er sich Hobbys wie Lesen oder am Computer spielen, denen er allein nachgehen konnte. Obwohl Richard selbst glücklich und zufrieden zu sein scheint, machen sich seine Eltern seinetwegen Sorgen. Sie haben das Gefühl, zu wenig zu wissen, was in ihm vorgeht. Ihnen ist bewusst, dass andere Kinder seines Alters ungeheuer aktiv sind, alles Mögliche unternehmen und sich dabei vielleicht auch in Schwierigkeiten bringen. Sie sorgen sich, dass Richard isoliert oder ausgeschlossen werden könnte, und fragen sich, ob sie in irgendeiner Weise einschreiten sollten.

- Gesine (16) telefoniert stundenlang mit ihren Freundinnen, spricht aber kaum ein Wort mit ihrer Familie. Die Eltern vermuten, dass sie schrecklich viel auf dem Herzen hat, weil sie endlose Gespräche mit anderen Teenagern führt, haben aber keine Ahnung, was sie denkt oder fühlt.

- Der 17-jährige Carlos geht jeden Abend weg, sagt seinen Eltern aber nie, wo er war oder mit wem er sich getroffen hat. Er kommt zwar immer pünktlich zur vereinbarten Zeit nach Hause, doch die Eltern wissen nichts über sein Sozialleben. Zu Hause benimmt er sich ausgesprochen zuvorkommend, tut, worum man ihn bittet, hilft im Haushalt und passt auf seine jüngeren Geschwister auf. Es gibt keinerlei Schwierigkeiten mit ihm. Und trotzdem kommt er seinen Eltern eher wie ein Gast vor. Es bereitet ihnen Sorgen, dass sie nicht einmal wüssten, wenn er außer Haus in Schwierigkeiten geriete. Er scheint nicht mehr Teil der Familie zu sein.

Dies sind alltägliche Beispiele aus ganz normalen Durchschnittsfamilien. Ausgeschlossen zu werden, ist hart für Eltern, aber entscheidend für die Entwicklung des Kindes. Die Eltern müssen Nein sagen zu ihrem Wunsch nach Nähe und Beteiligung. Ihnen bleibt aber, für ihr Kind da zu sein, wenn es sie braucht, und seinen Gefühlen und seinem Bedürfnis nach Alleinsein mit Verständnis zu begegnen.

Auch wenn es so aussehen mag, als ob Jugendliche nichts auf die Meinung ihrer Eltern geben, reagieren sie sehr sensibel auf alles, was man über sie sagt. Fühlten sie sich bis dahin sicher in ihrer Beziehung zu den Eltern, kommen ihnen jetzt möglicherweise Zweifel, ob man sie auch mit ihrem »neuen Ich« noch mag. Ein Beispiel mag verdeutlichen, was ich damit sagen will: Ein Teenager, der den Geschmack seiner Eltern absolut unmöglich findet, ist zutiefst verletzt, wenn man einen Modestil kritisiert, den er besonders »cool« findet. Meine 13-jährige Tochter und ihre Freundinnen planten vor kurzem einen gemeinsamem Einkaufsbummel, was ihnen wesentlich mehr Spaß macht, als sich in Begleitung der Eltern ihre Kleidung auszuwählen. Und doch erzählte mir eines der Mädchen, dass sie sich vor kurzem ein Kleid gekauft habe, das ihr auf Anhieb gefiel, nun aber in die letzte Ecke des Kleiderschranks verbannt worden sei. Als sie es das erste Mal trug, hatte ihr Vater sie kritisch betrachtet und gefragt: »Was ist das denn?« Seitdem hatte sie es nie wieder angezogen.

Wenn Jugendliche mit Leidenschaft und Überzeugung ihre Standpunkte vertreten, könnte man sie für stark und entschlossen halten. In Wahrheit aber sind sie zugleich äußerst verletzlich. Das Durcheinander ihrer Gefühle verwirrt nicht nur uns, sondern auch sie selbst. Das ist der Grund, warum in dieser Phase das Familienleben durch ein ständiges Hin und Her zwischen Nähe und Distanz bestimmt wird.

Versuchen wir, den Gründen für diese Distanz nachzugehen. Es ist schwer herauszufinden, wer man ist, wenn man sich isoliert. Im Großen und Ganzen haben Jugendliche eine relativ genaue Vorstellung davon, wie sie zu Hause wahrgenommen werden. Sie stehen in einer intensiven emotionalen Beziehung sowohl zu einzelnen Mitgliedern der Familie wie zu der Familie als Ganzem. In der Schule sind sie mit einer anderen Situation konfrontiert. Die Gruppe der vertrauten Freunde aus der Grundschulzeit hat sich mit dem Wechsel auf eine weiterführende Schule aller Wahrscheinlichkeit nach aufgelöst. Der Jugendliche sieht sich also einer neuen sozialen Gruppe gegenüber. In dieser Phase schließen Teenager eher Freundschaft mit einer Clique als mit einzelnen Mitgliedern. Der Mittelpunkt verlagert sich weg von der Familie hin zu Gruppen Gleichaltriger. Eine der größten Sorgen des Jugendlichen ist jetzt seine Position innerhalb dieser Gruppe. Eine der größten Sorgen der Eltern hingegen ist die Frage, mit wem das Kind Umgang hat. Die Funktion des »Torhüters«, der die Kontrolle darüber hat, wen das Kind einlädt und zu wem es eingeladen wird, haben sie endgültig verloren.

Mit der Wahl ihrer Freunde loten Teenager sich selbst aus. Eine Gruppe vermag ein ruhiges Kind ebenso zu integrieren wie ein lautes, lustiges, rebellisches oder sensibles. Im Zusammensein erfahren die Jugendlichen, wie die unterschiedlichsten Menschen miteinander umgehen, und sie erhalten die Möglichkeit, mit den verschiedenen Seiten ihrer Persönlichkeit zu experimentieren. Manchmal zeigen Teenager in einer Gruppe auch Verhaltensweisen, die man von ihnen nie erwartet hätte: Etwa Kleinigkeiten aus einem Geschäft »mitgehen lassen«, fluchen, Alkohol trinken oder rauchen. Als Eltern sollten wir darauf vorbereitet sein, dass unsere Kinder Aspekte des Lebens ausprobieren, von denen wir sie lieber fernhalten würden. Anstatt von Erwachsenen zu hören »Tu das nicht, es schadet dir«, müssen Kinder manche Erfahrungen selbst machen, um sich dann dagegen zu entscheiden. (Selbstverständlich meine ich damit nicht, dass man eine Gewöhnung hinnehmen sollte; auf Alkohol- und Drogenmissbrauch komme ich an anderer Stelle noch zu sprechen.) Die Entscheidung ist dann aus eigener Überzeugung gefällt worden. Eine allzu strenge Haltung, in der immer ein »Ich weiß das besser als du« mitschwingt, ist kontraproduktiv und führt häufig nur zu heimlicher Rebellion, Verachtung oder Unterwerfung. Der Psychotherapeut M. Waddell schreibt, dass »in übermäßig strengen und autoritären Haushalten, die zu Schwarz-Weiß-Malerei neigen, Verbote die Kinder nicht in sinnvolle Grenzen weisen, sondern sie unabsichtlich zu extremen Verhaltensweisen ermutigen«.

Eltern haben immer Unrecht!

Ein weiterer Distanz schaffender Faktor ist das sich verändernde Bild, das Jugendliche von ihren Eltern haben. Kleinere Kinder sind noch davon überzeugt, dass ihre Eltern allmächtig sind, alles wissen und alles können. Es gehört zu unseren Aufgaben als Eltern, diese Erwartung zu enttäuschen und unseren Kindern ein realistischeres und vollständigeres Bild zu vermitteln. Der Kinderarzt und Psychoanalytiker D. W. Winnicott spricht von einer Pflicht der Eltern, ihre Kinder allmählich zu desillusionieren. In der Adoleszenz verkehrt sich die Bewunderung des Kindes häufig in ihr Gegenteil, so dass Eltern mitunter als »überflüssig« angesehen werden. Der Jugendliche glaubt, nur er und seine Freunde seien zu leidenschaftlichen Empfindungen und Meinungen fähig. Die ältere Generation wird mit Verachtung gestraft.

Es gehört zur Entwicklung des Jugendlichen, dass er in einer bestimmten Phase glaubt, alles, was seine Eltern tun, sei falsch. Damit einher geht das Gefühl tiefer Enttäuschung: Wie können die Menschen, die der Teenager bis dahin bewundert und geachtet hat, sich auf einmal in derartige Trottel verwandeln? Es hat den Anschein, als ob das Kind seine Eltern geradezu in einem schlechten Licht sehen muss, um sich von ihnen zu distanzieren. Wenn es sie noch immer bewunderte, wie könnte es sie dann verlassen? Es ist dies sozusagen eine weitere Phase der »Entwöhnung«. Wenn sich zwei Menschen verstehen und mögen, wünschen sie sich unwillkürlich, dass diese Einheit halten möge. Doch dies würde Stillstand bedeuten, die Abwesenheit von Bewegung und Leben.

In der Adoleszenz findet ein enormer Wachstums- und Reifeschub statt. Alles ist in Bewegung. Das Kind wendet sich schließlich von seinen Eltern ab. Um das aber auch tun zu können, muss es sie wie gemeine Spielverderber oder völlig verbohrte Idioten aussehen lassen, will es sich selbst die Trennung erleichtern. Ähnliches lässt sich übrigens auch bei sehr jungen Au-pair-Mädchen in der Phase vor dem Abschied von »ihrer« Familie beobachten. Selbst wenn man sich bis dahin gut verstanden hat, kommt es nun auf einmal wegen ganz banaler Anlässe zu

Auseinandersetzungen und Streitereien. All das dient dazu, den Abschied leichter zu machen. Eltern sind meist völlig überrascht, wenn Kinder, die sie noch vor kurzem wegen jeder Kleinigkeit um Rat gefragt haben, sie nun plötzlich der Intoleranz, Kleinlichkeit und Paranoia beschuldigen. Es kommt zu Diskussionen und erbittertem Streit, Eltern und Kinder sind gleichermaßen verletzt über das Bild, das der jeweils andere offenbar von ihnen hat. Viele Eltern beginnen in dieser Situation, sich wortreich zu verteidigen, um ihrem Kind seinen Irrtum vor Augen zu halten. Doch das ist wenig produktiv und hindert den Teenager unter Umständen daran, die für seine Entwicklung notwendige Distanz aufzubauen.

Wenn wir diese Auseinandersetzungen als Trennungsversuche des Kindes bewerten und ihm auszudrücken erlauben, wie schrecklich es uns findet, signalisieren wir ihm, dass wir nicht nur seine Liebe erwarten, sondern auch seinen Hass aushalten können. Zu erleben, dass es möglich ist, sich mit jemandem zu streiten, der einen aufrichtig liebt, ist für den Jugendlichen außerordentlich beruhigend. Winnicott schreibt in diesem Zusammenhang von dem Bedürfnis nach Widerspruch in einem Setting, in dem man sich darauf verlassen kann, dass gegenseitiges Vertrauen herrscht.

In diesen Phasen der Auseinandersetzung sollten wir als Eltern nicht unsicher werden und uns darauf besinnen, wer wir wirklich sind, anstatt das Bild, das uns das Kind entgegenhält, für zutreffend zu halten. So könnten wir uns also zum Beispiel sagen: »Ich weiß, er hält mich für gemein, aber das bin ich nicht. Ich stehe nur für das ein, was ich für richtig halte.« Diese Haltung ermöglicht es uns, unseren Standpunkt in der Auseinandersetzung zu vertreten, anstatt aus Angst vor dem Zorn oder der Missbilligung des Kindes nachzugeben. Wir können unseren Ansichten treu bleiben und unsere Regeln durchsetzen. Aber wir können nicht andere dazu bewegen, der gleichen Überzeugung zu sein wie wir. Häufig erwarten wir, dass unser Kind nicht nur das macht, was wir fordern, sondern dies auch noch für richtig hält. Das ist ein bisschen zu viel verlangt.

Von unseren Kindern lernen

Darüber hinaus sollte nicht vergessen werden, dass Erwachsene in bestimmten Fragen des modernen Lebens von ihren Kindern lernen können. Teenager haben beispielsweise in den Bereichen Informationstechnologie, Mode, Musik oder Kunst häufig weitaus umfangreichere Kenntnisse als Erwachsene. Ältere Jugendliche, die sich mit grundlegenden, die menschliche Existenz betreffenden philosophischen Themen auseinandersetzen, stellen vielleicht Werte in Frage, die wir nur noch aus purer Gewohnheit akzeptieren. Sie zwingen uns, ethische und politische Fragen neu zu überdenken. Jugendbewegungen haben immer wieder entscheidend zu gesellschaftlichen Veränderungen und zu einem Umdenken innerhalb von Politik und Gesellschaft beigetragen (man denke etwa an die Proteste gegen den Vietnamkrieg). Auch Pop-Musiker spielen als Ikonen der Jugendkultur eine Rolle bei der Neudefinierung von Normen und Werten. Dies galt in besonderem Maße in den 1960er-Jahren. So veränderten zum Beispiel die Beatles die Haltung der Engländer gegenüber Indien grundlegend. Indische Immigranten, die man bis dahin gering geschätzt und für primitiv und unzivilisiert gehalten hatte, nahm man nun als Repräsentanten einer Kultur wahr, die sehr alte und im Westen begehrte Weisheiten tradiert hatte. Ein Kleidungsstil, den man als lächerlich erachtet hatte, fand plötzlich Eingang in die Mode. Da ich selbst Inderin bin, habe ich diese Entwicklung mit Faszination beobachtet. Ein graues Land wurde bunt. Die Vermischung von Kulturen geht nicht selten auf die Offenheit der Jugend zurück.

Die Jugend von heute hält uns vor Augen, welchen Einfluss wir auf die Umwelt haben, und fordert uns nicht nur in Fragen des Tierschutzes, sondern mahnt uns auch zu einem sorgsamen Umgang mit der Gesundheit. Wir sollten nicht unterschätzen, wie viel wir von unseren Kindern lernen können; man könnte sogar sagen, wir brauchen ihren Idealismus und ihre Hoffnungen als Gegengewicht zu unserem eigenen Zynismus.

Es ist ganz selbstverständlich, dass Kinder in bestimmten Bereichen – im Hinblick auf akademische Leistungen, beim Sport oder andere Fähigkeiten betreffend – einfach besser sind als ihre Eltern. Entscheidend ist, dass wir das Talent des Kindes anerkennen, ohne dabei das Gefühl zu haben, an Autorität oder Selbstwertgefühl zu verlieren. Tun wir so, als würden wir alles können und wissen, entfremden wir das Kind von uns. Wenn wir dagegen das, was wir wissen, dem Kind mitteilen, und zugleich sein Wissen akzeptieren und aufnehmen, treten wir in einen Dialog, an dem beide Parteien beteiligt sind. Nichts ärgert Teenager mehr, als wenn ihnen Eltern einen langen Vortrag über Dinge halten, die sie selbst tatsächlich besser wissen.

Kinder spüren zu lassen, dass wir als Erwachsene etwas von ihnen lernen können, erfüllt (mindestens) drei Funktionen. Erstens zeigt es ihnen, dass sie etwas beizutragen haben. Das stärkt nicht nur ihr Selbstwertgefühl, sondern befriedigt auch ihren Wunsch, sich für all das, was sie von den Eltern erhalten haben, auf irgend eine Weise erkenntlich zu zeigen. Zweitens wird ihnen damit deutlich, dass Lernen ein nicht abzuschließender Prozess ist, der beständige Erneuerung und Erweiterung beinhaltet. Und dies vermittelt ihnen eine offene und suchende Haltung gegenüber dem Leben. Drittens zeigt es ihnen in einer Phase, in der sie selbst Fortschritt suchen, dass auch ihre Eltern beweglich und nicht für immer auf einen bestimmten Punkt fixiert sind. Manche Jugendliche haben ein schlechtes Gewissen, dass sie durch ihren Hunger auf Leben die Eltern auf einmal alt aussehen lassen. Sie fürchten, ihr Elan und ihre Unternehmungslust könnten die Eltern neidisch machen oder ihnen den Eindruck vermitteln, dass sie zurückgelassen werden. Wenn dagegen die Eltern demonstrieren, dass auch sie fähig sind, zu wachsen und sich zu verändern, geben sie dem Jugendlichen den Raum zu freier Entfaltung.

Mit der Distanzierung von den Eltern geht für den Heranwachsenden ein Gefühl des Verlusts einher. Es ist die Trauer darüber, dass die Eltern nun keine Menschen mehr sind, zu denen man bedingungslos aufschauen kann. In dieser Phase fühlen sich Jugendliche manchmal extrem alleingelassen. Und auch ihr Selbstwertgefühl leidet: Wenn man erkennt, dass Menschen, denen man nachgeeifert hat, plötzlich ihren Vorbildcharakter verloren haben, fühlt man sich selbst herabgesetzt. Den

Jugendliche   229

meisten Teenagern gelingt es, diese Krise zu überwinden und ihre Eltern als das zu sehen, was sie sind: Menschen mit Stärken und Schwächen. Sie stellen sich der Ambivalenz, die das ganze Leben bestimmt.

Wahre Liebe

Vor allem ältere Heranwachsende sind, nachdem sie sich in einer von besonders starken und leidenschaftlichen Emotionen geprägten Phase von den Eltern distanziert haben, auf der Suche nach einer anderen Form von Beziehung, um Intimität und Nähe zu erleben. Die erste Liebe wird häufig als Einheit, als Symbiose oder Suche nach der perfekten Ergänzung erfahren. Wie wir gesehen haben, fühlt sich der Jugendliche unvollständig. Jemanden zu finden, der zu ihm passt, verleiht ihm das Gefühl des Ganzseins. Die von Teenagern ersehnte Beziehung hat Ähnlichkeit mit der idealisierten Beziehung zwischen Mutter und Säugling, der perfekten Symbiose, von der im ersten Kapitel die Rede war. Der durch Trennung verursachte Liebeskummer und die Sehnsucht nach einer ewig währenden Verbindung sind Motive, die sich nicht nur in der Literatur, sondern vor allem auch in der Popkultur wiederfinden.

Eltern reagieren häufig besorgt, wenn Sohn oder Tochter sich zu sehr an die neue Freundin oder den neuen Freund binden und darüber die Kontakte zu anderen Menschen vernachlässigen. Obwohl die idealisierte Liebe und der Wunsch, das Zusammengehörigkeitsgefühl für immer zu erhalten, notwendige Entwicklungsschritte darstellen, haftet ihnen, wie wir bereits in anderen Zusammenhängen gesehen haben, etwas Statisches an, was Bewegung und Wachstum behindert. Wenn wir uns als Eltern klar machen, dass der Jugendliche mit dieser Art von Beziehung versucht, die kindliche Erfahrung der Nähe zur Mutter wiederzubeleben, sind wir vielleicht in der Lage, weniger besorgt darauf zu reagieren. Das Wissen, dass unser Kind sich aus der Verbindung mit uns lösen konnte, um in die Welt hinauszutreten, lässt uns darauf vertrauen, dass ihm dieser Schritt erneut gelingen wird. Auf dieser Grundlage ist es uns möglich, uns nicht in die Beziehung des Teenagers einzumischen, sie nicht zu beenden, bevor sie ihre Funktion erfüllt hat. Wir müssen uns an diesem Punkt selbst Grenzen setzen, Nein sagen zu dem Wunsch, dem Kind den Liebeskummer, den wir bereits voraussehen, ersparen zu wollen. Wenn wir uns dennoch einmischen und womöglich die Beziehung verbieten, wird uns das Kind vorwerfen, nicht nur seine Liebe, sondern auch seine Träume und Ideale zerstört zu haben. In vielen Familien kommt es zu dauerhaften Zerwürfnissen, weil die Eltern mit der Partnerwahl des Teenagers nicht einverstanden sind. Mit einem voreiligen Verbot geben Sie Ihrem Kind das Gefühl, dass Sie es von sich stoßen, und manchmal wird der Graben, der sich zwischen Eltern und Kind auftut, so groß, dass eine Wiederannäherung unmöglich wird. Etwas anderes ist es selbstverständlich, wenn Ihr Kind mit jemandem zusammen ist, von dem Ihrer Meinung nach eine echte Gefahr ausgeht.

Ein Grund, warum Eltern den Freund oder die Freundin ablehnen, besteht in der Idealisierung des eigenen Kindes: Niemand wird jemals gut genug sein. Ein anderer Grund besteht in der Identifikation mit dem Kind: Man sieht, dass es den gleichen Mustern folgt wie man selbst. Und man möchte seinem Kind nicht nur eigene leidvolle Erfahrungen ersparen, sondern sich selbst auch vor der Erinnerung schützen. Einmal mehr kommt es darauf an, dem Kind Raum für eigene Erfahrungen zu lassen. Die eigene Erinnerung kann helfen, den Jugendlichen besser zu verstehen, sie kann aber auch den Blick auf seine spezifischen Erfahrungen verstellen.

Doch auch wenn wir uns damit abfinden, dass unser Kind anders ist als wir, bleibt uns manchmal trotzdem vollkommen unverständlich, was es an seinem neuen Partner findet.

Mr und Mrs Z. haben drei Kinder. Eltern und Kinder haben ein sehr enges Verhältnis zueinander und unternehmen viel gemeinsam. Alle drei Kinder gehen in die Synagoge und gehören einem jüdischen Jugendclub an. Vor kurzem hat sich Mandy in einen Jungen verliebt, den sie auf einer Party kennen gelernt hat. Er ist kein Jude, und ihre Eltern haben große Schwierigkeiten, die Beziehung zu akzeptieren.

Eigentlich mögen die Eltern den Jungen, sie finden ihn ausgesprochen höflich und charmant. Er ist nett zu ihrer Tochter und behandelt die Eltern mit Respekt. Und doch können sie Mandys Wahl nicht akzeptieren. Immer wieder stellen sie sich die Frage, warum sich ihre Tochter nicht in einen Jungen aus den eigenen Kreisen verlieben konnte. In gewisser Weise ist ihnen Mandys Freund absolut fremd, sie können ihn nicht recht einordnen.

Diese Situation dürfte vielen Eltern vertraut sein. Die »eigenen Kreise« können religiös oder geographisch, kulturell, finanziell oder ethnisch definiert sein. Problematisch für die Eltern ist die Tatsache, dass sich ihr Kind außerhalb des vertrauten Umfelds orientiert und ihnen damit die Grundlage für eine Einschätzung entzieht. Manchmal allerdings bedeutet die Frage »Wie kann er sie nur attraktiv finden?« auch einfach nur »Wie kann er nur einen so ganz anderen Geschmack haben als ich?« Die Differenz unterstreicht die Tatsache, dass Sie und Ihr Kind inzwischen zwei verschiedene Wesen sind.

Teenager wissen, dass sie sich »verrückt« verhalten, wenn sie verliebt sind. Sie erleben das auch bei anderen Jugendlichen und müssen es sich gefallen lassen, selbst von ihren Freunden aufgezogen zu werden. Bei Shakespeare heißt es: »Ich wundere mich doch außerordentlich, wie ein Mann, der sieht, wie ein anderer zum Narren wird, wenn er seine Gebärden der Liebe widmet, doch, nachdem er solche läppischen Torheiten an jenem verspottet, sich zum Gegenstand seiner eignen Verachtung macht, indem er sich selbst verliebt.«

Die meisten Erwachsenen reagieren entweder verzweifelt oder amüsiert auf die mit der Verliebtheit einhergehenden Anwandlungen des Jugendlichen. Doch was auf uns amüsant oder rührend wirkt, ist für den Jugendlichen todernst. Auch hier sollten wir eine gesunde Distanz wahren und uns davor hüten, von den Gefühlen des Kindes überwältigt zu werden. Stellen Sie sich vor, Ihr Sohn hat Liebeskummer und schüttet Ihnen sein Herz aus. Wenn Sie es nicht ertragen, Ihr Kind so verletzt zu sehen, werden Sie unter Umständen versucht sein, sich gegen die zu wenden, die ihm diesen Schmerz zufügen. Sie beginnen die Freundin zu hassen, ist sie doch für all das verantwortlich. Und Ihrem Sohn werden Sie raten, sie so schnell wie möglich zu vergessen. Schließlich gäbe es noch andere hübsche Mädchen. Doch damit beziehen Sie die Verletzung auf sich selbst, anstatt Ihrem Sohn zu helfen. Wenn Sie sich seinen Schmerz zu eigen machen, hat er kaum Möglichkeiten, ihn selbst zu durchleben. Besser ist es, wenn Sie ihm das Gefühl vermitteln, dass Sie ihm zur Seite stehen und ihm helfen, die Situation zu überstehen.

Sexualität

Zu den vielen Dingen, die Jugendliche in der Adoleszenz entdecken, gehört auch die Sexualität. Der Gedanke, dass auch die Eltern ein Sexualleben haben, wird von Teenagern normalerweise ignoriert. Über das Thema Sexualität spricht man einfach nicht mit Eltern. Zwar kann es sein, dass bestimmte Ängste und Sorgen zwischen Eltern und Kind zur Sprache kommen, doch ausführliche Gespräche finden kaum statt: Die Beziehung würde dadurch zu intim. Nicht nur der Inzest selbst, sondern auch inzestuöse Gefühle und Gedanken unterliegen einem strengen Tabu. Ich habe in diesem Buch mehrfach davon gesprochen, dass sich Kinder in den Augen ihrer Eltern widerspiegeln. Seine Identität als sexuelles Wesen aber kann ein junger Mensch nicht in der Beziehung zu den Eltern erkunden – in diesem Punkt muss er sich an anderen orientieren. Auf der Suche nach diesem entscheidenden Teil seiner selbst den vertrauten Kreis der Familie verlassen zu müssen, kann für den Jugendlichen sehr beängstigend sein. All das heißt zwar nicht, dass sich Teenager notwendigerweise ihren Eltern nicht mehr körperlich nahe fühlen und jede Form der Liebkosung ablehnen. Doch für manche sind die Grenzen zwischen Körperlichkeit und Sexualität so fließend, dass sie auf Distanz zu ihren Eltern gehen. Dies gilt vor allem zwischen den Geschlechtern, also für das Verhältnis von Vater und Tochter, Mutter und Sohn. Auch hier ist es wichtig, dass sich Eltern Grenzen auferlegen und ihren Wunsch nach Nähe zurückstellen, um das Kind das richtige Maß an Distanz finden zu lassen.

Die in der Pubertät stattfindenden körperlichen Veränderungen verstärken die Unsicherheit des Teenagers hinsichtlich der eigenen Identität und des Aussehens. Das Gefühl, unfertig zu sein, macht verletzlich. Jungen wissen beispielsweise nicht, was sie mit dem ersten spärlichen Bartwuchs anfangen sollen. Mädchen entdecken einen Pickel im Gesicht, der in ihren Augen wie ein riesiger Krater aussieht, nie mehr weggehen wird und bestimmt jedem sofort auffällt. Teile ihres Körpers werden runder und sie halten sich für fett. Die französische Psychoanalytikern Françoise Dolto bezeichnet die Unsicherheit des pubertierenden Jugendlichen als »Hummer-Komplex« und spielt damit auf die Übergangsphase bei Hummern an, in der sie ihre Schale abwerfen: Bis ihnen ein neuer Panzer gewachsen ist, sind sie extrem verletzlich und schutzlos. Jugendliche, die sich in der Übergangsphase zum Erwachsenenalter befinden, werden erstmals mit der Möglichkeit sexueller Erfahrungen konfrontiert. Ihr Selbstbild wird auch dadurch geprägt, für wie attraktiv sie sich halten. Um herauszufinden, wer sie sind und wen sie anziehend finden, nutzen Jugendliche einen gewissen Spielraum für Experimente. Einige erkunden homosexuelle Kontakte, andere suchen sich immer neue Partner. Eltern vermag das leicht in Panik zu versetzen. Doch wir sollten nicht davon ausgehen, dass in dieser Zeit des radikalen Umbruchs alles von Dauer ist. Vielmehr sollten wir versuchen, im Hier und Jetzt zu bleiben, anstatt uns in womöglich düsteren Zukunftsvisionen zu ergehen.

Ein Jugendlicher, der sich nach Geborgenheit sehnt, geht sexuelle Verbindungen auch deshalb ein, weil er hofft, darin Wärme und Zuwendung zu finden. Das eher kindliche Bedürfnis nach Trost vermischt sich mit der körperlichen Leidenschaft der Sexualität. Viele Teenager lassen sich in dieser Phase ausbeuten. Um noch einmal das Bild vom Hummer aufzugreifen: Boshafte Seeaale lauern ihnen auf, um sie zu verschlingen.

Dee, sechzehn Jahre alt, war ein zierliches, hübsches Mädchen. Ihre Eltern hatten sich getrennt. Das Verhältnis zu ihrer Mutter, die überraschend starb, war sehr eng gewesen. Dee lebte danach bei ihrem Vater, den sie kaum kannte. Die beiden kamen nicht miteinander aus, so dass Dee schließlich in ein Heim kam. Während sie früher fast überbehütet und kaum von ihrer Mutter zu trennen gewesen war, fühlte sie sich nun einsam und verlassen. Ihr Bedürfnis nach einer Mutterfigur war in den Sitzungen geradezu körperlich spürbar, und ich hatte große Schwierigkeiten, mich nicht so weit in ihren Fall ziehen zu lassen, sie mit nach Hause zu nehmen, was ich am liebsten getan hätte. Sie hatte noch nie einen Jungen auch nur geküsst und war sehr schüchtern und verlegen, wenn sie über ihre Neugier auf alles Sexuelle sprach. Kurz nachdem sie ins Heim gekommen war, begann sie sexuelle Beziehungen mit Männern zu haben, die sie ganz offensichtlich ausnutzten. Sie sagte, sie brauche das Gefühl, geliebt zu werden, und während der kurzen Augenblicke, in denen diese Männer sie berührten, fühle sie sich geborgen und geachtet.

Viele Heranwachsende suchen in der sexuellen Beziehung zu einem Partner die gleiche Geborgenheit und bedingungslose Liebe, die sie von ihren Eltern erhalten haben. Die Gefahr, ausgebeutet zu werden, kann durch die Fähigkeit, Nein zu sagen, gebannt werden. Teenager, die wissen, dass sie geachtet und geschätzt werden, sind eher in der Lage, sich gegen Missbrauch zu wehren. Ihre in der Vergangenheit gemachte Erfahrung, dass die Eltern zu den von ihnen aufgestellten Regeln standen und trotz aller Proteste und Diskussionen an bestimmten Grenzen festhielten, hat ihnen gezeigt, dass man jemandem etwas verbieten und ihn dennoch lieben kann. Sie haben begriffen, dass das Neinsagen zu einer gesunden und lebendigen Beziehung dazugehört und nicht ihr Todesstoß ist.

Der ältere Heranwachsende ist in einer paradoxen Situation hinsichtlich des Auslebens seiner Sexualität. Rechtlich gesehen ist er zwar alt genug, um über sich selbst zu bestimmen, doch ob das auch auf die Zustimmung seiner Eltern trifft, ist eine andere Frage. Die Einstellung zur Sexualität hat sich in den letzten 50 Jahren radikal verändert, und die heute 16-Jährigen haben nur wenig Ähnlichkeit mit uns, den Backfischen von vor 30 Jahren. Sie mögen zwar emotional nicht reifer sein, doch das Ausmaß, in dem sie allem, was mit Sex zu tun hat, ausgesetzt sind, ist mit Sicherheit wesentlich größer als in unserer Jugend. So ist es kaum ein Wunder, dass sie uns, ihre Eltern, in mancher Hinsicht für geradezu naiv halten. Eine 17-Jährige äußerte mir gegenüber, wie absurd sie es finde, wenn Eltern ihren Töchtern verbieten würden, bei ihrem Freund zu übernachten, weil sie fürchten würden, dass sie dann Sex miteinander hätten. Amüsiert stellte sie fest: »Die scheinen zu glauben, dass man erst nach zehn und nur im Schlafzimmer miteinander schlafen kann!« Ältere Teenager, vor allem Mädchen, wissen es zu schätzen, dass sie sich an ihre Eltern wenden können, wenn sie ein Problem in ihrer Beziehung haben. Dabei legen sie allerdings Wert darauf, dass man gemeinsam mit ihnen über eine Lösung nachdenkt und nicht einfach nur sagt, was sie tun sollen.

Wenn wir wollen, dass unsere Kinder in sexuellen Beziehungen selbstbestimmt handeln, mit anderen Worten, wenn wir wollen, dass sie die Verantwortung für ihren Körper übernehmen, dann müssen wir das auch respektieren. Das heißt, wir dürfen nicht von ihnen erwarten, dass sie bestimmte Dinge tun oder nicht tun, weil wir das von ihnen verlangen. Wenn wir ihnen die Entscheidung über ihr Handeln aus der Hand nehmen, können auch andere über sie entscheiden. Wer seine Entscheidungen selbst fällt, wer selbst bestimmt, was er will und was nicht, kann sich nicht nur dem Drängen eines Einzelnen, sondern auch dem Druck der Gruppe widersetzen. Selbst wenn alle anderen mit ihren sexuellen Erfahrungen oder Eroberungen prahlen, kann der Teenager an seiner Entscheidung, bestimmte Dinge nicht zu tun, festhalten und sie vielleicht sogar vor anderen vertreten.

Manche Eltern fühlen sich von der aufblühenden Sexualität ihres Kindes geradezu bedroht. Sie kommen sich plötzlich alt und unattraktiv vor, als ob auf einmal »alles« vorbei sei. Und die Jugendlichen tragen in ihrer manchmal arroganten, großspurigen Art dazu bei, dass sich ihre Eltern sexuell nicht länger attraktiv finden. Es gibt Erwachsene, die das damit verbundene Gefühl des Ausgeschlossenseins nicht ertragen und sich betont jugendlich geben. Wir sehen Mütter und Töchter oder Väter und Söhne, die zusammen in die Diskothek gehen, als seien sie Geschwister. Das mag von Zeit zu Zeit Spaß machen, ist aber im Allgemeinen für beide Parteien wenig hilfreich: Weder kann sich der Jugendliche so von seinen Eltern distanzieren, noch gelingt dem Erwachsenen das Loslassen. Es ist eine Täuschung zu glauben, Eltern und Kind seien gleich. Sie sind es nicht. Häufig kommen solche Arrangements nur aus Angst vor Konflikten zustande. Damit aus dem Teenager ein junger Erwachsener werden kann, braucht er das Gefühl, dass ihm seine Eltern ihren Segen gegeben haben, dass es ihnen Freude macht, ihn reifen zu sehen. Warum wir Grenzen setzen, hat Einfluss darauf, wie sie aufgenommen werden. Wenn wir Nein sagen, weil wir aus Neid und Eifersucht unserem Kind den Spaß verderben wollen, wird es mit Heimlichtuerei und Lügen reagieren. Wenn das Nein dagegen dem Bedürfnis entspringt, unser Kind zu schützen, stellt es eine Hilfe dar.

Unterschiede akzeptieren

Mit einem Jugendlichen unter einem Dach zu leben, kann das Leben der ganzen Familie verändern. Es kann uns passieren, dass wir bald von Horden von Teenagern überrollt werden, die nicht nur das Haus mit nie gekanntem Lärm erfüllen, sondern auch noch von uns mit durchgefüttert werden wollen. Die Alternative ist, dass unser Kind kaum mehr zu Hause ist und uns auch nur äußerst sparsam darüber informiert, was es bei seinen Ausflügen treibt. Die Frage, welche Grenzen gesetzt werden sollen, führt in jedem Falle zu Auseinandersetzungen. Wessen Bedürfnisse haben Vorrang? Wenn wir davon ausgehen, dass unser Kind einen Freundeskreis braucht, und wenn wir wollen, dass es sich mit seinen Freunden auch in unserem Haus, sozusagen in unserer »Reichweite« trifft, müssen wir auch einige Unannehmlichkeiten in Kauf nehmen. Doch welche Folgen hat das für die anderen Familienmitglieder? Fühlt sich zum Beispiel der kleine Bruder plötzlich übergangen, wenn er sieht, wie seine große Schwester von Freundinnen umringt wird? Stören Lärm und Unordnung die Eltern beim Arbeiten oder Entspannen? Wer verbietet wem was? Wie ertragen die Eltern das Gefühl, ausgeschlossen zu werden, wenn sich der Jugendliche häufig außer Haus aufhält?

Auch hier geht es wieder um einen Balanceakt: Wenn wir bereit sind, die Veränderungen im Leben des Jugendlichen zu akzeptieren, ermutigen wir ihn, in unserer Nähe zu bleiben. Er muss sich weder eingeschlossen fühlen, noch bekommt er den Eindruck, aus dem Haus gejagt zu werden. Und wir sollten uns darauf einstellen, dass er nicht nur anders ist als früher, sondern auch anders als wir. Nur so helfen wir ihm herauszufinden, wer er sein möchte.

Der fünfzehnjährige Ricky wurde an einen Psychotherapeuten überwiesen, weil seine Eltern ihn für »verrückt« hielten. Ihrer Beschreibung nach kleidete er sich vollkommen verrückt, war verschlossen, hielt sich nicht an die innerhalb der Familie geltenden Regeln, blieb abends lange weg, erledigte seine Hausaufgaben nicht pünktlich, war unordentlich … Die Therapeutin musste den Eindruck gewinnen, dass ihr ein Ungeheuer gegenüber treten würde. Als sie ihn dann das erste Mal traf, stellte sich heraus, dass Ricky wie ein typischer Teenager aussah. Er trug bunte, ein wenig exzentrische Kleidung. Im Gespräch zeigte er sich mitteilungsfreudig und kooperationsbereit. Es war offensichtlich, dass ihn das Bild, das seine Eltern von ihm hatten, nicht gleichgültig ließ. Er hatte das Gefühl, dass er eigentlich nicht anders war als die meisten seiner Freunde. Erst im Gespräch mit der ganzen Familie kristallisierte sich ein deutlicheres Bild heraus. Ricky war das jüngste von drei Geschwistern, zwischen ihm und dem Nächstältesten lagen zehn Jahre Abstand. Seine Eltern waren nicht mehr ganz jung und beide Einzelkinder. Bei ihren beiden älteren Kindern hatten sie mehr Anteil an deren Sozialleben gehabt, sie hatten deren Freunde gekannt und gesehen, wie diese sich kleideten und benahmen. Außerdem pflegten sie seinerzeit auch Kontakt zu anderen Eltern. Der Therapeutin fiel auf, wie distanziert sie über ihre eigene Jugend und die ihrer älteren Kinder sprachen. Sie hatten keinen Zugang mehr dazu. Sie selbst waren als Jugendliche offenbar beide sehr brav und ruhig, auf jeden Fall keine Rebellen gewesen, und sie konnten Ricky einfach nicht verstehen. Sie fühlten sich von ihm verletzt und missachtet. Darüber hinaus war er sozusagen das Baby in der Familie, und es fiel ihnen schwer zu akzeptieren, dass er erwachsen wurde.

Im Laufe der Therapie erkannten Rickys Eltern, dass er nicht verschlossen war, sondern einfach nur seine Privatsphäre wollte, dass er nicht verrückt, sondern schlichtweg abenteuerlustig war. Was sie für Wildheit hielten, machte ihnen Angst, und dies umso mehr, als sie nicht mehr ganz jung waren und keine Kontakte zu den Eltern Gleichaltriger pflegten. Ricky war also weniger das Problem, es lag vielmehr bei ihnen. Sie mussten anfangen, sich mit der Generation Rickys auseinander zu setzen, und sich ihrer eigenen Schwierigkeiten bewusst werden, anstatt sich hinter Ricky's sogenannter »Verrücktheit« zu verstecken. Da ihre beiden älteren Kinder schon lange aus diesem Alter heraus waren, fiel es den Eltern nicht leicht, sich noch einmal auf die Situation des Teenagers einzulassen. Als Ricky jünger war, hatten seine älteren Geschwister häufig zwischen ihm und den Eltern vermittelt. Doch nun standen die Eltern allein vor der Aufgabe, Ricky zu verstehen, und sie fühlten sich in gewisser Weise überfordert. Für sie wäre es wesentlich bequemer gewesen, ihre Probleme ganz auf Ricky abzuwälzen.

Der Übergangszustand der Adoleszenz rührt im Erwachsenen an die tief sitzende Angst vor unkontrollierbarer Wildheit. Eltern, die auf diesen Aspekt besonders sensibel reagieren, kommt der Teenager manchmal vor wie der Fuchs im Hühnerstall, der alles drunter und drüber kehrt. Die Eltern geraten in Panik, und anstatt in sich selbst hineinzuhorchen, um herauszufinden, was sie fürchten, glauben sie – wie die Eltern von Ricky – im Kind die Ursache all ihrer Sorgen und Ängste ausmachen zu können. Ricky wurde das Gefühl vermittelt, er sei krank, obwohl er sich nur wie ein ganz normaler Teenager verhielt. Ohne die Hilfe der Therapeutin hätte Ricky das Bild, das man ihm von sich vermittelte, womöglich irgendwann akzeptiert. Vermutlich wär er irgendwann tatsächlich verrückt geworden.

Wenn man dem Kind die Möglichkeit nimmt, die zu Hause geltenden Grenzen in Frage zu stellen, rebelliert es an anderer Stelle.

Der 14-jährige Jason ist ein Einzelkind. Seine allein erziehende Mutter war 16 Jahre alt, als sie ihn bekam. In der Schule fällt er durch äußerst aggressives Verhalten auf, das ihm jede Menge Ärger eingetragen hat. Zu Hause gelten äußerst strenge Regeln, Ms A. spricht ständig Verbote aus. So darf Jason unter der Woche weder fernsehen noch abends weggehen. Jason gehorcht zu Hause, in der Schule lehnt er sich auf. In den Therapiesitzungen sprach Ms A. darüber, dass sie es bereute, so früh Mutter geworden zu sein und ihre Jugend nicht genossen zu haben. Jetzt, da Jason alt genug ist, ginge sie häufig aus, um sich zu amüsieren. Sie wusste, dass Jason die von ihr aufgestellten Regeln befolgte, auch wenn sie nicht zu Hause war. Offenbar konnte er sich nur in der Schule auflehnen. Als Jason zu den Therapiesitzungen hinzugebeten wurde, zeigte sich Ms A. überrascht, wie sehr sich ihr Sohn offensichtlich um sie sorgte. Er glaubte, dafür verantwortlich zu sein, sie glücklich zu machen. Er konnte ihr nicht widersprechen, weil er das Gefühl hatte, dass sie damit nicht würde umgehen können. Er hatte ganz richtig erfasst, dass sie sich mit ihren strengen Regeln vor Chaos zu schützen versuchte, und sich gefügt. Dass Mutter und Sohn darüber miteinander sprachen, half beiden. Mit Unterstützung des Therapeuten gelang es, Jason die Last der Verantwortung für seine Mutter von den Schultern zu nehmen.

Ein derartiges Szenario, in dem das Kind zu Hause die Rolle eines Erwachsenen übernimmt und daher keinen geeigneten Ort hat, an dem es seine Ängste und den Wunsch nach Auflehnung ausleben kann, ist gar nicht so selten. Das Bedürfnis der Eltern, den Status quo aufrecht zu erhalten und die Veränderungen zu ignorieren, die das Leben mit einem Teenager mit sich bringt, behindert das Kind in seiner Entwicklung. Die Eltern müssen Nein sagen zu ihrem Wunsch, alles beim Alten zu lassen, und sich stattdessen für Veränderungen und Auseinandersetzungen öffnen.

Familie D. kam zu mir und einem Kollegen, weil die 15-jährige Tochter Sharon zu stehlen begonnen hatte. Die finanziell nicht besonders gut gestellten D.'s lebten in einem wenig attraktiven Viertel im Stadtzentrum. Obwohl die ganze Familie (Vater, Mutter und die beiden Töchter Angela, 18, und Sharon) zu den Therapiesitzungen gebeten worden war, kam Mr D.

nur zweimal. Es war offensichtlich, dass er in der Familie, die ohne Frage von Mrs D. dominiert wurde, nicht viel zu sagen hatte. An Mrs D. und Angela fiel uns schon in der ersten Sitzung auf, dass sie sich äußerlich frappierend glichen: Sie trugen beide enorme Mengen von Goldschmuck, ihr Haar war tadellos frisiert, und sie kleideten sich mit engen Leggins und Lederjacken. Beide waren äußerst gesprächig, lebhaft und dominant. Es war unübersehbar, dass sie eine Menge Zeit und Geld in ihr Aussehen investierten und sich in Fragen des Geschmacks völlig einig waren. Im Gegensatz zu ihnen wirkte Sharon übergewichtig, schmuddelig und träge.

Mrs D. und Angela wurden nicht müde, Sharon Fehler aufzuzählen. Sitzung um Sitzung beteten sie ihre Litanei herunter, in der es nur darum ging, was Sharon alles falsch machte und wie ärgerlich das für ihre Mutter und ihre Schwester war. Beide schienen sich völlig einig, ergänzten die Klage der jeweils anderen mit Beispielen und Details, die sich zu einem Bild zusammenfügten, das offenbar von keinem der beiden hinterfragt wurde. Als mein Kollege und ich jedoch Rückfragen zu stellen begannen, wurde deutlich, dass es innerhalb dieser Familie praktisch unmöglich war, einen anderen Standpunkt zu vertreten als den von Mrs D. Mr D. hielt sich aus allem heraus, wahrte sowohl physische als auch emotionale Distanz. Angela dagegen verbrachte ihre gesamte Freizeit mit der Mutter. Sie musste sehr früh am Morgen zur Arbeit, ihre Mutter fuhr sie jeden Tag hin. Dafür hatte Angela dann schon am späten Vormittag Feierabend und konnte den Rest des Tages zu Hause verbringen. Sie hatte keine gleichaltrigen Freunde, sondern zog es vor, mit ihrer Mutter einkaufen oder in den Fitnessclub zu gehen. Die ganze Familie schien nach dem Motto zu funktionieren: »Mutter weiß, was für uns das Beste ist.«

Sharon rebellierte mit allen ihr zur Verfügung stehenden Mitteln: Sie bestahl Mrs D., verschenkte die Kleider ihrer Schwester und machte aus ihrem Zimmer eine Müllhalde, indem sie nicht nur schmutzige Kleidung, sondern auch Essensreste einfach unter das Bett warf … Man hatte den Eindruck, dass dies für sie die einzige Möglichkeit war, sich von ihrer Mutter zu distanzieren. Sie musste entweder so werden wie ihre

Mutter oder aber das vollkommene Gegenteil. Obwohl wir uns zunächst vorrangig mit Sharons Problemen auseinander setzten, wurde meinem Kollegen und mir bald klar, dass Angela diejenige war, um die man sich eigentlich Sorgen machen musste. Sharon war zwar straffällig geworden, versuchte sich aber damit nur eine gewisse Unabhängigkeit zu erkämpfen. Ihre Symptome standen in eindeutigem Zusammenhang mit ihrer Beziehung zu den anderen Familienmitgliedern. Wir hatten den Eindruck, dass sie zurechtkäme, wenn wir ihr halfen, sich innerhalb der Familie zu behaupten und akzeptablere Wege zu finden, um ihr Anderssein deutlich zu machen.

Angela dagegen hatte sich in ein Lebensmuster verstricken lassen, mit dem sie zum Zwilling, zum Klon ihrer Mutter geworden war, und sie zeigte nicht den Wunsch, daran etwas zu ändern. Zwischen Angela und Mrs D. gab es praktisch keinen Unterschied, sie schienen beide Teenager oder beide Mutter (der unartigen Sharon) zu sein, so dass wir uns als Therapeuten eher Sorgen um Angelas Beziehungsfähigkeit machten.

Wie bereits an anderer Stelle gesagt: Die, die wir lieben, zugleich auch hassen können. Sich dies einzugestehen, ist allerdings nicht leicht. Eine Möglichkeit, mit diesen zwiespältigen Gefühlen umzugehen, besteht darin, sie auf verschiedene Menschen zu verteilen: X ist wunderbar, Y dagegen schrecklich. Damit versuchen wir die Menschen, die wir lieben, in ein gutes Licht zu stellen, und die Beziehung zu ihnen konfliktfrei zu gestalten. Angelas Idealisierung ihrer Mutter und der Versuch, sie bis ins Detail nachzuahmen, während sie zugleich das radikale Anderssein ihrer Schwester ablehnte, war ihr Weg, ihrer Mutter möglichst nahe zu sein. Als wir in den Sitzungen begannen, uns auf Angela zu konzentrieren, anstatt auf die gegen Sharon gerichteten Schimpftiraden einzugehen, zog sich die Familie zurück – Angela und ihre Mutter hatten zu viel zu verlieren, um sich auf Einzelgespräche mit uns einzulassen. Dennoch, in der kurzen Zeit der Therapie war es Sharon immerhin gelungen, ein wenig Selbstvertrauen zu gewinnen, sich wieder für die Schule zu interessieren und einen Ferienjob anzunehmen.

Der Fall macht deutlich, wie schwierig es für einen Teenager sein kann, sich von seinen Eltern abzugrenzen. Der Konformitätsdruck wird zuweilen durch kulturelle und religiöse Normen noch verstärkt. Wird das Anderssein des Jugendlichen nicht akzeptiert, zahlt jedoch nicht nur der Einzelne, sondern die ganze Familie einen hohen Preis.

So wie ein Kleinkind, wenn es Laufen lernt, immer wieder hinfallen und aufstehen muss, oder ein Neunjähriger darauf besteht, seine Hausaufgaben ohne Hilfe zu machen, obwohl er verzweifelt mit ihnen kämpft, so muss sich auch der Jugendliche der Mühe eigener Erfahrungen unterziehen, um herauszufinden, was er mag und was nicht, was er für sich selbst eigentlich will. Es kann passieren, dass er dabei – genau wie das Kleinkind – »auf die Nase« fällt, aber er wird auch wieder aufstehen. Als Eltern haben wir die Sorge, dass er sich oder andere verletzen könnte. Wir können ihm unsere Hilfe anbieten, ihn aber nicht daran hindern, unter Umständen schmerzhafte Erfahrungen zu machen. Was wir ihm aber geben können, ist unser Verständnis.

Die Beispiele von Angela und Ricky haben gezeigt, dass Eltern manchmal nicht in der Lage sind, das Anderssein ihres Kindes zu akzeptieren. Dahinter steht meist eine tiefe Verletzbarkeit der Eltern. Die meisten von uns reagieren sicherlich weniger extrem als Mrs D. oder die Eltern von Ricky, doch gegen das Gefühl der Verunsicherung angesichts des Andersseins unseres Kindes sind auch wir nicht immun. Wenn der Vater es zum Beispiel gewohnt ist, mit Schlips und Kragen zur Arbeit zu gehen, wird er nicht nachvollziehen können, dass sein Sohn ohne Krawatte bei einem Vorstellungsgespräch erscheinen will. Er ärgert sich unter Umständen darüber, dass er sich sein ganzes Leben lang bestimmten Regeln beugen musste, die für seinen Sohn offenbar nicht mehr gelten. Heißt das, dass seine Mühen ganz umsonst waren? Oder schlimmer noch: Bedeutet es, dass seine Werte keine Gültigkeit mehr haben? Sind seine Erfahrungen nutzlos geworden? Worum es in einer solchen Situation zwischen Vater und Sohn geht, hat weniger mit der Frage zu tun, ob der Junge eine Krawatte tragen sollte, sondern eher mit der Infragestellung der Selbstachtung und des Selbstwertgefühls des Vaters.

Einem Teenager, der sich in Aussehen und Verhalten von seinen Eltern unterscheiden will, wirft man unter Umständen vor, er sei rebellisch, verachte die Werte der älteren Generation oder wolle provozieren. Für Menschen, die sehr rigide Vorstellungen davon haben, was akzeptabel ist, stellt jede Abweichung von der Norm eine Bedrohung dar. In extremer Ausprägung zeigt sich diese Haltung in Fremdenfeindlichkeit, Rassismus und religiöser Bigotterie. Wenn man nur an eine einzige Wahrheit glaubt, kann man einen von der eigenen Meinung abweichenden Standpunkt nicht als Bereicherung erfahren, sondern muss ihn als Angriff verstehen. Ich erinnere mich noch lebhaft daran, wie unterschiedlich meine Mutter und meine Großmutter darauf reagierten, als sich in den 1960er-Jahren Männer das Haar lang wachsen ließen. Meine Großmutter war entsetzt, sie fand nicht nur, dass langes Haar schmutzig aussah, sondern war zutiefst beunruhigt darüber, dass man nun Jungen und Mädchen nicht mehr auseinanderhalten könne. Meine Mutter dagegen war der Ansicht, dass die Männer mit ihren längeren Haaren viel sanfter und edler aussahen als mit den bis dahin üblichen militärischen Kurzhaarschnitten; für sie sahen sie so aus wie die heldenhaften Musketiere im Kino!

Die Art und Weise, wie wir auf neue Moden und Verhaltensweisen unseres Kindes reagieren, hat einen Einfluss auf seine Entwicklung. Wenn der Jugendliche sich einen neuen Look, eine neue Sprache oder eine neue Haltung zulegt, erwartet er nicht, damit auf unsere Zustimmung zu treffen. Er will nicht uns, sondern seinen Altersgenossen gefallen. Wenn wir auf seine Versuche, eine eigene Haltung einzunehmen, kaum oder gar nicht reagieren, sie also widerspruchslos akzeptieren, fühlt sich der Teenager nicht gebührend wahrgenommen. Er gewinnt den Eindruck, dass all seine Bemühungen, Empörung auszulösen, einfach überhört und übersehen werden. Auch hier müssen wir als Eltern einen Balanceakt vollziehen, indem wir entsprechend schockiert auf die intendierte Provokation reagieren, ohne jedoch dabei dem Jugendlichen das Gefühl zu vermitteln, dass wir ihn ablehnen. Er will zwar nicht, dass wir seinen Stil mögen, aber er will gleichwohl weiterhin gemocht werden. Wenn wir unser Kind abweisen, weil es Dinge ausprobiert, die uns

völlig unmöglich erscheinen, wenn wir Nein sagen zu seinen wechselnden Versuchen, sich eine Identität zuzulegen, fügen wir ihm großen
Schaden zu. Ein Teenager, der immer wieder Ablehnung erfährt, weil er
anders zu sein versucht, wird sich, um akzeptiert zu werden, entweder
selbst in seiner Entwicklung beschneiden oder in extremer Weise gegen
die Erwartungen rebellieren oder bei anderen Menschen und Gruppie-
rungen Akzeptanz suchen.

Um jeden Preis dazugehören wollen

Nicht unproblematisch ist die Neigung von Teenagern, sich Gangs oder
Jugendbanden anzuschließen. Ursache dafür ist meistens ein Bedürfnis
nach Zugehörigkeit und Sicherheit. Das Lied der Jets aus der *West Side
Story* beschreibt recht genau, was es bedeutet, ein Bandenmitglied zu sein:

> *Ein echter Jet*
> *Ist es vom Kinderbett*
> *Bis zum letzten Gebet,*
> *denn ein Jet bleibt ein Jet!*
> *Bist du ein Jet*
> *Und es spuckt dich wer an,*
> *bist du von A bis Z*
> *ein Familienmann!*
> *Der Clan hält zu dir!*
> *Hat einer was dagegen?*
> *Aus unserm Revier*
> *Wird man ihn fortbewegen!*
> *Man hilf Kollegen!*

Passage aus dem »Song der Jets« (BERNSTEIN/SONDHEIM),
West Side Story, Deutsche Buch- und Gesangstexte von Mar-
cel Prawy, Bühnen und Musikverlag KG, Hamburg 13, o. J.

Die Gang bietet dem Einzelnen Schutz, vermittelt ihm das Gefühl, einen Platz in der Gruppe zu haben und immer willkommen zu sein. Die

Identität des einzelnen Gangmitglieds ist eng mit dem Einstehen für die anderen Gangmitglieder verknüpft. So fühlt sich jedes Mitglied wichtig.

Häufig stellt die Gang eine Zuflucht für Kinder dar, die sich zu Hause nicht akzeptiert fühlen, und aus diesem Grund in anderen Zusammenhängen nach Anerkennung suchen. Doch leider ist eine Gang keine flexible, an Entwicklung interessierte Einheit, wie die Familie es im Idealfall ist. Sie ist defensiv ausgerichtet und zielt darauf ab, ihre Mitglieder vor Verletzung und Unsicherheit zu schützen. Anders als die an früherer Stelle erwähnten sozialen Gruppen der Clique oder des Freundeskreises, in denen der Einzelne im Zusammensein mit anderen verschiedene Aspekte seines Ichs entdecken kann, verfügt die Gang über eine starre Struktur. Unterschiede werden hier nicht als Möglichkeiten gewertet, um andere Lebensweisen kennen zu lernen, sondern stellen eine Bedrohung dar und werden daher strikt abgelehnt. Wer sich nicht rigoros anpasst, gehört zu den Feinden.

Ein wesentliches Funktionsmerkmal von Gangs ist die Verlagerung von selbst empfundener Wut auf andere. Kinder, die sich von ihrer eigenen Familie nicht angenommen fühlen, reagieren darauf, indem sie andere ausschließen und den Schmerz der Unsicherheit spüren lassen. Kinder, die die Beziehung zu ihren Eltern – ob berechtigt oder nicht – als verletzend erleben, schützen sich, indem sie selbst in die Rolle des Aggressors schlüpfen. Um den eigenen Schmerz nicht zu spüren, fügen sie ihn anderen zu. Sie reden sich ein, unverwundbar zu sein. Die Gang unterstützt dies, indem sie den Mitgliedern eine Pseudo-Unabhängigkeit vorspielt, ihnen das Gefühl vermittelt, es ginge ihnen gut, sie bräuchten niemanden, der ihnen hilft, und jeder, der etwas anderes behauptet, sei dumm. Mit dieser Einstellung beschneidet sich der Jugendliche jedoch in seinen Möglichkeiten und nimmt sich die Chance, von wohlmeinenden Erwachsenen oder anderen Jugendlichen außerhalb der Gang zu lernen.

Wenn wir als Eltern beobachten, dass sich unser Kind einer Bande anschließt und wir zu dem Schluss kommen, dies ist keine vorübergehende Phase, kein Ausprobieren, dann sollten wir den Kampf aufnehmen, um unser Kind zurückzugewinnen. Das bedeutet auch, dass wir uns selbst hinterfragen müssen, um herauszufinden, was den Jugendlichen aus dem Haus getrieben hat. Obwohl es wichtig ist, den Teenager darin zu unterstützen, von der sicheren Ausgangsbasis der Familie aus die Welt zu erkunden, dürfen wir nicht vergessen, dass die Adoleszenz eine Phase großer Verwundbarkeit ist. Der Grundstein für alle gravierenden psychischen Krankheiten wird in der Adoleszenz gelegt. Der Hang zu Essstörungen, Depressionen, Alkohol- und Drogenabhängigkeit sowie zu kriminellen Veranlagungen ist in dieser Zeit verankert.

Irrwege

Wir können es uns nicht leisten, die Augen davor zu verschließen, wenn Teenager sich gravierenden Gefahren aussetzen. So wie im Umgang mit tyrannischen Kleinkindern müssen wir auch jetzt unseren Standpunkt deutlich vertreten und den Jugendlichen daran hindern, sich selbst oder anderen zu schaden. Dabei wird es zu heftigen Auseinandersetzungen kommen, doch im Großen und Ganzen sind Kinder ihren Eltern dankbar, wenn sie ihre positiven Eigenschaften unterstützen und sie davon abhalten, ihr eigenes Leben zu sabotieren. Dies gilt für alle Formen des selbstzerstörerischen Verhaltens wie Drogenkonsum oder Essstörungen. Es ist wichtig, dass Eltern in solchen Situationen deutlich machen, dass sie die Verantwortung für die Familie haben, die Grenzen ziehen und – falls erforderlich – auch Hilfe von außen in Anspruch nehmen werden.

Es mag schwer zu entscheiden sein, ab wann altersgemäße Rebellion und Auflehnung in pathologisches Verhalten umschlagen. Wie wir bereits an anderer Stelle gesehen haben, ist es nicht ungewöhnlich, dass Teenager die Beherrschung verlieren oder sich auffällig benehmen. Häufig ist dies ein Schrei nach Aufmerksamkeit. Sie wollen, dass wir uns Sorgen machen und uns um sie kümmern. Es würde den Rahmen dieses Buches sprengen, wollte ich pathologische Verläufe ausführlich darzustellen versuchen. Generell lässt sich sagen, dass man sich dann um Hilfe von außen bemühen sollte, wenn man sich durch das Verhalten des

Teenagers fundamental beunruhigt fühlt. Die Tochter, die mit blau gefärbten Haaren und einem Nasenpiercing nach Hause kommt, dabei aber fröhlich (oder übellaunig!) wie immer erscheint, wird den Eltern weniger Sorgen machen als ein Mädchen, das zwar auf den ersten Blick unverändert scheint, aber über einen längeren Zeitraum unglücklich ist und keine Lebensfreude mehr zeigt.

Fast alle Jugendlichen begehen irgendwann einmal kleinere Straftaten – sie rauchen etwa Marihuana, sind in gewissem Maße promiskuitiv (jedoch eher bezogen auf die Anzahl der Freundinnen oder Freunde als auf die Anzahl der tatsächlichen Sexualkontakte), belügen ihre Eltern und verstoßen gegen Regeln. All dies liegt im Bereich der für die Phase der Adoleszenz normalen Provokationen. Anlass zur Sorge besteht erst dann, wenn diese Vergehen nicht mehr nur zum Spaß und aus Neugier begangen werden, sondern bestimmte Gefühle oder Bedürfnisse auslöschen sollen. Dann bekommt die Straffälligkeit Suchtcharakter, Straftaten zu begehen wird zum Zwang, ohne dass jedoch das zugrunde liegende Gefühl der Bedürftigkeit befriedigt werden könnte.

Wenn Sie feststellen, dass Ihr Kind unter katastrophalen Ängsten leidet oder Sie selbst massiv um seine Gesundheit oder sein Leben fürchten müssen, wie zum Beispiel bei Drogen- oder Magersucht, sollten Sie professionelle Hilfe in Anspruch nehmen. Wenn Sie Ihrem Kind in Ihrer Familie Geborgenheit geben und ihm deutlich machen, dass Sie, was auch immer passiert, als Eltern immer für Ihr Kind da sein werden, dann ist es keine Schande, sich an Außenstehende zu wenden, sondern im Gegenteil eher ein Zeichen von Stärke und Mut. Und Sie sollten bereit sein, auch Ihre eigene Rolle innerhalb der bestehenden Konstellation zu reflektieren.

Erfüllung unserer Träume

Jugendliche, die an der Schwelle zum Erwachsensein stehen, sollen nicht selten auch die Träume und Hoffnungen ihrer Eltern verwirklichen. Eltern versuchen ihren Kindern zu geben, was sie selbst nie hatten, erwarten andererseits aber auch von den Kindern, dass sie all das erreichen, was die Eltern erreicht haben oder werden wollten. Diese Ansprüche werden besonders in der späten Adoleszenz erhoben und betreffen Fragen wie die Wahl des Berufs, die Entscheidung für ein Studienfach oder eine bestimmte Universität. Wenn der Jugendliche stark genug ist, wird er seine Eltern daran erinnern, dass er – und nicht sie – in dem angestrebten Beruf arbeiten muss, dass er mit der von ihm getroffenen Entscheidung zu leben haben wird. Hier ist es also das Kind, das unter Umständen Nein zu den Wünschen und Vorstellungen seiner Eltern sagen muss. Das kann schwierig sein, und manchmal spüren wir selbst als Erwachsene noch den Druck der Erwartungen unserer Eltern, wenn wir versuchen, ihren Vorstellungen zu entsprechen.

Arish, 15 Jahre alt, kommt aus einer Mittelstandsfamilie. Er ist sehr intelligent, so dass von ihm am Ende der zehnten Klasse ein gutes Abschlusszeugnis erwartet wurde. In allen Probeklausuren erhielt er sehr gute Noten. Seine Eltern waren, was ihre Kinder angeht, sehr ehrgeizig. Vor allem in Arish setzten sie wegen seiner ausgezeichneten schulischen Leistungen große Erwartungen. Arish wurde an einen Therapeuten überwiesen, weil er depressiv geworden war, Suizidgedanken geäußert hatte, nicht mehr aß und unter Konzentrations- und Schlafstörungen litt. Die Eltern, die ein enges Verhältnis zu ihren Kindern haben, waren sehr besorgt. Er war immer ein »guter« Junge gewesen, der sein Bestes getan hatte, um den Anforderungen der Eltern zu entsprechen. Nie war er unartig gewesen oder hatte sich gegen sie aufgelehnt. Im Gespräch mit der Familie wurde deutlich, dass Arish sich extrem unter Druck gesetzt fühlte: Er hatte den Eindruck, nie gut genug gewesen zu sein. Was auch immer er erreichte, stets schien man mehr von ihm erwartet zu haben. Er sprach davon, wie deprimiert er gewesen sei, als sein Vater nach Bekanntgabe der Noten für die Probeklausur gefragt hatte, warum er keine »Eins mit Auszeichnung« bekommen habe.

Seine Eltern waren zutiefst schockiert, als sie realisierten, welchem Stress er sich ausgesetzt fühlte. Sie waren sich dessen nicht bewusst gewesen und versuchten von diesem Moment an, sich zurückzunehmen. Mit Hilfe des Therapeuten erkannte Arish, dass auch er zur Entstehung des Problems beigetragen hatte, weil er seinen Eltern nicht mitgeteilt hatte, wie er sich fühlte. Der Therapeut ermutigte die Familie, nach praktischen Lösungen zu suchen, um beispielsweise bei gemeinsamen Ausflügen und Unternehmungen das Thema Schule in den Hintergrund treten zu lassen und miteinander ins Gespräch zu kommen. In den Sitzungen gelang es Arish zum ersten Mal, seinem Zorn Ausdruck zu verleihen über die Rolle, die man ihm seiner Meinung nach aufgezwungen hatte, nämlich die Träume seines Vaters zu erfüllen. Die Eltern waren in der Lage, dies so anzunehmen und die Situation zu überdenken. Und Arish erkannte, dass er auch Ärger, Wut und Kummer zum Ausdruck bringen konnte, ohne seine Eltern damit zu überfordern. Seine Depressionen verschwanden.

Wenn Eltern Einfluss auf die Wahl der Freunde oder Partner ihres Kindes nehmen, üben sie – wie wir bereits gesehen haben – Druck aus und projizieren ihre eigenen Vorstellungen auf das Kind. Wir sollten jedoch darauf achten, uns nicht zu sehr in das Leben unserer Kinder einzumischen, sollten ihnen nicht vorschreiben, wen sie zu lieben haben. Der Teenager oder junge Erwachsene muss selbst herausfinden können, ob sein Partner ein Mensch ist, mit dem er wirklich zusammen sein will. Manche Eltern bauen eine enge Beziehung zu dem Partner ihres Kindes auf, wenn sie ihn für »den Richtigen« halten. Sie verstärken auf diese Weise die Entscheidung ihres Kindes und reagieren mit Enttäuschung, wenn die Beziehung in die Brüche geht. Manchmal wird sogar über den Bruch hinaus der Kontakt der Eltern zum Ex-Partner des Jugendlichen aufrecht erhalten. Doch damit erschwert man seinem Kind, sich endgültig von der alten Beziehung zu lösen und sich an einen neuen Partner zu binden. Die entscheidende Frage ist auch hier: »Um wessen Leben geht es eigentlich?«

Es muss eine gewisse Distanz zwischen uns und unseren Kindern geben, einen Raum, in dem es möglich ist, Dinge zu überdenken. Ein solcher Raum entsteht auch, indem wir einen Moment innehalten, bevor wir einen Rat erteilen oder Vorschläge machen und damit dem Kind die Möglichkeit geben, eigene Wünsche zum Ausdruck zu bringen.

Eine zweite Chance

Da Gefühle in der Adoleszenz eine derart große Rolle spielen, bietet diese Phase manchmal auch die Gelegenheit, lang zurückliegende Verstimmungen und Verletzungen aufzuarbeiten. Nicht selten verfestigen sich in den Jahren vor der Pubertät, in denen Kinder vor allem Stabilität brauchen, bestimmte Muster innerhalb der Familie. Manchmal ermöglichen erst die mit der Adoleszenz einhergehenden Veränderungen ein Aufbrechen verkrusteter Strukturen.

Maria, 17 Jahre alt, kam wegen starker Depressionen zu mir. Sie studierte bereits und hatte enorme Schwierigkeiten mit dem Studium. Maria war mit einer schweren Missbildung zur Welt gekommen und hatte seit der Geburt etliche Male operiert werden müssen. Auch jetzt noch musste sie sich immer wieder Operationen unterziehen. Sie schien mit ihrer Behinderung gut zurechtzukommen und meinte, dass andere viel größere Probleme damit hätten als sie selbst. In den Sitzungen sprach sie lange über die Beziehung zu ihrer Mutter. Maria war davon überzeugt, dass ihre Mutter sie hasste. Als Kind war sie von ihr recht brutal geschlagen worden, und Maria hatte zwischenzeitlich bei ihrem Vater und bei einer Freundin ihrer Mutter gelebt. Nun war sie erneut zu ihrer Mutter gezogen, und die alten Probleme waren wieder da.

Nachdem ich von den langen Krankenhausaufenthalten in ihrer Kindheit gehört hatte, fragte ich mich, ob nicht diese traumatische Erfahrung Ursache für die gestörte Beziehung zwischen Mutter und Tochter sein könnte. Normalerweise räumt man Jugendlichen in der Therapie eigene Sitzungen ein, doch hier tat ich den ungewöhnlichen Schritt und bat Mutter und Tochter gemeinsam zu mir, so wie ich es sonst nur mit jüngeren Kindern und ihren Eltern mache. Wie ich vermutet hatte, waren die ersten Lebensjahre Marias für beide furchtbar gewesen. Sie hatten nie offen darüber gesprochen, sondern sich stattdessen in Phantasien darüber verloren, wie die jeweils andere sich gefühlt haben mochte. So hatten sich Mutter und Tochter ihre jeweils eigene Geschichte zurechtgelegt und gedeutet. Es war an der Zeit, den Wahrheitsgehalt dieser Geschichten zu überprüfen.

Maria war tief betroffen, als sie hörte, dass ihre Mutter jedes Mal, wenn sie sich von ihrer Tochter hatte trennen müssen, geweint hatte. Das Krankenhaus, in dem ihre Tochter lag, hatte damals extrem eingeschränkte Besuchszeiten. Ms N. erzählte, wie sie die Putzfrauen bestochen hatte, damit sie sich in der Toilette verstecken und später zu ihrer Tochter schleichen konnte, um ein wenig länger bei ihr zu sein. Sie sprach darüber, wie sehr sie sich gesorgt hatte, dass Maria nie würde laufen können. Marias Bild von der distanzierten, hasserfüllten Mutter, die sie im Krankenhaus allein gelassen hatte, bekam einen Sprung. Im Gegenzug sprach Maria, von der ihre Mutter immer geglaubt hatte, ein verschlossenes Mädchen zu sein, das Umarmungen und Liebkosungen hasste, von ihrem Wunsch nach Nähe, den sie aus Angst vor Ablehnung nie zum Ausdruck gebracht hatte. Offenbar hatten sie all die Jahre mit diesen monströsen Bildern im Kopf gelebt und waren nie in der Lage gewesen, darüber zu sprechen. Als sie sich nun endlich über ihre Erfahrungen austauschten, eröffneten sie sich damit die Möglichkeit einer Annäherung.

Diese Annäherung war bestimmt nicht einfach zu vollziehen und gelang auch nicht von heute auf morgen – dazu war zu viel geschehen. Entscheidend war jedoch zunächst, dass das jeweilige Bild voneinander eine Korrektur erfuhr. Zweifellos hatte sich Maria verletzt und verlassen gefühlt, doch nun erkannte sie zum ersten Mal, dass ihre Mutter sie nicht hatte verletzen wollen und selbst schrecklich gelitten hatte.

Es ist also durchaus möglich, alte Strukturen aufzubrechen, wenn der Zeitpunkt stimmt und die Beteiligten zur Veränderung bereit sind. Und ich frage mich, ob die Geschichte von Maria und ihrer Mutter nicht ganz anders verlaufen wäre, wenn die Besuchszeiten im Krankenhaus weniger eingeschränkt gewesen wären. Dass man Eltern früher nicht erlaubte, ihre Kinder jederzeit zu besuchen, wurde mit der einhergehenden Unruhe begründet. Erst durch die bahnbrechenden Forschungsarbeiten von James und Joyce Robertson über die Auswirkungen von Trennungen in der frühen Kindheit, aus denen hervorging, dass extrem eingeschränkte Besuchszeiten einen nachteiligen Effekt auf die Kinder hatten, änderte sich etwas an dieser Regelung. Die in den 1950er-Jahren entstandenen Filme der Robertsons zeigten auf eindrucksvolle Weise, dass es zwar in der Tat für das Krankenhauspersonal und die Eltern schwierig war, nach Ende der Besuchszeit mit dem Abschiedsschmerz der Kinder umzugehen. Doch für die Kinder war der Krankenhaushalt wesentlich besser zu ertragen, wenn sie möglichst häufig von ihren Eltern besucht wurden. Kinder, die keinen Besuch erhielten, reagierten mit Rückzug und Depressionen oder versuchten ihre Gefühle zu kompensieren, indem sie sich anderen Kindern gegenüber aggressiv verhielten. Sich mit dem Kummer des Kindes auseinander zu setzen, trägt entscheidend dazu bei, es an Trennungen zu gewöhnen, und ist Voraussetzung dafür, dass auch zukünftige Trennungen gelingen. Man zeigt dem Kind, dass es schmerzhafte Erfahrungen ertragen und überleben kann und dass es möglich ist, hilfreiche Strategien im Umgang mit solchen Situationen zu entwickeln.

Auch in der Adoleszenz finden schmerzhafte Trennungs- und Individuationsprozesse statt. Es rächt sich mitunter erst später, wenn man ihnen aus dem Weg geht, sie herunterspielt oder verdrängt. Ein Mensch, der beispielsweise in seiner Jugend nie den Freiraum hatte, mit verschiedenen Erfahrungen zu experimentieren, wird später seine eigenen Kinder um ihre Möglichkeiten beneiden oder die eigenen versäumten Möglichkeiten auf seine Kinder projizieren. Eine Form des Auslebens verpasster Gelegenheiten ist beispielsweise der Seitensprung. Und wer während der Adoleszenz nur heimlich gegen seine Eltern rebellieren konnte und nicht wagte, ihnen offen zu widersprechen, wird dieses Muster unter Umständen beibehalten und nie in der Lage sein, für seinen Standpunkt einzutreten. Es ist also einfacher, sich den Problemen dann zu stellen, wenn sie akut sind.

Zusammenfassung

Die Adoleszenz ist eine Phase des Wandels. Auch die Eltern müssen sich verändern. Der Jugendliche muss sich zu Hause sicher fühlen können. Er braucht eine Ausgangsbasis, von der aus er die Welt erkunden kann. Er muss wissen, dass er geliebt wird, dass man ihm vertraut, wenn er sich auf den Weg macht, um sich selbst eine neue Identität zu suchen. Die Aufsässigkeit und das Rebellieren von Teenagern ist Bestandteil des Versuchs, sich von den Eltern zu distanzieren, um ein eigenes Lebenskonzept zu entwerfen. Das führt unweigerlich zu Konflikten und Verletzungen, beide Seiten fühlen sich zuweilen missverstanden und ungeliebt. Eltern erfahren das Erwachsenwerden ihres Kindes manchmal als schrecklichen Verlust ihrer eigenen Identität ebenso wie der des Kindes. Die Distanz zwischen ihnen und dem Teenager kann unüberbrückbar erscheinen. Doch es ist gerade der Kampf um das Anderssein, der dem Teenager die Zuversicht und das Selbstvertrauen vermittelt, sich als starke und kreative Persönlichkeit in der Welt zu behaupten und positive Beziehungen zu anderen Menschen aufzubauen. Wenn wir die Jugendlichen zum Erwachsenwerden und zum Nutzen ihrer Freiräume ermutigen, werden sie sich uns auch weiterhin nahe fühlen wollen.

Nachwort: Paare

Wir haben, wo wir lieben, ja nur dies: einander lassen; denn dass wir uns halten, das fällt uns leicht und ist nicht erst zu lernen.

RAINER MARIA RILKE, *Requiem für eine Freundin*, in Werke, Bd. 2, Insel, Frankfurt a. M., 1957, S. 410

Es hätte einen gewissen Reiz, könnte ich am Ende dieses Buchs behaupten, dass mit dem Nachdenken über die Bedeutung des Neinsagens in der Beziehung zwischen Kindern und Eltern dieses Thema abgeschlossen wäre. Doch wie dem Leser wohl deutlich geworden ist, geht es hier um einen Prozess, der nicht einfach mit dem Erwachsenwerden zu Ende ist. Unser ganzes Leben lang werden wir mit Gefühlen konfrontiert, die denen in diesem Buch geschilderten nicht unähnlich sind – in der Ehe, in sonstigen Partnerschaften, im Verhältnis zu unseren Eltern und den Kollegen am Arbeitsplatz.

Es ging um die Schwierigkeiten, die Eltern haben können, sich über die Erziehung ihrer Kinder zu einigen. Zuweilen fällt es schwer, dem anderen ein Nein entgegen zu halten, den eigenen Standpunkt zu vertreten, wenn man doch eigentlich eine gemeinsame Lösung anstrebt. Um Konflikten aus dem Weg zu gehen, versuchen wir manchmal, Probleme allein zu lösen, selbst wenn es ratsam wäre, sich mit dem anderen zusammenzusetzen. In diesem Zwiespalt befinden wir uns immer wieder, und zwar nicht nur in der Beziehung zu unseren Kindern. Daher möchte ich im Folgenden noch einmal einen Blick auf bestimmte Themen werfen, die ich in diesem Buch behandelt habe, und sie nun im Hinblick auf die erwachsenen Paarbeziehung betrachten.

Nachwort: Paare   257

Ja sagen als Geschenk

Die meisten Menschen, die in einer Beziehung leben, wollen dem Partner gefallen, für ihn etwas Einzigartiges und Besonderes sein. Eine Möglichkeit, um das zu erreichen, sehen wir darin, unserem Gegenüber zuzustimmen und ihn in seinen Bemühungen zu unterstützen. Wir sprechen von unserer »besseren Hälfte«, sehen uns als »Einheit« und beneiden die Paare, die sich nie voneinander trennen, die sich genügen und seelenverwandt sind. Dieses Bild des idealen Paares vernachlässigt die für jede Beziehung wichtigen Aspekte des Neinsagens und Andersseins. Wie im Verhältnis zu Kindern gilt zweifellos auch in einer Paarbeziehung, dass Gemeinsamkeiten und Nähe nicht nur Voraussetzungen für ein harmonisches Zusammenleben sind, sondern auch die Bindung stärken und ihr Wachstum fördern. Unter diesen Bedingungen kann die Beziehung zu einer sicheren Basis werden. Andererseits muss auch in einer guten Beziehung ein gewisser Abstand zwischen den Partnern gewahrt bleiben, um jedem Einzelnen Raum für die individuelle Entwicklung zu lassen.

Wenn man immer Ja sagt, wenn man immer das Gefühl hat, man sei sich vollkommen einig, glauben beide Partner, dass sie einander gleich sind, dass es keine Unterschiede zwischen ihnen gibt. Dies kann zwar manchmal ein Trost sein, führt aber zu einem sehr statischen Leben, in dem es keine Bewegung mehr gibt. Wenn sich einer der Partner dann verändert, kommt das dem anderen wie ein schrecklicher Verrat vor, wie der Bruch eines unausgesprochenen Paktes. Im schlimmsten Fall kommt es zur Trennung.

Die andere Falle, in die wir tappen können, ist das Jasagen, um zu gefallen, selbst wenn wir eigentlich anderer Meinung sind. Man freut sich, seinem Partner etwas zu geben, das ihm Freude macht – das Ja ist ein Geschenk. Wenn das jedoch zu einem eingefahrenen Muster wird, fühlt man sich schließlich nicht mehr richtig wahrgenommen. Man empfindet Ärger und beginnt, dem Partner die Schuld für die Situation zu geben: »Ich opfere mich für ihn/sie auf und bekomme nie eine Anerkennung dafür!« Dabei wird vergessen, dass die Verantwortung für diese Entwicklung bei einem selbst liegt.

Vielleicht sagt man auch deshalb Ja, weil man nicht den Unwillen des anderen erregen will und die Konsequenzen fürchtet, die Unstimmigkeiten für beide haben könnten. Diese Konsequenzen liegen möglicherweise »nur« im Bereich der Gefühle – man will nicht gemein, selbstsüchtig oder unfreundlich erscheinen. Man möchte jemanden, den man liebt, nicht enttäuschen, verärgern oder wütend machen. Also vermeidet man die Auseinandersetzung. Dabei kann das Neinsagen für beide Partner außerordentlich befreiend wirken. Es öffnet den Raum für unterschiedliche Standpunkte und bereitet den Boden für Veränderungen. Wenn beide Partner ihren Standpunkt klar äußern können, verschaffen sie sich die Möglichkeit, zu einer Einigung zu kommen, die die Individualität beider Partner einbezieht, die gemeinsam erreicht wurde und nicht auf bloßen Annahmen über den anderen basiert. Zudem macht man die Erfahrung, dass es möglich ist, verschiedener Meinung zu sein und sich trotzdem zu lieben. Indem man selbst Nein sagt, gibt man auch dem anderen die Chance, Nein zu sagen.

Spiegelkabinett

Wir spiegeln uns in anderen Menschen, um uns ein Bild von uns selbst zu machen. Dies gilt in besonderem Maße für Paare. Das Bild, das uns der andere vermittelt, kann uns das Gefühl geben, wir seien der wunderbarste Mensch auf der Welt. Es kann uns aber auch tief bekümmern. Häufig ist man verärgert darüber, wie der Partner einen sieht, vor allem, wenn dessen Wahrnehmung nicht mit unserem Selbstbild übereinstimmt. »Er tut immer so, als ob ich nur meckern würde« und »Sie glaubt wohl, es macht mir Spaß, den ganzen Tag zu schuften« sind Klagen, die vielleicht manchem vertraut sind.

Wenn wir immer wieder das gleiche negative Feedback bekommen, beginnen wir schließlich, an uns selbst zu zweifeln. Eine Frau, die eigentlich nur eine eigene Meinung vertreten will, wird sich bald hüten, noch etwas zu sagen, wenn ihr Mann ihr regelmäßig den Eindruck vermittelt, als fasse er ihre Äußerungen als Angriff auf. Und im Gegenzug wird sich ein Mann, der sich verwundbar und ausgeschlossen vorkommt, bald wirklich kindisch benehmen, wenn er das Gefühl hat, wie ein verwöhntes Kind behandelt zu werden. Es ist sehr verletzend, sich in den Augen eines anderen herabgesetzt zu sehen, und es erschüttert das Selbstbewusstsein. In dieser Situation am eigenen Selbstwertgefühl festzuhalten, fällt unter Umständen schwer, vor allem dann, wenn das Bild, das uns vorgehalten wird, überzeugend zu sein scheint. Als Erwachsene sind wir in der Lage, dieses Bild vor dem Hintergrund unserer eigenen, in der Vergangenheit gemachten Erfahrungen zu überprüfen und uns so vor Verletzungen zu schützen. Wir sind eher fähig, Nein zu sagen zu einem Bild, das nicht zu uns passt.

Manchmal ist die Abwesenheit des Partners Ursache dafür, dass wir uns ein verzerrtes Bild von ihm machen, das dann wiederum Einfluss auf unser Verhältnis zu ihm hat.

Diane und Henry stritten sich oft und fühlten sich beide vom jeweils anderen nicht genug geschätzt. Obwohl sie es immer so einrichteten, dass sie gemeinsam zu Abend aßen, nachdem das Kind zu Bett gebracht worden war, fürchteten sie sich eigentlich vor dieser Zeit des Zusammenseins. Je näher der Feierabend rückte, desto lebhafter stellten sich beide vor, in welcher Laune sie den anderen antreffen würden, und bereiteten sich innerlich auf eine Auseinandersetzung vor. Diane, die den ganzen Tag zu Hause bei dem Kind verbrachte, freute sich darauf, sich mit Henry über dessen Erlebnisse in der Welt »draußen« zu unterhalten, ging zugleich aber davon aus, dass er müde sein müsse und wahrscheinlich nur noch fernsehen wolle. Sie rechnete damit, dass er Distanz suchen und sich auf sich selbst zurückziehen würde. Henry dagegen ging davon aus, dass Diane ihn schlecht gelaunt und deprimiert empfangen würde, weil sie den ganzen Tag zu Hause saß. Noch bevor er sie sah, war er schon wütend auf sie.

Wenn Henry dann nach Hause kam, hatten beide ein sehr klares negatives Bild vom jeweils anderen im Kopf. Als wir wie so oft darüber sprachen, dass sie einen gemeinsamen Abend als problematisch erlebten, fanden wir heraus, dass beide nur noch auf die »Person im Kopf« reagierten, ungeachtet der Stimmung, in der sich der andere tatsächlich befand. Die Vorstellung hatte die Realität verdrängt. Sie konnten nicht mehr erkennen, dass der andere eigentlich ganz anders war, als sie erwarteten. So freute sich Henry zum Beispiel wirklich oft auf ein nettes Abendessen und das Gespräch mit seiner Frau. Und Diane fand nicht jeden Tag unerträglich, den sie zu Hause verbrachte, sondern hatte Spaß an der Vorstellung, einen ruhigen Abend mit ihrem Mann zu genießen. Die therapeutische Arbeit mit diesem Ehepaar musste darauf abzielen, dass beide sich der Distanz bewusst wurden, die zwischen ihrer Vorstellung vom anderen und der tatsächlichen Person lag. Sie mussten lernen, ihr Urteil zurückzustellen und dem Partner offen zu begegnen, um herauszufinden, in welcher Stimmung er sich wirklich befindet. Beide mussten sich klar machen, wie sie mit dem jeweils anderen in der Vorstellung umgingen, indem sie ihn zu einem anderen machten, als er war. Bis zu einem gewissen Ausmaß tun wir das alle.

Geister

Um das Zustandekommen derartiger Verzerrungen nachvollziehen zu können, muss man versuchen, herauszufinden, was sich zwischen uns und die realistische Wahrnehmung des Partners stellt.

Raj arbeitet unglaublich hart. Er ist schon immer ehrgeizig gewesen, hat viel erreicht, stellt aber auch hohe Ansprüche an sich. Sein Vater war ein sehr penibler Mann, dem man es nie recht machen konnte. Raj hatte immer das Gefühl, dass sein Vater all seine Hoffnungen in ihn setzte: Er sollte erreichen, was dem Vater nicht gelungen war. Vor allem als Jugendlicher hatte er sehr unter diesem Druck gelitten. Jetzt, als Erwachsener, geht Raj sofort auf Distanz, wenn seine Frau ihn um irgendetwas bittet. Wie als Kind fühlt er sich beim kleinsten Anlass unter Druck gesetzt. Er lebt unter dem Eindruck, dass seine Leistungen nicht anerkannt werden und man immer noch mehr von ihm verlangt, wie viel auch immer er schuftet.

Fiona ist in einem Internat gewesen, wo sie von den anderen Schülern erheblich schikaniert wurde. Obwohl sie ihren Eltern andeutete, was an der Schule vor sich ging, schienen diese das Problem nicht wahrhaben zu wollen und unternahmen nichts. Aus Fiona wurde eine schüchterne Erwachsene, die nicht für sich selbst eintreten kann. Ihre Ehe ist zwar harmonisch, aber dennoch traut sie sich nicht, anderer Meinung als ihr Mann Tom zu sein oder ihm zu widersprechen. Tom spürt, dass sie häufig böse auf ihn ist, weiß aber nicht, was er ihr getan hat. Wenn es zu einer Auseinandersetzung kommt, macht sie – wie früher in der Schule – einen Rückzieher und gibt nach. Sie reagiert also auf Tom, als sei er einer der Tyrannen aus ihrer Schulzeit und nicht ihr Ehemann, der einfach anderer Meinung ist als sie.

Die Geister aus dem Kinderzimmer, von denen ich im ersten Kapitel sprach, verfolgen uns offenbar ein Leben lang. Immer wieder wecken Menschen in uns Gefühle, deren Wurzeln in der Vergangenheit liegen. So war etwa die Mutter von Henry, dem Ehemann aus dem ersten Beispiel, häufig krank und depressiv. Sobald Diane auch nur ein wenig niedergeschlagen war, fühlte sich Henry schrecklich bedrückt. Diane verwandelte sich in seiner Wahrnehmung in die depressive, düstere Mutter seiner Kindheit. Sein Bild von Diane war verzerrt, und er reagierte auf weit mehr als nur auf ihre jeweilige Stimmung.

In ähnlicher Weise veränderte auch der Zerrspiegel der Vergangenheit das Bild, das Raj und Fiona von ihren Partnern hatten. Raj reagierte ebenso gereizt auf den vermeintlichen Druck, wie er das bereits als Teenager getan hatte. Und Fiona zog bei Auseinandersetzungen den Kopf ein, als würde sie wieder ihren Mitschülern gegenüberstehen. Alle drei übertrugen also ein Bild, eine Erfahrung aus ihrer Kindheit auf den gegenwärtigen Partner. Das wiederum veranlasste die Partner zu Reaktionen, die möglicherweise ihrerseits wieder durch eigene Kindheitserfahrungen bestimmt waren. Auf diese Weise geraten Paare häufig in einen Teufelskreis, der deshalb so schwer zu durchbrechen ist, weil die Störfaktoren im Unbewussten verankert sind. Um so schwerer ist es, sie rational zu ergründen.

Dass dies häufig ein Problem ist, zeigt sich in der psychotherapeutischen Arbeit mit Paaren. Es ist nicht leicht für einen Partner, das eingefahrene Muster zu verlassen und etwa zu sagen: »Ich weiß nicht, bei wem deine Gedanken waren, als du so mit mir geredet hat, aber ich glaube, es hatte nichts mit mir zu tun.« So wie wir uns unserer selbst versichern müssen, wenn ein kleines Kind in uns auf einmal nur noch die böse Hexe sieht, so muss sich auch der in einer Partnerschaft lebende Mensch in manchen Situationen klar machen, wer er eigentlich ist. Man sollte in der Lage sein, Nein zu sagen, wenn man zu etwas gemacht wird, das man nicht ist.

Gemeinsamkeiten erleben und Individuum bleiben

Immer wieder geht es im Leben darum, dass wir unser Anderssein akzeptieren und behaupten. Die Fähigkeit, an den eigenen Gefühlen festzuhalten, sich nicht von den Emotionen des anderen vereinnahmen zu lassen, ist von wesentlicher Bedeutung, wenn wir eine auf Gegenseitigkeit basierende Beziehung führen wollen. Wir müssen uns unserer selbst sicher sein, um sagen zu können »Nein, das hat nichts mit mir zu tun« und das Bild von uns zurückzuweisen, das uns nicht gerecht wird. Wir müssen an unserem Anderssein festhalten. Wir sollten fähig sein, zu sagen »Nein, das möchte ich eigentlich nicht«, wenn es unserer Überzeugung entspricht. Die Hervorhebung des Andersseins, der Individualität ist das zentrale Anliegen dieses Buches. Nein zu sagen, ist eine Möglichkeit, wie wir unsere Eigenständigkeit gegenüber anderen zum Ausdruck bringen können.

Gerade in der Paarbeziehung müssen wir uns ständig mit Differenzen auseinandersetzen. Häufig versuchen wir, den Partner zu idealisieren, um unsere Erwartungen mit den seinen zu verschmelzen. Wie wir gesehen haben, hat unsere eigene Geschichte einen Einfluss darauf, wie wir den anderen und uns selbst wahrnehmen. In gewisser Weise greifen wir in der Partnerschaft auch auf uns vertraute Beziehungsmuster zurück. Wir wollen, dass andere die Dinge genauso sehen wie wir. Doch damit eine erwachsene Beziehung wahrhaftig auf Gegenseitigkeit beruht, müssen sich die Partner als eigenständige Individuen gegenüberstehen, die sich für das Zusammensein entschieden haben. Wir sprechen von »Liebesbanden«, die uns »fesseln«, wahre Nähe aber entsteht nur auf der Grundlage freier Entscheidungen. Wir müssen Nein sagen zu dem Bedürfnis, dem anderen unsere Sicht aufzudrängen und ihn an uns zu fesseln. Nähe bedeutet, loslassen zu können. Nur auf dieser Grundlage ist ein gleichberechtigter und wahrhaftiger Umgang miteinander möglich.

Danksagung

Mit dem Abfassen der Danksagung scheint dieses Buch wesentlich realer zu sein, als ich es mir zum Zeitpunkt des Schreibens vorstellen konnte.

Zuallererst möchte ich Matthew Evans von Faber und Faber danken, der mich ermutigte, dieses Buch überhaupt zu schreiben. Ein besonderer Dank gilt Daphne Tagg, die durch ihr sensibles Lektorat meinen zuweilen schweifenden und mäandernden Gedankengängen Form verlieh. Ein herzlicher Dank auch an die Redakteurin Clare Reihill, die mich jederzeit unterstützt und ermutigt hat. Sie hat sich in jeder Phase der Entstehung um mich und mein Buch gekümmert, und ich fühle mich tief in ihrer Schuld.

Meinen Studenten danke ich dafür, dass sie mir ihr in Supervisionsstunden präsentiertes Material zur Verfügung gestellt haben. Ich schätze mich glücklich, durch sie Zugang zu laufenden Forschungsarbeiten zu haben und mich so beständig weiterbilden zu können.

Außerdem möchte ich allen Kindern, Familien und Paaren danken, die mit mir ihre Sorgen und Nöte geteilt haben und sich auf das Wagnis einer Therapie eingelassen haben, um eine Veränderung zu bewirken.

Viele Freunde und Kollegen haben mir zur Seite gestanden, deren Namen ich unglücklicherweise nicht alle hier nennen kann. Sue Reid, die während der Ausbildung an der Tavistock Klinik meine persönliche Tutorin und Supervisorin war, ermutigte mich schon vor vielen Jahren, meinen eigenen Stil zu finden und in meiner Arbeit mit Kindern nicht nur meinem Verstand, sondern auch meinem Herzen zu vertrauen. Ihre

Vorlesungen waren inspirierend, ich schulde ihr dafür wie auch für ihre anhaltende Freundschaft tief empfundenen Dank. Dr. Claude Wedeles gab und brachte mir mehr bei, als in Worten auszudrücken ist; das Wissen, der Humor und die Zuneigung, die er als Psychoanalytiker ausstrahlte, vermittelten mir während meiner Entdeckungsreisen in die Seele des Kindes ein Gefühl der Geborgenheit.

Ich danke Dr. Gill Stern, die mir Fallbeispiele zur Verfügung stellte, und Gill Markless für ihre hilfreichen und deutlichen Kommentare. Mein besonderer Dank gilt Janine Sternberg, die tapfer jede Fassung meines Manuskripts las, mir über das Telefon Rat erteilte und immer wieder Zeit fand, auch noch so eilige Faxe zu beantworten. In den zahlreichen Gesprächen mit ihr nahm so mancher Gedanke erst Gestalt an.

Dank schulde ich auch meinen Eltern Jean und Freny Bhownagary und meiner Schwester Janine Bharucha für kritisches Gegenlesen, Ermutigungen und Vorschläge.

Ich möchte meinen Mann Trevor dafür danken, dass er mir den Mut gab, aus einer Idee, an die ich vielleicht keinen zweiten Gedanken verschwendet hätte, ein Buch zu machen.

Meine Kinder haben den größten Beitrag zu diesem Buch geleistet, da sie es mir ermöglichten, aus Erfahrung zu lernen. Sie haben mich beide während der Abfassung des Manuskripts großartig unterstützt, mir immer wieder Anregungen gegeben oder Fragen gestellt. Außerdem haben sie es mit Langmut ertragen, dass ich nur wenig Zeit für sie erübrigen konnte, und sich mit Fertiggerichten, Snacks und Sandwiches zufrieden gegeben, weil ich nicht zum Kochen kam. Danke!

A. P.

Auswahlbibliographie

Bettelheim, Bruno: *Kinder brauchen Märchen*. dtv, Neuaufl. 1993.

Bion, Wilfried R.: *Lernen durch Erfahrung*. Suhrkamp, 1992.

Brazelton, T. Berry: *Die frühe Bindung. Die erste Beziehung zwischen dem Baby und seinen Eltern*. Klett-Cotta. 2. veränderte Aufl. 1994.

Brazelton, T. Berry: *Babys erstes Lebensjahr*. dtv, 1994.

Britton, Ronald, Feldman, Michael, O'Shaughnessy, Eda: *Der Ödipuskomplex in der Schule Melanie Kleins – Klinische Beiträge*. Klett-Cotta, 1998.

Dahl, Roald: *Matilda*. Rowohlt, 1989.

Fraiberg, Selma: *Die magischen Jahre. Familiäre Beziehungen in der frühen Kindheit*. Hoffmann u. Campe, 1996.

Klein, Melanie: *Gesammelte Schriften, Bd. 1, Schriften 1921–1945*. Frommann-Holzboog, 1995.

Rilke, Rainer Maria: *Werke, Bd. 2*. Insel, 1957.

Saint-Exupéry, Antoine de: *Der Kleine Prinz*. Karl Rauch Verlag, 1998.

Sendak, Maurice: *Wo die wilden Kerle wohnen*. Diogenes, 1998.

Winnicott, Donald W.: *Familie und individuelle Entwicklung*. Fischer Taschenbuch, 1984.

Winnicott, Donald W.: *Von der Kinderheilkunde zur Psychoanalyse. Aus den »Collected Papers«*. Fischer Taschenbuch, 6. Auflage 1997.

Register

Abhängigkeit 149, 176
Ablehnung 43, 56, 245
Ablenkungsstrategien 171
Abstillen 54 f., 56, 68, 73
Adoleszenz 201 f., 211, 220 f.,
    226, 233, 239, 247 ff., 251, 253 f.
Adoptivkinder 131
Aggression 109, 112, 114
Alkoholmissbrauch 225, 247
Angst 78 f., 112 f., 119 –122., 188, 207,
    227, 233, 248
Ärger 111, 157 f.
Auflehnung 247

Babysitter 56, 69, 71, 87, 117
Bedürfnisse 21 –26, 73
    Bedürfnisäußerung 31
    Bedürfnisbefriedigung 26, 31 f.,
    43
Behinderung 131 –134
Bettelheim, Bruno 78, 151
Bhownagary, Freny 9
Bion, Wilfrid 22
Brazelton, Berry 60, 68, 70
Britton, Ron 159
Buddha 32

Dahl, Roald, 137, 173
    Matilda 137, 173
Daws, Dilys 119
Depression 28, 203, 247, 253
    postnatale 28
Destruktives Verhalten 125, 131
Dolto, Francoise 234
Drogen 225, 247 f.
    Abhängigkeit 247 f.
    Konsum 247
    Missbrauch 225
Dunkelheit 120

Entwicklungsphasen 30
Entwöhnung 226
Ernährung 37, 122
Erwachsensein 201
Erziehung 14
    antiautoritäre 14
    autoritäre 14
    Erzieherinnen 117
    Pflegeeltern 69 f., 219
    Pflegekinder 131
    Pflegemutter 69 f.
Essen 103 f., 123, 247 f.
    Essenszeit 103 f., 123
    Essstörungen 247 f.

268   Eltern müssen NEIN sagen

Fabeln 77
Fee 78, 80, 108
Fraiberg, Selma 63
Freunde 224, 246
Frustration 29, 73, 162 f.
    Frustrationstoleranz 29, 73

Geborgenheit 21, 104, 205, 234, 235
Geburt 129
Geister 62 f., 65, 261 f.
Geschlechtsreife 201
Geschwister 129, 153 ff., 210
Golding, William 14
    Herr der Fliegen 14
Großeltern 108, 117
Gruppen 143 f.

Harris, Martha 98
Hass 114, 116
Haustier 176
Heranwachsende 204, 214, 217, 219 f.
    222, 229 f., 235
Herbert, Frank 122
Hexen 77, 79 f.
Hoffnung 78, 158
    Hoffnungslosigkeit 158
Holmes, Eva 143
Hood, Thomas 50
    Das Sterbebett 50
Hormone 202
Hummer-Komplex 234

Ich-langweile-mich-so-Syndrom 48
Idealbild 57, 102
Identität 202, 220, 234, 245 f., 254
Inkonsequenz 88, 194

Irrwege 247
Isolation 203

Jugendbewegungen 228, 245
Jugendliche 163, 199, 201 ff., 206 ff.,
    210 f., 216, 219, 224, 234,
    246–249, 251

Kakedo, Kujo 199
Kind 66, 132, 201
    Kinderfrau 55, 87
    Kindergarten 117, 131, 139, 142
    Kinderzimmer 62
    Kindheit 114
    Kindsein 201
    Kleinkind 13, 30, 81, 106, 117,
    126, 134, 143 f., 153, 171, 174,
    194 f., 198, 247
Klein, Melanie 22, 56
Kommunikation 21, 72
    Kommunikationsversuche 32
Kompromisse 101
Konflikte 152 f., 170, 180, 187, 217
    Konfliktlösung 105
Konformitätsdruck 243
Konfrontation 162
Konkurrenzdenken 70
Konsequenz 84 f., 104, 109, 130,
    132, 170, 211, 213, 216
Konventionen 128, 194

Lehrer 108, 139 ff., 143 f., 147 f.
Lernen 143, 173, 164 ff.
    Lernfähigkeiten 173
    Lernschwierigkeiten 164 ff.
Liebe 114, 230 ff.

Register 269

Machtkampf 82
Manieren 128
Märchen 77 f., 93, 108
Marihuana 248
Menstruation 203
Missbrauch 235
Motivation 174, 196
Murray, Lynne 27 f.
Mutterrolle 62
Mythen 93

Nasrudin, Mullah 15
Neill, A. S. 14
 Summerhill 14

Paare 231, 255, 258 f., 262
 Partnerschaft 257
 Partnerwahl 231
Phantasie 77 f., 113, 115, 135
 Phantasiewelt 79, 113
Phillips, Adam 11, 175
 On Kissing, Tickling and Being Bored 11
Provokationen 109, 157, 248
Pseudo-Erwachsenen-Identität 97
Pubertät 114, 156, 210, 234, 251

Rebellion 225, 247, 254
Regeln 91, 126 f., 132, 134 f., 139,
 142–145, 174, 194–197,
 205–211, 213, 219, 227, 248
Riesen 79 f.
Rilke, Rainer Maria 255
 Requiem für eine Freundin 255
Rituale 35, 51, 85
Robertson, James 253

Robertson, Joyce 253
Rollendefinition 220
Rousseau, Jean-Jacques 14

Saint-Exupéry, Antoine de 128 f.
 Der Kleine Prinz, 128 f., 136
Sanktionen 91 f., 195
Säugling 17, 30, 49, 74, 126, 129,
 140, 144, 153, 157, 171, 175,
 194 f., 204, 206
 Säuglingspflege 43
Scheidung 190 f.
Schlaf 35, 49 ff., 52 f., 85, 89, 119 f.,
 Aufwachen 37, 51
 Aufwachrituale 51
 Einschlafritual 35, 51, 119
 Schlafenszeit 49
 Schlafstörungen 119
Schuld 71, 187 f.
 Schuldgefühl 83, 86, 109, 123,
 125 f., 130, 176, 187–192
Schule 131, 139 f., 142, 144 f., 148,
 157 f., 170, 178, 182 f., 186, 193,
 195, 197, 220, 224
 Einschulung 140 ff., 157, 186,
 197
 Grundschulalter 178
 Grundschulkinder 170, 195, 197
 Grundschulzeit 140, 193, 224
 Schulverweigerung 182 f.
Selbstachtung 168, 193
Selbständigkeit 135, 149, 176
Selbstbewusstsein 48, 52, 109, 127,
 150, 193, 260
Selbstbild 205, 217
Selbstvertrauen 37, 168, 193, 195, 254

Selbstwertgefühl 157, 229, 260
Sendak, Maurice 113
 Wo die wilden Kerle wohnen 113
Sexualität 202, 233–236.
Shakespeare, William 232
Sicherheit 132, 178, 196, 205 f., 209
Spielgruppe 142
Stern, Daniel 26
Stiefmutter 77
Stillen 22, 24 ff., 39 f., 42, 49, 55, 59 f.,
 62, 157
Stimmbruch 203
Strafe 91 f., 127, 196
Straffälligkeit 248
Stress 62, 83
Sufi 15

Tagesmutter 56, 71 f., 108, 117, 139
Tagore, Rabin Dranath 17, 75
 The Crescent Moon 17
 When and Why 75
Teenager 178, 195, 201, 208, 214, 217,
 220 ff., 224 f., 227–230, 232 ff.,
 236 f., 245, 247 f., 250, 254
Todesfälle 65
Trauer 67
Traumata 114, 183
Träume 120, 248
 Albträume 120
Trennung 49, 52, 54 f., 71, 73, 117 ff.,
 132, 139 ff., 148, 190, 226, 230,
 253

Überforderung 164
Umgangsformen 126
Unabhängigkeit 37, 174

Unfähigkeit 167
Ungeheuer 79
Unsicherheit 170, 203 f., 246

Väter 67 f.
Verantwortung 93, 176, 214
Verbote 91, 108, 116, 127, 135, 154, 163,
 188 f., 202, 207, 209 f., 213, 219
Verlust 65 f., 158, 192, 229
 eines Kindes 66
 Verlustgefühl 119, 147
Vertrauen 125, 129
Verwandte 87
Vorschriften 139
Vorschulkindern 118

Wachwerden 36
Waddell, M. 225
Weinen 57–60, 73, 83, 204
Winnicott, D. W. 21, 29, 31, 226 f.
Wirklichkeit 135
Wunschkind 131
Wut 106 f., 112, 246
 Wutausbrüche 106 f.

Zauberer 78, 80
Zeit 157 ff.,
 Zeitgefühl 157 ff.
Zorn 109–112, 116, 126, 188, 191, 227
Zuhause 204

Eine neue Lebensform ist auf dem Vormarsch!

Meine Kinder, deine Kinder, unsere Kinder

Die traditionelle Kleinfamilie ist auf dem Rückzug. Je mehr Geschiedene sich neu binden, desto bunter werden die Lebensformen. Aber das Zusammenwachsen braucht seine Zeit, Psychofallen lauern überall, der Alltag wird immer komplizierter und vielschichtiger. Doch der neue Familienmix ist auch eine Chance für Kinder und Erwachsene: Flexibilität, Teamgeist und vor allem ein hohes Maß an Toleranz sind gefragt.

Dieser Ratgeber informiert umfassend über Rechte, Pflichten und Chancen in einer Patchwork-Familie – sachlich und einfühlsam zugleich.

ISBN 3-8025-1455-6